KB205722

"팀 곰비스는 바울이 예수님을 만나기 전에는 하나님을 감동시켜서 이스라엘을 위해 행동하게 하려고 강압적인 힘을 기꺼이 사용하는, 자기중심적인 목회에 몰입했던 목회자였음을 보여준다. 이 책은 바울에 관한 책이고, 팀에 관한 책이고, 하나님의 양 떼를 목양하는 위험한 일에 종사하는 우리 모두에 관한 책이다."
—줄리 캔리스(Julie Canlis), *Calvin's Ladder*의 저자

"팀 곰비스는 탁월한 교사이자 바울 전문가다. 이 책은 이미 교회 안에 만연한 권력의 충격적인 태도에 맞서서, 십자가를 본받는 리더십의 새로운 가능성을 제시한다."
—브랜다 드브리스(Brenda DeVries), *The Journey*의 목회자

"이 책 『약한 자의 능력』에서 곰비스는 예수님을 따르는 것의 역설적인 성격(즉, 올라가는 방법은 내려가는 것이라는)을 그리스도인의 리더십에 적용한다. 그는 사도 바울을 목회적인 감수성과 주석가다운 솜씨로 탐구해서, 우리에게 그리스도를 닮고, 십자가를 본받는 방식의 리더십을 제시한다."
—데니스 R. 에드워즈(Dennis R. Edwards), *Might from Margins*의 저자

"이 책은 내가 목회의 길을 걷던 지난 20년 동안 읽고 싶어 했던 책이다. 팀 곰비스는 바울을 자신의 말로 설명하면서, 바울이 자신의 목회 사역을 어떻게 이해했는지를 보게 해준다."
—크리스 곤잘레스(Chris Gonzalez), *Missional Training Center*의 대표

"『약한 자의 능력』은 성경적인 통찰과 오늘날 목회에서 벌어지는 수많은 실제 사례들에 관한 연구를 함께 보여준다. 이 책은 내가 읽었던 책 중에서 목회에 관한 최고의 책일 뿐만 아니라, 바울의 신학에 관한 예리한 연구서다."
—니제이 K. 굽타(Nijay K. Gupta), 『바울과 믿음 언어』(*Paul and the Language of Faith*)의 저자

"곰비스는 바울의 목회 신학을 보여줄 뿐만 아니라, 만일 우리의 교회들과 지도자들이 진정으로 십자가를 본받고자 하는 바울의 비전을 구현하려고 했다면, 우리가 어떤 모습일지 바울과 함께 생각하도록 이끌어준다. 이것은 우리의 교회들이 반드시 들어야 하는 목회와 목회 리더십의 비전이다."
—죠슈아 W. 지프(Joshua W. Jipp), 『환대와 구원』(*Saved by Faith and Hospitality*)의 저자

"정치적 영향력, 인스타그램 브랜딩, 초관련성(hyper-relevance)의 상승이 교회의 메시지를 기형적으로 만든 시대에, 이 책은 목회자 바울의 모습을 충실하게 그려냄으로써 다시 한번 목회의 과업에 초점을 맞추게 한다."
—다리안 로키트(Darian Lockett), *An Introduction to the Catholic Epistles*의 저자

"이 책은 마케팅 전략에 끌려다니는 목회 철학을 제시하거나, 현대 리더십 기술을 차용하거나, 초대형 교회를 만들고 유명 인사가 되는 것을 목표로 삼는 것이 아니라, 모든 그리스도인들, 특히 목회자들이 그들의 사역과 삶의 실천, 방법, 자세에서 그리스도의 십자가를 본받는 것을 선택하라고 초청한다. 부디 많은 사람들이 이 책을 주목하기를!"
—에드워드 W. 클링크 3세(Edward W. Klink III), Hope Evangelical Free Church의 담임 목사

"『약한 자의 능력』은 목회자들이 하나님의 부활 능력에 의지하면서, 하나님의 백성을 책임 있게 섬길 수 있는 새롭고, 변혁적이며, 반문화적인 길을 제시한다."
—아티 M. 린드세이 Sr.(Artie M. Lindsay Sr.), Tabernacle Community Church의 영성 담당 목회자

"내가 처했던 조건 때문에, 나는 바울이 목회의 멘토가 될 능력이 없다고 제쳐놓는 식으로 바울을 해석했다. 고맙게도, 『약한 자의 능력』이 그런 생각을 바꿔주었다."
—칼 루비(Carl Ruby), Central Christian Church의 담임 목사

"이 책은 비교하고, 경쟁하고, 또는 통제하려는 공통적인 유혹과 씨름하는 모든 목회 지도자들을 위한 책이다. 따라서 이 책은 당신을 위한 책이다. 나는 이 책을 모든 그리스도인들에게, 특히 세상을 신실하게 섬기도록 그리스도의 몸을 준비시킬 사명을 갖고 있는 분들에게 추천한다."
—A. J. 셔릴(A. J. Sherrill), The Enneagram for Spiritual Formation의 저자

"곰비스 박사는 바울과 우리의 목회 사역에서 나타나는 힘과 약함의 역학 관계에 제대로 집중한다. 내 판단에 의하면, 이것은 1세기 바울의 목회만이 아니라, 21세기의 목회 사역을 이해하기 위한 열쇠다."
—토드 윌슨(Todd Wilson), The Center for Pastor Theologians의 대표

"『약한 자의 능력』에서 곰비스는 교회가 진정으로 십자가에 붙잡혀야 하고, 자기를 내어주는 십자가를 본받는 자세를 통해 부활 생명의 자리가 되어야 한다고 촉구한다. 어떤 이들은 이 책이 매우 통찰력 있고 긍정적이라고 볼 것이고, 또 어떤 이들은 이 책이 너무 도전적이라고 생각할 것이다. 그러나 모든 사람이 읽을 필요가 있다."
—시우 펑 우(Siu Fung Wu), Suffering in Romans의 저자

"목회에 대한 혁명이나 다름없다."
—샤라드 야다브(Sharad Yadav), Bread & Wine의 담임 목사

약한 자의 능력:
바울의 변화된 목회 비전

티머시 G. 곰비스 지음

이성하 옮김

약한 자의 능력:
바울의 변화된 목회 비전

지음   티머시 G. 곰비스
옮김   이성하
편집   김덕원, 이찬혁, 박이삭
색인   이상원

발행처   감은사
발행인   이영욱
전화   070-8614-2206
팩스   050-7091-2206
주소   서울특별시 강동구 암사동 아리수로 66, 401호
이메일   editor@gameun.co.kr

종이책
초판발행   2023.01.20.
ISBN   9791190389860
정가   22,000원

전자책
초판발행   2023.01.20.
ISBN   9791190389877
정가   16,800원

Power in Weakness:
Paul's Transformed Vision for Ministry

Timothy G. Gombis

| 일러두기 |

- 성경 번역은 기본적으로 새번역을 사용했고 문맥에 따라 수정한 경우도 있습니다. 저자의 사역
  인 경우에는 '저자의 사역'이라고 표시했습니다.

스티브(Steve)를 위하여

| 목차 |

마이클 J. 고먼의 서문

　어느 젊은 목회자가, 티머시 곰비스의 『약한 자의 능력: 바울의 변화된 목회 비전』에서 풀어내는 것과 아주 비슷한 주제(사도 바울의 영성)를 가지고 쓴 나의 책을 읽고 편지를 보내왔다. 이 목회자는 자신은 그리스도를 닮고 싶고, 바울의 목회 영성을 따르고 싶지만, 자신이 속한 교단의 모든 사람들이 '승진'에 대해 이야기한다고 했다. 여기에서 말하는 승진이란 직원들이 많고, 예산도 훨씬 많고, 영향력 또한 큰 곳으로 옮기는 것인데, 이걸 교단 안의 정말로 큰 교회에서 더 큰 교회로 은퇴할 때까지 반복하는 걸 말한다. 이런 상향 운동은 당연하고, 목회자가 걸어야 할 모범적인 길로 여겨졌다. 결국, (그런 주장에 의하면) 하나님의 능력이 교회 지도자 안에서 역사하면, 더 큰 곳으로 이동하는 이런 승진은 자연스럽게 일어난다는 것이다.

통계 숫자. 영향력. 명성. 강연 초청. 주요 정부부처나 백악관, 하다못해 시의회에 대한 영향력. 많은 사람들이 이런 것들로 목회자들과 다른 기독교 지도자들의 성공 여부를 판단한다. 그리고 같은 목회자들과 다른 교회 지도자들도 이런 것들로 스스로를 평가하는 일이 많다.

팀 곰비스는 바울도 한때 이런 식으로 목회했지만, 그 후엔 달라졌다고 말한다. 십자가에 못 박히고 부활하신 예수님을 만난 바울은 하나님의 부활 생명이 십자가의 능력으로 나타났고 지금도 나타나고 있다는 역설적인 진리를 깨달은 목회자로 변했다. 하나님은 기이하고 반직관적인(counterintuitive) 방법으로 약함 속에서 능력을 나타내신다.

그래서 곰비스는 우리에게 십자가를 닮은(cross-shaped) 목회 영성, 혹은 십자가를 본받는(cruciformity) 목회 영성을 소개한다. 그리고 그것이 모든 목회자들과 교회 지도자들은 물론이고, 그리스도인 제자와 기독교 공동체의 삶에서도 중요한 역할을 한다고 말한다. 학자로서 그리고 목회자로서, 곰비스는 바울의 실천 신학의 깊숙한 곳을 자세하게 파헤치고, 대다수 서구 교회의 목회 상황을 통찰력 있게 분석한다. 바울에 대한 곰비스의 이해는 심오하며, 목회에 대한 분석은 가벼운 관심을 넘어선다. 뭔가 변해야 한다. 교회는 '목회적 상상력'의 전환이 필요하다. 독자들은 바울이, 저자의 손을 통해서, 우리를 그러한 전환으로 인도할 수 있다는 것을 알게 될 것이다.

아내와 나는 완벽한 교회에 속해 본 적도, 완벽한 목회자를 만난 적도 없다. 그러나 우리는, 남성이든 여성이든, 생명을 주는 목회를 하는 목회자들을 만나는 복을 누려왔다. 그분들이 십자가를 닮은 분들이었기 때문이다. 즉, 그분들은 이 책에서 깊이 있게 탐구하는 진리를 구현했다. 그리스도의 부활의 생명은 십자가를 본받는 삶을 통해 온다는 진리 말이다.

바울을 본받는 목회자는 십자가를 본받는 목회자이고, 그 반대도 마찬가지라고 곰비스는 설득력 있게 입증한다. 사도 바울은 생명을 주는 목회, 십자가를 닮은 목회를 구현하고자 했으며, 다른 사람들에게도 그런 형태의 목회를 해야 한다면서 본을 보이는 삶과 말씀으로 설득하고자 했다. 바울의 말과 팀 곰비스의 말이 이 책에서 함께 협력해서 현대 교회를 위한 새롭고, 설득력 있는 목회 비전을 제시한다. 들을 귀 있는 자는 들으라.

마이클 J. 고먼
세인트메리신학교/대학교

머리말

이 책은 목회 사역에서 드러나는 힘과 약함의 역학에 대해 폭넓게 묵상한 책이다. 목회자와 교회를 섬기는 것에 대해서는 많은 것을 말할 수 있고, 또 해야 하겠지만, 나는 바울이 다메섹으로 가는 길에서 높아지신(exalted) 주 예수님을 만났을 때, 그의 삶이 극적으로 변한 것에 비추어 현대 목회를 검토함으로써 목표를 제시하고 전략적인 면에서 도움을 주려고 한다. 그 만남은 바울의 모든 것을 산산조각 내고 재창조해 냈다. 바울의 신학이 변했고, 삶의 모습이 달라졌으며, 목회 방식이 철저하게 바뀌었다. 바울은 힘과 명성을 추구하던 것에서 돌이켜서, 그리스도의 십자가를 본받는 쪽으로 새롭게 방향을 잡았다. 이 십자가를 본받는 접근법이 바울의 자기 이해와 목회 동역자들에 대한 배려, 그리고 편지를 보낸 교회들을 대하는 자세에 영향을 주었다.

목회 사역에서 드러나는 힘과 약함에 특별히 집중하는 이 책은 목회자 바울에 관한 훌륭한 여러 다른 책들과는 기여하는 부분이 다르다. 그 책들 중 두 권은 내가 이 책을 마무리하는 사이에 출판됐다. 스캇 맥나이트(Scot McKnight)가 최근에 출판한 생동감 넘치는 책인 『목회자 바울』(Pastor Paul)은 바울의 목회 방법을 **십자가 본받기**(cruciformity)와 아주 밀접한 관계가 있는 **그리스도 본받기**(Christoformity)라는 관점에서 폭넓게 관찰한다.[1] 바울의 목회 목적이 교회 안에 그리스도를 따르는 문화를 길러내는 것이라는 스캇의 설명은 내 연구와 확실히 일치한다. 제임스 톰슨(James Thompson)도 이와 비슷하게 『바울에 따른 목회 사역』(Pastoral Ministry according to Paul)이라는 통찰력 있는 책에서 바울의 목회 방법에 나타난 변혁적인 역동성에 주목한다.[2] 교회의 삶에 큰 관심을 두고 있는 세계적인 신약학자들이 저술한 이 두 권의 책은 엄청난 선물이다. 신중하게 읽어보면 얻을 것이 많은 또 다른 책은 브라이언 로즈너(Brian Rosner)와 앤드류 말론(Andrew Malone), 트레버 버크(Trevor Burke)가 편집한 『목회자 바울』(Paul as Pastor)이다. 이 책은 다양한 주제의 글들을 모아놓은 책이다.[3] 십자가를 닮는 비전이 바울의

---

1. Scot McKnight, *Pastor Paul: Nurturing a Culture of Christoformity in the Church* (Grand Rapids: Brazos Press, 2019) [= 『목회자 바울』, 새물결플러스, 2021].

2. James W. Thompson, *Pastoral Ministry according to Paul: A Biblical Vision* (Grand Rapids: Baker Academic, 2006).

3. Brian S. Rosner, Andrew S. Malone and Trevor J. Burke, eds., *Paul as Pastor* (London: T&T Clark, 2017).

삶과 목회를 변화시킨 방법에 대해 묵상한 내 책이 이 중요한 책들과 나란히 자리를 잡고 목회자들에게 도움이 될 수 있다면 기쁘겠다.

십자가를 닮은 삶과 목회, 즉 바울의 십자가 본받기 신학을 묵상하면서 내 삶의 모든 면이 완전히 달라졌다. 십자가가 내 삶에서 점점 더 많은 것을 요구하고 있음을 깨닫는 것은 큰 즐거움이었다. 왜냐하면 이것 때문에 내가 부활의 능력을 점점 더 많이 누릴 수 있게 됐기 때문이다. 그리고 이것은 내 가족의 삶과 우정에 내가 설명할 수 있는 것보다 훨씬 더 놀라운 방법으로 생명을 불어넣어 변화를 일으켰다. 그리고 이것은 목회자들과 교회를 섬기려는 자들에게 내가 무엇을 가르쳐야 하는지 알게 해주었다. 나는 이 책에서 목회 사역과 관련하여 십자가의 생명을 주는 능력에 대한 비전을 파악하고 설명하려고 한다.

나는 대화와 협력을 통해 배운다. 정말 많은 친구들이 이 책의 아이디어를 짜는 데 도움을 주었다. 세인트앤드루스대학교에 계시는 내 박사 과정 지도 교수였던 브루스 롱넥커(Bruce Longenecker) 교수님은 내게 처음으로 바울의 사상과 삶이 십자가로 인해 형성된 방식을 소개해 주셨다. 그리고 마이클 고먼 교수님의 저술, 특히 『삶으로 담아내는 십자가』(Cruciformity)와 『십자가 형상의 하나님 안에 거하기』(Inhabiting the Cruciform God)에서 많은 것을 배웠다.[4]

---

4. Michael J. Gorman, *Cruciformity: Paul's Narrative Spirituality of the Cross* (Grand Rapids: Eerdmans, 2001) [=『삶으로 담아내는 십자가』, 새물결플러

고먼 교수님이 이 책의 서문을 써주셔서 기쁘고 또한 큰 영광이
다.

이 책을 어드만스 출판사(Eerdmans)에서 출판하기로 해준 내 좋
은 친구인 마이클 톰슨(Michael Thompson)에게 감사를 전한다. 비록
지금은 다른 출판사로 옮겼지만, 특히 내가 이 책에 대한 출판 계
획이 무산되고 있다고 느낀 결정적인 순간에 보여준 그의 인내와
격려에 깊이 감사하고 있다. 이 책의 마지막 단계를 이끌어준 어
드만스의 제임스 어니스트(James Ernest)에게도 감사드린다.

많은 친구들이 이 책의 초안을 읽고 너그럽고 건설적인 비판
을 해준 덕분에 크고 작은 실수에서 벗어날 수 있었다. 엘리자베
스 다비디자르(Elizabeth Davidhizar)는 많은 것들에 관해, 특히 십자
가를 본받는 것의 대략적인 모습과 그것이 주는 도전에 대해 나와
활발한 대화를 나누었다. 제니퍼 레일(Jennifer Reil)은 나탈리 콤픽
(Natalie Kompik)과 마찬가지로 편집과 관련해서 전반적으로 도움을
주었고 많은 유익한 제안을 해주었다. 브렌다 드브리스(Brenda
DeVries) 목사는 신약성경 연구와 교회를 섬기는 어려움에 대해 지
금까지 오랫동안 충실한 대화 상대였다. 그리고 많은 여성 목회자
들에게 깊이 감사드린다. 그분들에게 내가 오히려 많은 것을 배웠
고, 그분들은 바울 연구의 동반자가 되어주었다. 랜스 워커(Lance
Walker) 목사는 매일같이 지치지 않는 격려로 신실한 친구임을 입

스, 2010]; *Inhabiting the Cruciform God: Kenosis, Justification, and Theosis
in Paul's Narrative Soteriology* (Grand Rapids: Eerdmans, 2009).

증해 주었다. 앤드류 볼컴(Andrew Bolkcom) 목사는 앤드류 키쉬너
(Andrew Kischner) 목사, 재키 화이트(Jackie Whyte) 목사, 스티브 반 풀
런(Steve Van Poolen) 목사와 마찬가지로 너그러운 논평과 건설적인
비판을 해주었다.

책을 기획할 때도 도움을 주었고, 저술하는 내내 격려해준, 내
인생의 동반자인 세라(Sarah)에게 고마움을 전한다. 어머니 캐서린
곰비스(Kathryn Gombis)와 여동생 엘리슨 홀(Alison Hall) 및 레아 베
어(Leah Bare)도 초고를 읽고 편집에 도움을 주었다. 이 책의 부족한
점은 오로지 내 책임이지만, 이 책의 모든 좋은 결과를 동료들 모
두와 나눌 수 있어서 행복하다.

나는 이 책의 일부를 케임브리지의 리들리홀(Ridley Hall)에서
안식년을 보내는 동안 저술했다. 그 기간에 넘치는 호의를 받았던
것을 기억한다. 내 여행에 넉넉하게 후원해준 잇사갈기금(Issachar
Fund)의 커트 베렌즈(Kurt Behrends) 씨에게 큰 감사를 드린다. 아무
나 흉내 낼 수 없는 섬김을 보여준 지도자인 그랜드 래피즈 신학
교의 존 버버크모스(John VerBerkmoes) 학장님은 한 학기를 쉴 수 있
게 해주셨고, 상당한 기금도 지원해주셨다. 그분의 지도력 덕분에
나는 학자로서 교직 생활을 편안하게 즐길 수 있었다. 그분의 우
정에 깊이 감사드린다.

내 친구 스티브 왓킨스(Steve Watkins)가 내게 어떤 의미인지는
말로 다 표현할 수 없다. 그가 없었다면, 내 인생은 아주 달랐을 것
이고, 훨씬 빈곤했을 것이다. 인생과 목회에 대한 우리의 생각은

지난 25년 동안 비슷한 방향으로 발전해왔고, 많은 일들에 대한 내 비전의 대부분은 우리가 끊임없이 나눈 풍부한 대화에서 얻은 것이다. 그의 흔적은 내 인생뿐만 아니라 이 책의 모든 페이지마다 남아 있다. 나는 이 책을 큰 사랑과 애정을 담아 그에게 바친다.

서론

바울이 부활하신 그리스도를 다메섹으로 가는 길에서 만난 사건은 그의 목회 사역을 근본적으로 변화시켰다. 바울의 세계는 순식간에 산산조각이 났고, 자신에 대한 확신과 이스라엘의 하나님에 대한 이해도 완전히 무너졌다. 바울은 하나님의 영광을 위해 하나님의 백성으로 하여금 하나님의 말씀을 사랑하고 복종하게 만들려는 자신의 목회 방법이 어째서인지 하나님을 **대적하게** 만든다는 것을 깨달았다. 순간 당황했다. 결국 모든 것이 변할 수밖에 없었다. 바울이 한낮에 다메섹 근처에서 높아지신 주 예수 그리스도를 만난 것 때문에, 바울의 목회 방법은 극적으로 달라졌다. 사람을 대하는 방법이나, 다른 사람을 평가하는 것, 목회 동역자들을 대하는 태도, 자신의 정체성이나 사회적 지위에 관한 관심 등 많은 것들이 변했다.

　　다메섹으로 가는 길에서 바울이 회심한 사건은 성경에서도 유명한 사건이다. 예술과 문학으로 표현되기도 하고, 수많은 사람의 신앙 이야기의 토대가 되기도 한다. 그러나 그 순간과 그 이후의 바울의 삶과 목회를 우리가 목회 사역에 관해 뭔가를 배울 수 있는 풍성한 자원이라고 생각하는 경우는 많지 않다. 이 책에서 나는 그 순간에 무엇이 변했는지, 그리고 그 변화가 오늘날 하나님의 백성을 신실하게 목양하는 방법을 구상하는 데 어떻게 도움을 줄 수 있는지 살펴볼 것이다.

개인적인 변화와 목회적인 변화

　　한 10년쯤 전의 일이다. 나는 한동안 맹렬하게 목회에 전념한 후, 도저히 감당할 수 없는 문제의 폭풍이 몰아쳐서 완전히 기진맥진해지고 말았다. 나는 우리 교회 지도부의 의장을 맡았는데, 점점 인내심을 잃고 있었고, 절망감은 커져만 갔으며, 솔직하게 말해서, 우리 교회의 방향과 우리가 공유한 비전의 본질에 대해 심각한 문제를 제기하는 몇몇 지도자들에게 화가 났다. 이 일은 내가 그때 가르치고 있던 대학교가 제도적으로 불안정했던 시기와 겹쳐서 일어났다. 내가 교회 일에 감정적인 에너지를 너무 많이 소진하는 바람에, 일해야 할 시간을 거의 낼 수 없는 상황 속에서 몇 가지 저술 일정의 마감일이 다가오고 있었는데, 이게 내 스트레스를 더했다.

어느 날 밤, 친구 존과 함께 뒷마당에서 불을 쬐고 있을 때 모든 것이 분명해졌다. 존은 내가 절망감을 토로하고 있을 때, 아무 말도 하지 않고 조용히 있었다. 잠시 후 존이 조용히 입을 열었다. "난 네가 상황을 분명하게 이해하고 있다는 생각이 안 들어. 잠시 뒤로 물러나 있으면 어떨까 싶다. 좀 거리를 두면 뭔가 분명해질 거야." 존의 말을 듣고 놀랐다. 나는 존이 내 생각에 공감해주기를 기대했기 때문이다. 그러나 마음속으로는 존의 말이 옳다는 것을 알았다. 분별력이 흐려졌고, 사람들을 함부로 대하고 있었다. 내 영혼도 새롭게 하고, 다른 지도자들이 새로운 비전과 새로운 목소리를 가지고 앞으로 나아갈 수 있는 여지를 주기 위해서 교회에서 물러나 안식년을 갖기로 했다.

안식년을 보내면서 몇 달 동안, 나는 수없이 걷고 또 걸었고, 아내의 정원에서 잡초도 많이 뽑았다. 이 고독한 시간을 보내면서, 그 격렬했던 경험으로부터 벗어나 차분해지려고 애쓰면서, 머릿속으로 수많은 대화를 나눴다. 나는 그때 바울에 관한 책을 쓰고 있었고, 바울서신의 많은 구절이 온통 마음을 채우고 있었다. 당연하게도 바울의 편지들이 내 경험을 해석하기 시작했다. 그리고 나에게 내가 목회 동역자들과 어떤 식으로 관계를 맺었는지에 대해 대답하기 곤란한 질문들을 던졌다. 맹렬한 도전의 한가운데에서 하나 됨을 지키기 위해 몸부림치는 갈라디아 교회들에게 바울은 이렇게 쓴다.

모든 율법은 네 이웃을 네 몸과 같이 사랑하여라 하신 한 마디 말씀 속에 다 들어 있습니다. **그런데 여러분이 서로 물어뜯고 잡아먹고 하면, 피차 멸망하고 말 터이니, 조심하십시오.** (갈 5:14-15)

또 바울은 고린도 교인들에게 이렇게 쓴다.

여러분은 하나님의 성전인 공동체이며, 하나님의 성령이 여러분 안에 거하신다는 것을 알지 못합니까? 누구든지 하나님의 성전을 파괴하면, 하나님께서도 그 사람을 멸하실 것입니다. 왜냐하면 하나님의 성전은 거룩하고, 공동체인 여러분도 그러하기 때문입니다. (고전 3:16-17, 저자의 번역)

나는 내가 "물어뜯고 잡아먹는" 그런 관계를 조장하고 있는 것은 아닌지, 그래서 우리 공동체가 피해를 보는 것은 아닌지 깊이 생각해 보았다. 그리고 내가 하나님의 성전인 우리 공동체를 분열시키는 사람은 아니었는지, 그래서 내가 스스로 심판받을 자리에 올라간 것은 아닌지 생각해보았다.

나는 일찍이 바울이 육체에 마음을 둔 자들을 심판받고 있는 자들이요, 공동체를 괴롭게 하는 자들이라고 말하는 것을 보고, 로마서를 공동체 중심적으로 읽어야 한다고 확신했었다.

육신을 따라 사는 사람은 육신에 속한 것을 생각하나, 성령을 따라 사는 사람은 성령에 속한 것을 생각합니다. 육신에 속한 생각은 죽음입니다. 그러나 성령에 속한 생각은 생명과 평화입니다. 육신에 속한 생각은 하나님께 품는 적대감입니다. 그것은 하나님의 법을 따르지 않으며, 또 복종할 수도 없습니다. 육신에 매인 사람은 하나님을 기쁘게 해 드릴 수 없습니다. (롬 8:5-8)

나는 불편한 질문을 안고 자리에 앉았다. 내 마음을 육체적 욕망에, 즉 통제하려고 하고, 우리 공동체의 미래의 방향에 대한 최종 결정권을 틀어쥐려고 하는 생각에 둔 것은 아닌지 생각해 보았다. 다른 사람들과 관계를 맺는 방법과 우리 공동체를 대하는 내 접근 방법 때문에 혹시 내가 "하나님을 대적하고", "하나님의 법에 복종하지 않는" 사람이 된 것은 아닐까?

그 성찰의 시간을 통해 나는 풍성한 결과를 얻었다. 내가 새로워졌다는 느낌이 들었고, 몇몇 소중한 친구들과 멋지게 화해도 했다. 그리고 그 성찰의 시간 덕분에 다른 사람들에게 불만을 드러내고, 분노하고, 적대감을 품고, 억압하고, 심지어 언어폭력을 행사하면서도, 목회에서는 거룩한 목표를 내세우는 것이 충분히 가능하다는 것을 깨달았다. 목회 현장은 교회 직원들끼리, 그리고 서로 다른 교회 목회자들끼리의 파괴적인 경쟁이 난무할 수 있는 곳이다. 나는 비로소 우리가 직면하고 있는 문제들이 바울이 편지에서 다루는 것과 매우 비슷하다는 것을 깨달았다. 공동체가 예수님을 통해 계시된 하나님께 실질적으로 충성하는 방법을 찾는 문제로 싸우는 것이나, 목회 동역자들끼리 경쟁하는 것이나, 교회가 민족에 따라 쪼개지거나 어떤 생활 방식을 선택하느냐의 문제를 판단하는 일에 휘말리는 모습이 닮았다. 나는 오랫동안 바울서신을 '바울 신학'을 구성하기 위한 자료로만 읽었을 뿐, 그 서신들이 목회 사역에 대해 무엇을 알려주는지 분별하기 위해 애쓴 적은 없었다.

바울을 목회자로 생각해보다

이 책은 수년 동안 바울의 목회 사역을 살펴본 결과물이고, 바울서신이 목회자들에게 지혜와 통찰의 금광이라는 확신에서 비롯된 책이다. 어쨌든 바울이 사도로 사역한 중요한 부분에는 목회도 포함된다. 그리스도인들이 바울서신을 신학 자료로서 바르게 읽는다 하더라도, 바울은 자신을 현대적 의미에서의 전문적인 신학자로 보지 않았다. 바울은 그보다는 교회 개척자에 가까웠다. 지중해 지역 주변에 교회들을 개척하고, 그런 다음에 그 교회들에 편지를 보내서 갈등을 해결하며, 상대방을 함부로 대하는 자들을 책망하고, 신실하게 살아가도록 격려하며, 지역의 상황 속에서 하나님 나라를 삶으로 드러내라고 가르치고, 믿음을 지키라고 권면하는 사람이었다. 바울이 그 교회들의 문제를 다루면서 복음에 대한 풍부한 개념과 이스라엘의 성경에 대한 신학적으로 심오한 이해를 활용한 것은 분명하다. 그러나 우리가 바울의 편지들을 읽을 때, 반드시 신학적인 편지로 읽을 필요는 없다. 우리는 신학적으로 정통한 목회자가 자신이 세운 교회들에게 복음에 충실하게 살라고 권면하는 편지를 읽는 것이다. 우리는 바울의 모습 속에서 자신이 세운 공동체들에게 어떻게 하면 이 땅에 하나님의 부활 생명을 구현할 수 있을지 조언하는 상담자의 모습을 보게 된다.

그러나 바울은 우리와 아주 다른 세상에서 목회했다. 바울의 세상과 우리가 사는 세상 사이의 차이는 수천 킬로미터의 거리(이 책의 독자들이 대부분 지중해 인근에 살지 않는다고 가정하자면 그렇다는 말이다)와 거의 2,000년에 가까운 세월의 차이라고 생각할 수 있지만, 사실 차이는 그것보다 훨씬 크다. 바울은 세상을 아주 다르게 보았다. 그리고 이 세상의 모든 것이 어떤 식으로 유지되고 있는지에 대한 바울의 상상은 우리가 알고 있는 것과는 다른 출처에서 얻은 것이었고 현대의 개념을 결정하는 것들과는 다른 영향을 받아 형성됐다. 바울의 생각은 성경의 개념에 완전히 젖어 있었다. 그가 생각하는 세상은 성경이 말하는 세상이었다. 그리고 세상이 작동하는 방법에 대한 바울의 생각은 성경과 유대 전통에 정통한 지식에서 배운 것이었다. 이 책의 목적은 이것이 바울의 목회 방법에 어떤 영향을 주었는지를 생각해보는 것이다.

이 책은 현대 교회 지도자들에게 필요한 지혜를 제시할 목적으로, 신약성경이 묘사하는 목회자 바울의 모습을 신학적·문화적·목회적으로 생각해 보려는 책이다. 또한 이 책은 내가 예수 그

리스도의 교회에서 신실하게 살아갈 지혜를 얻고자 하는 그리스
도인으로서 저술한 책이기 때문에, 그런 의미에서는 **신학적인** 책
이다. 그러나 내 주장이 성서학자들이 보기에도 타당한 해석상의
선택을 충실하게 한 것이길 바라지만, 이 책이 신약학에 공헌하는
책은 아니다. 각주는 최대한 적게 달았고, 다른 학자들의 견해에서
많은 것을 배웠지만, 그들과 논쟁하지는 않는다. 이 책은 목회자들
을 위한 책이기 때문이다.

　한편으로는 이 책은 내가 신약성경과 함께 이 시대의 목회 사
역을 형성하는 역동성, 압력, 긴장을 다룬다는 점에서 **문화적인** 책
이다. 나는 여러 차례 장기간의 목회 사역을 통해 많은 것을 배웠
고, 다양한 환경에서 사역하는 목회 지도자들과 많은 대화를 나눌
수 있었다. 그렇게 도시와 시골, 그리고 여러 대륙에서 사역하는
여성과 남성 목회자들을 만났다. 바울의 편지는 이미지 관리와
다른 사람들의 기대에 부응하기 위해 고군분투하는 목회자들에게
줄 놀라운 지혜를 담고 있다. 바울도 '동종업계 내의 경쟁'과 동료
목회자들과 교회들 사이의 시기심에 대해서 잘 알고 있었다. 바울
은 자신이 세운 교회들과 소통하기 위해 소셜미디어(즉, 편지)를 사
용했기 때문에, 소셜미디어가 지배하는 시대에 우리가 싸우고 있
는 역학 관계를 이해했다. 따라서 이후에 이어지는 부분에서는, 목
회자들과 목회 동역자들에게 지혜를 제공하기 위해, 바울서신만
이 아니라 누가가 사도행전에서 묘사하는 바울과 신학적인 대화
를 나누면서, 이를 현대 목회의 토양에 적용해보려고 한다.

그리고 마지막으로 조금 전에 언급했듯이, 이 책은 신약성경이 바울을 교회 목회자로 묘사한 것을 **살펴보는** 책이다. 바울서신과 사도행전을 역사적인 자료로 어떻게 평가할 것인지에 대해 정당하게 제기되는 역사 비평적 문제들이 있고, 바울의 삶과 저술과 경력의 다른 측면들에 관한 연구도 상당히 진행됐다. 그러나 이 책의 목적을 위해, 나는 현재의 신약성경이 보여주는 바울의 모습에 집중할 것이다. 바울의 이름으로 된 13개의 편지는 자신이 세운 교회들의 문제에 대해 조언하고, 교회들의 성장을 도와주려는 바울의 모습을 보여준다. 또한 사도행전에서 누가는 지중해 지역에서 예수 운동이 성장해나간 이야기를 들려주는데, 그 속에서 우리는 바울의 목회에 대한 자세한 이야기를 들을 수 있다. 바울이 폭력적으로 교회를 대적한 이야기, 바울이 예수님을 만나서 극적으로 변화된 이야기, 바울과 동료 목회 지도자들과의 관계에 관한 이야기, 그리고 바울이 교회들과 계속해서 관계를 이어간 이야기 등이 그것이다. 따라서 바울서신과 누가가 기록하고 있는 바울의 목회에 관한 이야기 속에서 우리는 현대의 목회 사역을 돌아볼 수 있는 풍성한 자료를 발견할 수 있다. 나는 아래의 네 가지 측면에서 이것을 살펴보려고 한다.

바울의 목회적 상상력의 전환

먼저 바울이 회심한 이후에 목회에 대한 접근 방법에서 일어난 변화를 생각해 볼 것이다. 이 말이 좀 이상하게 들릴 수도 있다. **바울이 회심하기 전에도 목회를 했다고?** 내가 이런 식으로 표현하는 것은 바울이 다메섹으로 가는 길에서 예수님을 만나기 전과 후의 목적이 거의 같았기 때문이다. 회심하기 전의 바울은 하나님의 백성을 위해 이 땅에 부활 생명이 나타나게 하려고 필사적으로 노력했다. 바울은 이스라엘을 구원하고, 로마를 그 땅에서 몰아내며 하나님 나라를 시작하고자, 하나님을 움직이려고 했다. 이것이 바리새파 사람들이 생각했던 '부활'이었다. 하나님께서 이스라엘에 대한 언약을 이루시고, 이스라엘을 압제에서 해방시키시며, 피조물에게 회복의 역사를 충만하게 부어주시고, 이 땅에 하나님의 통치를 세우시며, 더불어 이스라엘을 하나님 나라의 중심에 우뚝 세우는 것이 바로 그들이 생각한 부활이었다. 이렇게 바울은 그리스도를 만나기 전에도, **온통 몸과 마음을 부활에 쏟아부었다.** 바울은 다메섹으로 가는 길에서 회심한 이후에 확실히 극적으로 변했지만, 바울의 관심은 언제나 부활을 향하고 있었다. 바울이 후에 사도로 부르심을 받았을 때도, 그 사명은 지중해 전역에 부활 생명의 공동체들을 세우고 성장시키는 일이었다. 단지 바울에게는 그것을 실행할 **방법**이 완전히 달라진 것이었다. 내가 바울의 목회적 상상력이 철저하게 달라졌다고 말할 때는, 바로 이런 뜻으로 말하는 것이다. 바울은 회심하기 전에도 후에도 '목회'를 했고, 그 목회를 통해서 언제나 하나님의 백성을 위해 하나님의 목적을 이루려고 했다.

우리는 이 시대의 목회자들이 세속적이고 파괴적인 목회에 대한 유혹에 어떻게 대처할 수 있을지 알아보기 위해서 이런 차이점에 관해 탐구해 볼 것이다. 나는 물론 전부는 아니겠지만 목회자들은 대부분 교회에 이로운 것을 원한다고 생각한다. 목회자들은 하나님의 백성을 위해 하나님의 목적이 이루어지기를 간절히 원한다. 그러나 목회자들은 결과적으로 자신들의 노력을 허물어뜨리고, 파괴적인 역동성을 일으키는 부적절한 수단을 통해서 사람들을 데려오려는 유혹에 쉽게 빠질 수 있다. 그러다 보면 목회자들만이 아니라 그들이 섬기는 교인들도 극심한 좌절감에 빠지게 된다. 내가 바라는 것은, 우리가 바울의 목회 방법이 근본적으로 달라진 것을 살펴보면서, 우리 자신의 목회 관행과 자세가 어떻게 변화되고 회복될 수 있는지를 분별하는 것이다.

교회가 처한 우주적 상황

바울이 인식하는 현실 개념에 따르면 교회는 우주적으로 대립하는 상황 속에 놓여 있다. 이 세상과 모든 현실 속에는 인간이 죄인이라는 단순한 사실보다 훨씬 더 많은 문제가 있다는 뜻이다.

이스라엘의 성경에 그 뿌리를 두고 있고, 바울이 물려받은 유대인의 세계관에 의하면, 모든 현실은 대부분의 현대 그리스도인들이 인식하는 것보다 훨씬 더 심각하게 망가져 있다. 먼저 하나님의 대적인 사탄이 세상에서 활동하고 있다. 그리고 우주를 지배하는 세력들과 권세들이 인간의 문화 속에 파고들어서 이데올로기를 왜곡시키고, 사람들을 속박하는 데 활용할 수 있는 방법들을 마구잡이로 뒤섞어 놓았다. 그리고 바울은 또 다른 우주적 세력이 활동한다고 본다. **죄**와 **죽음**과 **육체**가 그것인데, 이것들은 의지, 목적, 의도를 가진 인격화된 신비로운 실체다.[1] 우리는 이 모든 것들을 '묵시적 동맹 세력'이라고 부를 수 있다. 이들을 이렇게 규정하는 것은, 부패한 세계 속에서 우리가 현재 삶을 통해 경험하는 것들을 구성하는 감탄스러울 정도로 복잡한 토대를 짜기 위해, 이 우주적 실체들의 집단이 어떻게 공모했는지를 설명하는 데 놀랄 만큼 극적이고 훌륭하게 도움이 된다.[2] 이런 주체들이 서로 협력해서 인류가 이 세상에서 하나님의 질서가 번창하는 것을 경험하지 못하게 만드는 계략을 짜는 것이다.

바울은 그리스도의 죽음을 이러한 악한 우주적 세력에 대한

---

1. 바울은 이 의인화된 존재들을 인류를 분열시키고 파괴하려고 모의하는 자들로 소개한다. 이들의 역동성에 관해서는 제4장에서 더 자세하게 설명할 것인데, 이 책에서 이들을 언급할 때는 굵은 글씨로 표시할 것이다.

2. J. Christiaan Beker, *Paul the Apostle: The Triumph of God in Life and Thought* (Philadelphia: Fortress Press, 1980), 190 [= 『사도 바울』, 한국신학연구소, 1991].

승리라고 생각한다. 그리스도 안에서, 하나님은 그 세력들이 피조물을 노예로 삼는 힘을 깨뜨리셨으며, 이 세상을 그 세력들의 악한 영향력에서 해방하기 시작하셨다고 보는 것이다. 장차 그리스도의 날이 되면, 하나님은 이 사역을 완수하실 것이고 피조물을 온전히 회복시키실 것이다. 그러나 그 사역은 교회에서 시작된다. 바울에게 있어서 교회는 하나님께서 그리스도 안에서 성령을 통해 함께하시는 곳이고, 하나님께서는 그리스도를 죽음에서 일으키신 것과 동일한 능력으로 교회를 구원하신다. 이러한 공동체들은 하나님의 나라가 시작되는 곳이며, 이 땅에 부활의 생명이 나타나는 장소이고, 하나님의 생명을 주는 영인 성령을 통해 생기를 얻어 힘차게 움직이는 곳이다.

그러나 하나님의 부활 권능이 함께하는 이 공동체들은 우주적인 적대 세력들의 영토 안에 존재한다. 이 악한 시대는 우리가 '역사'라고 부르는 길고 느린 과정을 통해 계속해서 파멸을 향해 가고 있지만 여전히 지속되고 있다. 이미 패배했지만, 아직 완전히 파멸되진 않은 이 악한 세력들은 하나님께서 자기들을 멸하시기 전에 할 수 있는 한 많이 하나님의 선한 세상을 무너뜨리려고 하는 것 같다. 그 세력들이 이 세상을 장악하는 절대적인 힘은 깨졌지만, 여전히 큰 피해를 주고 있다. 따라서 교회들은 우주적으로 볼 때, 두 시대가 동시에 작동 중인 상황 속에서 양쪽 모두의 영향을 받고 있음을 느낀다. 새로운 시대는 그리스도의 죽음과 부활을 통해 이미 시작됐고, 옛 시대는 하나님께서 그리스도의 죽음을 통해 치명적인 타격을 입혔고, 성령을 적대적인 세력의 영토로 보내셨지만, 여전히 지속되고 있다.

이 우주적인 시나리오는 바울이 자신이 세운 교회에 권면하는 것들 중 많은 부분에 영향을 주었고, 바울이 공동체의 갈등을 분별하는 방법에도 영향을 주었다. 파벌이 있거나 다른 사람들에 대해 자신의 권리를 주장하는 집단이 있는 곳에서, 바울은 공동체 안에 파괴적인 우주적 역동성을 부추기고 작동시키는 행위들을 찾아낸다. 공동체 생활 속에 그런 태도와 습성이 있는 것은 그냥 '유감스러운' 일이 아니다. 그런 것들은 공동체 안에 사악한 역동성이 있다는 것을 암시한다. 그리고 그것들은 공동체를 파괴하려고 활동하는 타락한 세력들의 통치를 드러낸다. 반대로, 공동체가 자기희생적인 사랑과 섬김을 드러낼 때, 바울은 성령이 복음의 열매를 맺게 하고 어둠의 세력을 좌절시킨다고 생각한다. 그리고 그는 모든 공동체에게 성령의 함께하심이 나타나고 활동하는 길을 따르라고 권면한다. 그러면 새롭게 하고, 회복시키며, 구원하는 능력이 공동체를 사로잡고 건져낸다는 것이다.

그러므로 바울은 교회가 우주적인 다툼이 일어나는 환경 속에 있다고 생각한다. 즉, 적대적인 세력들이 하나님의 의도를 훼손하고 파괴하기 위해 활동하는 우주 안에서 교회가 한 공간을 차지하고 있는 것이다. 목회자들이 이런 것들에 대해 경각심을 갖지 않는다면, 특정한 목회 방법에 숨겨진 우주적이고 파괴적인 세력을 간파하지 못할 것이다. 목회자들은 또한 다양한 상황에서 작용하는 영적인 역동성을 분별하지 못할 것이다. 이러한 세력들은 교회 생활이라는 드라마에서 아주 구체적인 역할을 하는데, 바울은 서신과 교회에 주는 조언을 통해서 이 세력들에 대해 언급하고 있다. 현대 목회자들은 대부분 이런 세력들과 상관없이 교회 생활을 있는 그대로 받아들인다. 나는 이 책에서 진행되는 토론이 목회자들이 우주적이고 영적인 역동성에 대해 경각심을 갖게 되고, 그래서 목회자들이 자신들이 목회에 접근하는 방법의 성격을 이해하게 되며, 기회, 갈등, 도전의 상황에서 어떻게 해야 하는지 분별하는 데 도움이 되기를 바란다.

이 땅에 부활이 나타나는 장소인 교회

앞에서 언급한 것과 관련해서 보자면, 목회 사역 이해를 위한 이 책의 세 번째 공헌은 교회를 하나님께서 이 땅에 거하시는 장소로 이해하는 것이다. 교회는 전혀 **이 세상의** 조직이 아니고, 그런 식으로 생각할 수도 없다. 목회자들은 교회가 마치 CEO가 회사를 경영하거나 경영자가 사업을 진행하는, 혹은 장군이 군대를 통솔하는 방식으로 이끌 수 있는 조직인 것처럼 생각하는 함정에 빠질 수 있다. 그러나 교회는 유일무이한 조직이다. 교회는 하나님께서 거하시는, 이 땅에 있는 하나님의 백성의 유일한 실체이기 때문이다. 그리고 하나님은 일반적으로 생각하듯이 그저 우리 안에 계시는 것이 아니다. 하나님은 교회 안에 능력으로 함께하고, 성령을 통해 부활의 생명을 확산시키신다. 우리 안에 거하는 부활의 권능은 생명을 주시는 하나님의 임재하심이다. 그것이 우리를 새롭게 하고, 회복시키며, 양육하고, 지탱한다. 예수님을 죽은 자 가운데서 일으키신 바로 그 권능이 지금은 예수님의 이름으로 모인 교회를 가득 채우고, 구석구석 스며들어 있다. 이러한 현실은 바울의 생각에도 영향을 주었는데, 우리는 바울이 생명을 살리는 하나님의 임재하심이 교회에서 나타나고, 활동하고, 점점 확대되는 것을 목표로 가르쳤음을 보게 될 것이다.

이 현실이 중요한 것은 이것이 바울의 권면을 결정짓기 때문이다. 바울은 공동체들에게 특정한 방식으로 행동하라고 호소하는데, 그것이 단순히 '그리스도인의 윤리'에 맞기 때문이거나, 옳은 것처럼 보이기 때문이어서가 아니다. 바울은 그들 가운데 하나님의 부활이 주는 영향력이 활성화되고, 확대되는 태도와 행동을 권장한다. 하나님의 생명력이 공동체에 유입되고 강하게 역사하여, 사람들이 새롭게 되고, 갈등이 해결되며, 상한 마음이 회복되고, 공동체를 번성하게 만드는 삶의 방식이 있다. 바울이 사도로 사역한 일에는 부활 생명의 공동체인 교회를 세우는 일이 포함된다. 이 교회는 장차 부활이 완전히 실현되기를 기대하며, 지금 부활의 실현을 경험하는 곳이다. 즉, 바울에게 있어서 목회란, 부활 생명의 공동체를 길러내고, 교회가 그들 안에서 하나님의 부활 능력이 함께하는 것을 어떻게 경험할 수 있는지 이해할 수 있게끔 돕는 일이었다.

신약성경이 보여주는 목회자 바울의 모습

　이 책의 네 번째 공헌은 '목회서신'(디모데전후서, 디도서)을 파헤치는 것을 넘어서, 사도행전을 포함해, 바울의 모습을 보여주는 신약성경 전체를 신학적으로 살펴보는 것이다. 목회서신에 집중하는 것은 충분히 가치 있는 일이다. 그렇게 해도 많은 것을 얻을 수 있기 때문이다. 그러나 우리는 로마서, 고린도전후서, 갈라디아서 같은 훨씬 '신학적인 서신들'에서도 실제로 바울이 목회 사역을 하는 모습을 보기 때문에, 나는 바울의 모든 서신을 바울의 목회 방법을 보여주는 서신으로 읽기로 했다. 바울은 신학적인 저술을 목적으로 편지를 쓰고 있는 것이 아니라, 갈등을 해결하고, 하나님 나라의 부활 현실을 신실하고 창조적으로 구현할 공동체가 나아갈 방향을 제시하고 있다. 따라서, 우리는 바울이 쓴 모든 편지를 옆에 두고 읽으면서, 목회자 바울의 활동을 관찰할 수 있다. 바울은 갈등을 어떻게 이해하는가? 목회 동역자를 대할 때 바울은 어떤 사고의 틀로 접근하는가? 바울은 갈등을 신학적으로 어떻게 생각하고, 어떤 해결책을 권고하는가?

　물론, 바울의 목회에는 우리에게 적용되지 않는 몇 가지 독특한 측면이 있다. 바울은 소수의 사도 중 한 사람이었고, 열방에 복음을 전하라고 파송된 유일한 사람이었다. 그러나 오늘날 다른 많은 사람과 마찬가지로, 바울은 교회를 개척했고, 편지로 그 교회들을 목회했다. 바울은 편지를 수신하는 교회들과 함께 머무는 것이 훨씬 좋다고 말하지만, 그것이 불가능했기 때문에 편지를 쓸 수밖에 없었다. 그것이 바울에게는 유감스러운 일이었지만, 편지 덕분에 바울의 목회 활동을 관찰할 수 있는 우리에게는 큰 다행이다. 이 편지들 덕분에 우리는 오늘날 어떻게 하면 유익하고 신실한 목회를 구상할 수 있을지 판단하는 데 도움을 받을 수 있다.

제1장
회심하기 전의 바울의 목회

목회자들은 분노와 좌절감에 몸부림친다. 교회를 이끄는 것은 힘든 일이고, 하나님의 백성에 대한 인내심을 잃기가 쉽다. 동시에 목회자들은 자신들이 하는 일, 즉 하나님을 섬기고 교회 성도들을 진심으로 보살피는 일을 사랑한다. 그리고 당연한 일이지만, 목회자들은 거칠게 보이거나, 거들먹거리는 것처럼 보이거나, 주변 사람들에게 이래라저래라 명령하는 것처럼 보이고 싶어 하지 않는다. 그래서 경멸이나 비판, 성격 차이, 그리고 기타 실망스러운 것들을 해결할 출구를 찾지 못하는 경우가 많다.

자신의 교회와 얼마 안 되는 직원 때문에 좌절감을 느끼던 목회자 한 분을 알고 있다. 이분을 '케빈'이라고 부르겠다. 그분은 젊었을 때, 대도시에 있는 활력이 넘치는 교회의 일원이었다. 그 교회는 사람들을 끌어당기는 매력이 있는 역동적인 설교자가 목회하고 있었다. 그 교회는 사역자들이 많았고, 목회자들을 컨퍼런스에 보내거나, 전문성을 개발할 다른 많은 기회를 충분히 제공할수 있는 여력이 있는 교회였다. 그분은 이런 큰 '성공적인' 교회를경험했고, 그 경험을 토대로 자신의 미래 사역에 대한 개념을 잡았다. 나중에 그분은 활용할 수 있는 자원이 훨씬 적은, 인구가 적은 지역의 작은 교회의 목회자가 됐는데, 사역자는 그분 혼자였다. 그분은 자신이 목회하는 회중도 자신이 전에 다니던 교회처럼 번창하는 공동체 생활을 경험하게 해주겠다는 야망을 키웠다.

그러나 몇 년이 지나도록 달라진 것은 거의 없었다. 케빈은 좌절감을 느꼈다. 케빈은 교회가 역동적인 축복의 공동체가 되고, 활기가 넘치는 공동체가 되며, 다양한 사역에서 성장을 경험하는 교회가 되기를 바라는 열망을 품고 있었다. 케빈은 이전에 여러 가지 전문성을 개발할 기회를 누렸었기 때문에, 이제 전처럼 컨퍼런스에 가지 못하고, 전처럼 동료 목회자들을 따라잡을 수도 없다는사실에 화가 나기 시작했다.

케빈의 설교에 날이 서기 시작했다. 사람들은 케빈이 주일 설교에서 회중들을 질책하고 있다고 느끼기 시작했다. 교회 직원 중일부는 케빈이 자기들에게 퉁명스럽게 말한다고 느꼈다. 케빈이보기에는 교회 직원들이 장애물이었다. 그들은 당연히 해야 할 사역에 헌신하지 않았고, 자신이 볼 때 하나님이 그들에게 주신 비전을 따라 살지도 못하고 있었다. 케빈은 전에 있던 교회의 동료목회자들을 만나서 자신이 처한 상황에 대해 자주 불평했고, 자기 교회 지도자들이 자기가 '교회를 이끌고' 가려는 방향에 걸림돌이 된다고 주장했다. 케빈은 자신의 비전에 교회 지도자들이 동의해 주기를 바랐지만 그렇지 않아서 낙담했다. 케빈은 자신의 교회에 속한 많은 사람을 해결해야 할 문제로 보기 시작했다. 그는 갈수록 마음이 씁쓸해지고, 좌절감을 느끼며, 조바심을 내고, 화를 냈다. 어느 주일에는 한 평신도 지도자가 케빈을 한쪽으로 데리고 가더니, 그에게 의기소침해 보이고 짜증이 난 것 같다고 말했다. 최근에는 케빈이 젊은 목회자에게 폭언을 했다는 소문이 퍼졌다. 교회 지도자들은 할 수 있는 한 케빈의 옆에 있지 않으려고 했다.

이런 상황은 생각보다 훨씬 흔하다. 우리는 하나님의 축복을 끌어내기 위해 지나치게 강제적이거나 강압적인 방법을 사용하는 목회에 예상외로 쉽게 빠져든다. 물론 우리 입장에서 보자면, 우리는 오로지 하나님의 부르심에 충성을 다하고 있을 뿐이다. 결국, 대부분의 목회자들은 자기들의 공동체가 하나님의 능력과 임재하심을 경험하는, 생명을 주는 안식처가 되기를 바란다. 그러나 우리는 우리의 의도와는 정반대되는 방법으로 그것을 이루려고 하는지도 모른다. 이와 같은 상황에 처한 목회자들은 목회적 상상력을[1] 바꿀 필요가 있다. 교회를 향한 자세와 목회 동역자들에 대한 자세, 그리고 하나님께서 그들 가운데 역사하시는 방법에 대한 전체

---

1. 이 표현은 Richard Hays의 논문을 모아놓은 책, *The Conversion of the Imagination: Paul as Interpreter of Israel's Scripture* (Grand Rapids: Eerdmans, 2005) [= 『상상력의 전환』, QTM, 2020]의 제목에서 가져 온 것이다.

적인 생각이 변해야 한다.

그러한 변화가 바울의 삶에서 일어났다. 이 장과 다음 두 장에서, 우리는 다메섹으로 가는 길에서 높아지신 주 예수님을 극적으로 만난 후에 일어난 바울의 목회적 상상력의 변화에 대해 생각해 볼 것이다. 그 만남은 바울의 삶과 사역 방식, 그리고 하나님이 세상에서 어떻게 일하시는지에 대한 바울의 비전을 완전히 바꾸어 놓았다.

바울은 그리스도인이 되기 전에도 부활을 열망했다

바울은 바리새인으로 훈련받았고 평생 바리새인으로 살았다.[2] 누가는, 바리새파는 부활을 믿었지만 사두개파는 믿지 않았다고 말한다(행 23:8). 우리는 이 말을 마치, 바리새인들이 본부 뒤편 어딘가에 있는 책상 서랍에 부활을 믿었음을 보여주는 항목이 들어 있는 교리서를 가지고 있었다는 듯이 이해할지도 모르겠다. 그러나 이런 식으로 생각하는 것은 바리새파에게 부활이 얼마나 중요

---

2. 바울은 회심한 이후에도 여전히 바리새인이었다. 바울이 사도로 사역한 이후에 예루살렘의 산헤드린 공회에서 해명하면서 이렇게 주장했다. "동포 여러분, 나는 바리새파 사람이요, 바리새파 사람의 아들입니다. 나는 지금, 죽은 사람들이 부활할 것이라는 소망 때문에 재판을 받고 있습니다"(행 23:6). 바울은 교회가 시작된 초창기 수십 년 사이에 믿음에 순종하기로 작정한 많은 무리의 제사장과 바리새파 중 하나였다(행 6:7; 15:5; 21:20).

했는지를 과소평가하는 것이다. 부활은 바리새파를 단결시키고, 그들의 목적을 추진할 수 있게 해주는 유일한 원동력이었다. 바리새파의 모든 활동은 부활이 목적이었으며, 연구, 가르침, 기도의 중심도 부활이었다. 그들은 부활을 고대했으며, 하루 종일 부활을 위해 기도했고, 부활을 실현하기 위해 끊임없이 노력했다.[3]

그들에게 부활은 단지 주님의 날에 모든 의로운 사람이 죽은 자 가운데서 살아날 것이라는 의미가 아니었다. 부활은 그것과 더불어 더 많은 것을 의미했다. 부활은 하나님의 목적이 회복되고, 하나님의 백성들에 대한 하나님의 모든 약속이 성취되는 것과 관련이 있었다. 다른 모든 유대인들과 마찬가지로, 바리새파는 하나님의 목적이 세상에서 마땅히 이루어져야 할 방식대로 이루어지지 않고 있다는 비극을 뼈저리게 느꼈다. 하나님은 이스라엘이 하나님의 특별한 소유가 되고, 하나님의 축복을 누리며, 이 땅에서 하나님의 백성이 되어서, 그들 가운데 하나님의 영광을 분명하게 나타내기를 원하셨다. 그들은 이 땅에서 하나님의 **샬롬**을 충만하게 경험하면서 하나님 나라에 즐거이 거할 것을 기대했다. 하나님의 샬롬은 모든 백성이 땅을 소유하고, 풍요롭게 살면서, 경제적으로 번성한다는 뜻이었다. 그리고 그들은 예루살렘에 있는 성전에

---

3. 부활이 바리새파의 소망이었으며, 바리새파의 의제를 추진하는 동력이었다는 것에 대한 논의에 대해서는, N. T. Wright, *What Saint Paul Really Said: Was Paul of Tarsus the Real Founder of Christianity?* (Grand Rapids: Eerdmans, 1997), 25-35 [= 『톰 라이트, 바울의 복음을 말하다』, 에클레시아 북스, 2018]를 보라.

서 한 분이신 참 하나님을 즐거이 예배하고, 타협하지 않는 지도
자들의 권위 아래에서 경건한 제사장들의 지도를 받을 것이었다.
이스라엘은 이렇게 하나님의 회복된 통치를 누리면서, 온 세상 나
라들이 한 분 참되신 하나님을 예배하도록 인도하게 될 것이었다.

그러나 아무것도 실현되지 못했다. 1세기 유대인들은 점령군
인 이방인 로마의 억압적인 통치 아래에서 살았다. 그들은 매를
맞고 학대받았으며 극심한 빈곤이라는 절망적인 현실에 직면했
다. 그들의 국가 지도자들은 자신들의 지위를 유지할 수 있게 허
락해준 로마와 동맹을 맺는 것으로 타협했다. 얽히고설킨 권력의
이해관계는 하나님이 의도한 번성하는 국가 질서와는 전혀 거리
가 먼 억압적인 체제를 키워냈다. 다른 유대인들과 마찬가지로, 바
리새인들은 하나님께서 그들을 해방시키시고, 그 땅을 정화하시
며, 하나님의 은혜로운 통치를 회복하신다는 약속이 성취되기를
갈망했다.

바리새파에게 부활은 하나님께서 예언자들을 통해 조상들과
이스라엘에게 하신 약속을 경제적·정치적·종교적으로 회복시키
는, 더 큰 국가적 시나리오를 의미했다. 또한 부활은 하나님께서
생명을 살리는 기운을 실제로 그 땅에 쏟아부으신다는 것과 이스
라엘 민족의 삶을 완전히 새롭게 하신다는 뜻이었다. 즉, 사회가
모든 수준에서 번영하게 되는 회복을 의미했다. 부활은 국가가 직
면한 모든 비극적인 상황을 변화시킬 것이다. 온 세상을 창조하신
하나님은 시온으로 돌아오셔서 로마를 쫓아내고, 그들의 부정한

흔적을 지워버리심으로써 이스라엘이 참으로 하나님의 백성임을
보이실 것이다. 마음은 충족되고 삶은 새로워질 것이다. 하나님은
의로운 자들을 높이시고, 악한 자들을 멸하실 것이다. 이 회복된
질서 속에서 이스라엘은 비로소 열방을 인도하고, 그들을 가르쳐
이스라엘의 하나님께 복종하게 하며, 한 분 참되신 하나님을 예배
하게 할 것이다.

따라서 바울은 회심하기 전에도 하나님의 백성이 부활을 경험
하게 되기를, 즉 그들 안에서 하나님의 은혜로운 통치가 회복되기
를 간절히 원했던 것이다. 바울은 자신과 동료 바리새인들이 이스
라엘의 하나님께서 이 전체적인 구원 계획을 그 나라에 베푸시게
하는 열쇠라고 확신했다. 이 열정적인 확신 때문에 바울은 하나님
께서 이스라엘을 구원하시도록 움직이게 하려고 매일 열심히 노
력했다.

강압적인 권력을 사용했던 바울의 목회 방법

나는 바울이 회심하기 전의 행동을 일종의 '목회'라고 본다. 바
울이 그렇게 생각했을 것이기 때문이다. 바울은 하나님을 섬기고
있었고, 하나님께서 이스라엘이 이교도의 문화적 영향에 타협하
지 않고, 신실하게 토라를 준수하는 백성이 될 때, 부활을 시작하
실 것이라고 확신했다. 이스라엘의 복종이 만족스러울 때, 하나님

은 악한 자들을 심판하시며, 이교도인 로마인들의 흔적으로 더러워진 그 땅을 정화하시고, 나라에 구원을 쏟아부으실 것이다. 바울과 바울의 동료들은 이러한 소망을 갖고 바리새인들의 성경 개념에 충실하게 복종하는 나라를 하나님께 바치기를 염원했다. 그들은 하나님께서 이스라엘을 추방하신 것이 토라에 불충했기 때문이라면, 나라가 다시 토라에 충성한다면 하나님이 감동하셔서 이스라엘을 회복시킬 것이라고 생각했다.

성경적인 추론에 근거한 이러한 전망은 강압적인 권력과 심지어 폭력을 사용하는 목회 방식이라는 결과를 낳았다. 바울은 구원의 주된 장애물이 하나님의 백성 중에 죄인들이 있는 것이라고 믿었다. 토라에 대한 충성심이 의심스럽거나, 열심이 없거나, 오락가락하는 많은 유대인들만 아니었다면, 하나님은 이스라엘을 회복시키고, 로마인들을 이 땅에서 쫓아내실 것이라고 믿었다. 바리새파는 성전에서 제사를 집행하는 제사장들에게 적용되는 토라의 지침을 자신들이 일상생활에서 지키는 정결의 기준으로 삼아 지나치다 싶을 정도로 꼼꼼하게 지켰다. 그리고 그들은 일반적인 유대인들에게도 이런 관습을 따르라고 가르쳤다. 바리새인들이 보기에 무관심하거나 오락가락하는 유대인들이 있다는 것은 슬픈 일이고 끔찍할 정도로 절망스러운 것이었다. 이런 사람들은 하나님께서 이스라엘을 구원하시는 것과 압제당하는 땅을 하나님의 영광스러운 나라로 변화시키는 것을 가로막고 있었다.

바울은 자신이 열정에 관한 한 동시대인들을 능가한다고 묘사한다(갈 1:14). 그는 외국 문화의 영향으로 유대 백성의 정결이 더럽혀지지 않게 하려고 열정적으로 노력했다고 자랑했다. 바울은 하나님과 모세의 율법에 대해 자신이 이해한 방식으로 철저하게 충성하라고 유대인들을 가르치고 권면했을 뿐만 아니라, 박해에 나설 정도로 열심이 있다는 것을 입증했다. 우리는 바울이 초창기에 예수님을 따르던 사람들과 충돌한 것에서 그런 모습을 볼 수 있다.

성경은 바울이 세상에서 사역하시던 예수님을 만난 적이 있는지에 대해서는 언급하지 않는다. 바울은 예수님에 대해 더 알아보기 위해 예수님께 질문하러 갔던 사람들 중 하나일 수도 있다(참조, 막 7:1). 만약에 실제로 바울이 예수님을 알고 있었다면, 바울이 예수님께 어떤 반응을 보였을지 상상해보는 것도 재미있다. 이스라엘/팔레스타인 땅은 크다고 할 수 없는 곳이라서, 다양한 부류의 교사들에 대한 소문이 빨리 퍼졌다. 특히 하나님의 구원이 다가오고 있다는 징조를 찾는 자들 사이에서는 더 그랬다. 혹시 바울도 예수님을 호기심 어린 눈으로 봤던 것은 아닐까? 바울도 예수님이 이스라엘의 하나님이 보낸 메시아이기를 바랐던 것은 아닐까? 그러나 다른 한편으로, 바울은 예수님에 대해 즉각적으로 반대했던 사람들 중 하나였을 수도 있다. 어쨌든 예수님의 죽음 이후에 바울이 예수님의 추종자들을 심하게 박해한 것은 분명하다. 그런데 바울은 왜 그런 짓을 했던 것일까? 바울은 왜 초기 기독교 운동을 짓밟으려 했던 것일까?

바울은 예수가 처형당한 방법을 보고 하나님께서 예수를 심판 하셨다고 확신했다. 예수는 십자가에 달려 죽임을 당했고, 바울은 토라에 기록된 것을 잘 알고 있었다.

> 죽을 죄를 지어서 처형된 사람의 주검은 나무에 매달아 두어야 합니다. 그러나 당신들은 그 주검을 나무에 매달아 둔 채로 밤을 지내지 말고, 그날로 묻으십시오. **나무에 달린 사람은 하나님께 저주를 받은 사람이기 때문입니다.** 당신들은 주 당신들의 하나님 이 당신들에게 유산으로 준 땅을 더럽혀서는 안 됩니다. (신 21:22-23)

바울이 보기에, 토라는 예수가 하나님의 심판을 받았다고 분명하게 말하고 있었다. 예수는 나무에 달려 있었고, 따라서 하나님의 저주를 받은 것이다. 바울은 오히려 다른 주장을 펴는 예수님의 추종자들을 우상 숭배하는 죄인으로 보았다. 왜냐하면 그들은 하나님께서 저주한 사람을 예배하고 있었는데, 그것은 이 거짓 메시아에 대한 하나님의 평결에 반항하는 것이었기 때문이다. 바울은 초기 유대 그리스도인들을 이스라엘 땅의 오점이자 하나님에 대한 모욕이라고 생각했다. 그들은 하나님께서 이스라엘을 구원하지 못하게 방해하는, 그리고 이 땅에 부활 생명을 부어주지 못하게 하는 불충한 이스라엘 사람이라는 것이다. 바울이 보기에 이런 예수 추종자들은 모든 수단을 동원해서 막아야 했다.

바울이 교회를 짓밟으려 한 것이나, 강압적인 권력과 폭력을 사용할 계획을 꾸민 것도 부활, 즉 하나님의 구원에 대한 열정 때문이었다는 것을 인식하는 게 중요하다. 나중에 바울의 목회 동역자가 된 누가에 따르면, 바울은 스데반을 죽이는 현장에 있었고, 그 일에 동의했다고 한다(행 7:58-8:1). 그 후 바울은 예수님의 추종자들과 대립하는 일에 주도권을 쥐었다.

> 사울은 스데반이 죽임 당한 것을 마땅하게 여겼다. 그날에 예루살렘 교회에 큰 박해가 일어났다. 그래서 사도들 이외에는 모두 유대 지방과 사마리아 지방으로 흩어졌다. 경건한 사람들이 스데반을 장사하고, 그를 생각하며 몹시 통곡했다. 그런데 사울은 교회를 없애려고 날뛰었다. 그는 집집마다 찾아 들어가서, 남자나 여자나 가리지 않고 끌어내서, 감옥에 넘겼다. (행 8:1-3)

높아지신 주 예수님을 만나기 바로 전의 바울에 대해 누가는 이렇게 묘사한다.

> 사울은 여전히 주님의 제자들을 위협하면서, 살기를 띠고 있었다. 그는 대제사장에게 가서, 다마스쿠스에 있는 여러 회당으로 보내는 편지를 써 달라고 했다. 그는 그 '도'를 믿는 사람은 남자나 여자나 가리지 않고, 닥치는 대로 묶어서, 예루살렘으로 끌고 오려는 것이었다. (행 9:1-2)

바울은 나중에 자신의 삶과 걸어온 길을 돌이켜보면서, 자신이
"훼방자"요 "폭행자"(딤전 1:13)였다고 회상한다. 바울이 "훼방자"라
고 말한 것은, 나중에는 메시아로 인정하기는 했지만 이전에 자신
이 예수님에 대해 말했던 것을 가리키는 말일 수도 있다. 그러나
이 말은 또한 자신이 그리스도인들에게 폭력을 행사하고 저주했
던 것을 훼방이라고 말하는 것일 수도 있다. "훼방"에 해당하는 그
리스어는 다른 사람이나 하나님에 대해 욕설이나 비방한다는 뜻
을 갖고 있다. 바울이 회심하기 전에 예수님에 대해서 훼방하는
말을 했을 수도 있고 그렇지 않을 수도 있지만, 바울이 예수님의
추종자들을 상대로 언어적·신체적 폭력을 계획하는 데 가담했다
는 것에는 의심의 여지가 없다.

이 모든 것과 관련해서 명심할 것은 바울이 하나님과 하나님
의 영광을 위한 열심 때문에 이 모든 일을 했다는 것이다. 바울은
하나님의 백성이 하나님의 말씀을 따르는 것을 간절히 보고 싶어
했다. 바울이 생각하기에 자신의 동기는 순수했다! 바울은 이스라
엘이 부활 생명을, 즉 이 세상을 새롭게 하고, 회복시키고, 구속을
완성할 하나님의 생명을 충만히 누리게 되기를 바랐다. 그러나 바
울은 권력을 통해서 이것을 이루려고 했다. 그는 다른 사람을 억
압했고, 지배하고 위협하는 태도를 취했다. 바울은 폭언과 폭력을
일삼게 됐다.

목회자들과 교회 지도자들도 바로 이런 함정에 빠질 수 있다.

이들은 자기들이 섬기는 회중을 진심으로 사랑하고, 하나님께서 교회 안에서 높임을 받으시기를 갈망한다. 이들은 교회가 어떤 모습이 되어야 하고, 어떤 방법으로 봉사해야 하는지 자기들이 알고 있다고 생각한다. 이들은 자기네 공동체가, 하나님의 새로운 가족이 되는 것이 어떤 것인지를 보여주는, 즐거움으로 가득 찬 곳이 되는 모습을 보고 싶어 한다. 그러나 열매가 적고 성장이 더딜 경우 낙담할 수도 있다. 또한 지도자들은 교회 때문에 좌절할 수도 있고, 그들이 섬기라고 부름받은 사람들에게 강압적인 권력이나 조작, 그리고 언어폭력을 행사하는 모습을 보이기도 한다.

나는 목회자가 자기 기대에 못 미쳤다거나 하나님의 목적을 이루려는 열정이 부족하다는 이유로 자기 회중을 책망하는 경우를 한두 번 목격한 게 아니다. 교회에 헌신이 부족하다고 생각한 목회자가 강대상에서 은근히 공격하는 발언을 하는 것을 들은 적도 있다. 아마도 목회자가 큰 기대를 가지고 기금 모금에 들떠있었거나, 그것을 밀어붙이는 데 특별한 목회적인 노력을 기울였던 것으로 보인다. 그 기대가 꺾였기 때문에 목회자가 책망하는 모습을 보였던 것이다. 이런 모습은 언어폭력이라고 불러도 무방하다. 바울이 제자들을 '위협'했던 것처럼, 목회자들도 너무 좌절하다 보면 기대에 미치지 못했다는 이유로 직원이나 평신도 지도자들을 책망할 수 있다. 목회적인 좌절과 실패의 한가운데서, 목회자들은 바울이 회심하기 전에 부활을 추구하던 것과 흡사한 목회 방법을 선택하고 싶은 유혹을 받는다. 강력한 힘이 있어야 하나님의 축복을 받을 수 있다고 상상해보라는 유혹을 받는 것이다.

바울은 권력을 자신의 정체성으로 삼았다

국가적인 차원에서 부활의 실현을 이루겠다는 바울의 열망은 사회적으로 인정받는 정체성을 구축해서 그것을 근거로 주님의 날에 자신의 구원을 주장할 기반으로 삼겠다는 시도와 잘 맞아떨어졌다. 즉, 바울은 하나님께서 부활을 부어주셔서 이스라엘을 구원하시는 날에, 다른 사람들이 자신을 어떻게 보느냐에 따라 하나님이 자신을 평가하실 것이라고 생각했다. 바울은 특정한 방식으로 토라에 복종하고, 물려받은 전통에 충성하는 것을 중심으로 자신의 정체성을 세우기 위해 아주 열심히 노력했다. 바울은 열정적으로 노력하고 자격을 갈고 닦아서 번듯한 사회적 지위를 얻게 되면, 심판의 날에 이스라엘의 하나님이 자기를 '의롭다'고 판결해주실 것이라고 생각했다. 바울은 동족 이스라엘 사람들로 하여금 의로움에 대한 열정을 가질 수 있도록 노력한 것을 하나님이 기꺼이 인정하실 것이라고 믿은 것이다.

바울은 주의 날에 이스라엘의 하나님이 높임을 받으시길 원했다. 그리고 바울은 "잘했도다. 착하고 충성된 종아"라는 말을 듣고 싶었다. 그는 사람들의 칭송과 하나님이 주실 것으로 예상되는 칭찬을 동일시했다. 성경에 대한 지식이나, 이스라엘의 정결에 대한 열정, 하나님의 영광이 일상 생활에서 어떻게 구현되어야 하는지에 대한 명확한 가르침을 바탕으로, 바울은 동료들의 존경과 칭찬을 한 몸에 받았고, 다른 많은 사람들도 바울을 높이 평가했다. 바울은 마지막 심판 때에 하나님께서 그를 하나님의 백성 중에서도 아주 핵심적인 인물로, 하나님의 택한 백성의 지도자로, 그리고 이스라엘의 선생으로 인정하실 것이라고 확신했다.

빌립보서 3장에서 바울은 자신이 전에 하나님 앞에서 의롭다는 것을 보장받기 위해서 강력한 개인적인 정체성을 구축하는 일에 골몰했다는 것을 보여준다. 바울은 전에 "육신을" 신뢰했었다. 즉, 인상적인 경력을 신뢰했었다.

> 하기야, 나는 육신에도 신뢰를 둘 만합니다. 다른 어떤 사람이 육신에 신뢰를 둘 만한 것이 있다고 생각하면, 나는 더욱 그러합니다. 나는 난 지 여드레만에 할례를 받았고, 이스라엘 민족 가운데서도 베냐민 지파요, 히브리 사람 가운데서도 히브리 사람이요, 율법으로는 바리새파 사람이요, 열성으로는 교회를 박해한 사람이요, 율법의 의로는 흠 잡힐 데가 없는 사람이었습니다. (빌 3:4-6)

바울이 말하는 "신뢰"라는 말은 그가 개인적으로 부활에 참여할 것이라는 기대와 관련이 있다(11절). 바울이 평생에 걸쳐서 지향했던 목표는 주님의 날에 하나님으로부터 의롭다고 인정받는 사람이 되고, 그래서 영원한 생명에 들어가는 것이었다. 이것은 회심한 이후에도 여전히 바울의 목표였다. 그러나 바울은 이것이 완전히 다른 것을 근거로 해서 일어난다는 것을 깨닫게 됐다. 우리는 다음 몇 개의 장에서 이 점에 대해 살펴볼 것이다.

이전에 바울은 자신이 물려받은 자격과 유대 민족의 유산 중 핵심적인 요소들에 근거하여 평생에 걸쳐서 열심히 쌓아 올린 사회적 정체성을 완전히 신뢰했었다. 바울은 신실한 유대인 부모의 자식이었고, 진정한 이스라엘 사람이었으며, 바리새인으로 훈련받았고, 모세의 율법을 자신이 물려받은 전통에 따라 신중하고 꼼꼼하게 복종하는 사람이었다. 바울은 하나님의 백성의 정결에 대한 자신의 열정을 하나님이 이스라엘을 구원하지 못하게 가로막는 운동, 즉 교회를 박해하는 것으로 입증했다. 게다가, 바울은 자신이 율법의 의로는 흠잡을 데가 없는 사람이라고 말한다(6절). 이 말은 바울이 토라에 복종하는 것에 관한 한, 자신은 물려받은 기준과 전통을 신실하게 따랐다고 생각한다는 뜻이다.

종교적인 하위문화들이 으레 그렇듯이, 바리새파도 성경 해석에서 도출해낸 모범적인 행동 목록과 그에 관한 지침을 갖고 있었다. 당연히 그런 집단들은 자기들의 기준이 어떤 의미에서건 토라와 다르다고 생각하지 않는다. 그런 집단들은 자기들이 알아낸 특별한 방법으로 성경 말씀을 지켜야 한다고 생각한다. 생활 방식으로 제시된 이런 복잡한 행동 지침에 의하면, 바울은 흠잡을 데가 없는 사람이었다. 바울은 자신과 자신이 속한 공동체가 이해한 방식으로 토라에 충성하는 사람이었다.

　문화적인 기대에 맞게 살아가고, 이런 삶을 근거로 사회적인 인정을 받음으로써, 바울의 정체성이 형성됐다. 바울은 인정받고, 고귀하며, 존경받는 사람이었다. 그는 토라에 충성했고, 이스라엘의 하나님도 그를 이런 식으로 보셨을 것이라고 확신했다. 주의 날이 오면, 바울은 의인 중에 들 것이 분명했다! 바울은 전혀 의심하지 않았다.

　문화적인 기대를 따라 결정되는 사회적인 지위를 추구하려는 욕망은 현대 목회자들도 마찬가지다. 우리는 더 이상 목회를 '목자'(shepherd)가 되는 것으로 보지 않는 시대를 살고 있다. '목회자'가 바로 그런 뜻인데도 말이다. 고대 세계에서 목자는 가장 천하고 사회적으로도 거의 인정받지 못하는 직업에 속했다. 목자는 기본적으로 다른 일을 할 수 없을 때 했던 일이었다. 그러나 오늘날 목회자의 정체성은 종종 기업 경영자, 즉 결단력 있는 리더십, 행정적 기술, 비전 제시, 일을 완수하는 능력으로 공동체에서 존경받는 사람의 모습으로 비친다. 이런 것들이 목회자들로 하여금 능력 있고, 유능하고, 성공한 것처럼 보이기 위해 자격 쌓기를 갈망하도록 만들었다.

　어떤 면에서 보자면, 목회학 박사 프로그램이 지난 20세기의 마지막 25년 동안 번창하고 인기를 끌었던 이유는 목회자들이 자기들의 이미지를 유능하고 품격 있는 모습으로 발전시키기 열망했기 때문이다. 일부 교단 모임에서는, 교단의 지도자들을 '박사'라는 호칭으로 부르는 걸 선호한다. 이런 것이 젊은 목회자들의

가슴속에 언젠가 자기들도 '박사'라고 불리고 싶다는 갈망을 심어
준다. 그리고 일부 교회에서는 목회자들이 자신을 '박사'라고 불
러달라고 요청하기도 하는데, 이는 목회자들이 '목사'라고 불리거
나, 이름으로 불리는 것보다 박사가 더 품위 있어 보이고 존경스
러워 보인다고 생각하기 때문일 것이다.

목회학 박사 학위를 비판하는 자료들은 이미 많다. 따라서 여
기에 그런 내용들을 추가로 언급하고 싶지는 않다.[4] 오히려 나는
학위를 받기 위한 신학교 훈련 과정이 하나님의 백성들을 섬기는
데 필요한 기술을 습득하는 데 유용하다고 생각한다. 내가 여기에
서 오로지 강조하고 싶은 것은, 정체성 구축을 위해 자격을 취득
하려는 것은, 교회에서 다른 사람들보다 더 높이 올라가기 위해
노력하는 데 목적을 둔 것처럼 보인다는 것이고, 결국 이것은 예
전에 바울을 사로잡았던 갈망과 다를 바 없다는 점이다. 다음 장
에서 보겠지만, 바울은 이런 식으로 자신의 정체성을 만들어내기
를 거부했다. 그리고 그런 것이 쓸모없다고 보았을 뿐만 아니라,
그리스도 안에서 참된 정체성을 갖는 데 방해가 된다고 생각했다.

---

4. David F. Wells, "The D-Min-Ization of the Ministry" in *No God but God:
Breaking with the Idols of Our Age*, Os Guinness and John Seel, eds.
(Chicago: Moody Press, 1992). Wells의 *No Place for Truth, or, Whatever
Happened to Evangelical Theology* (Grand Rapids: Eerdmans, 1993), 218-57
[=『신학 실종』, 부흥과개혁사, 2010]도 보라.

목회 동역자들과 경쟁하는 것에 대한 바울의 생각

이렇게 늘 더 높은 사회적 지위를 성취하려고 애쓰고, 더 많은 자격을 쌓으려고 하다가 바울은 동료 목회자들과 경쟁하게 됐다. 이런 경쟁심에 대한 바울의 생각은 빌립보서 3:4에 있는 바울의 말에서 볼 수 있는데, 자신은 어느 누구보다 더욱 육신에 신뢰를 둘 만하다고 말한다. 갈라디아서 1:14에서, 바울은 "나는 내 동족 가운데서, 나와 나이가 같은 또래의 많은 사람보다 유대교 신앙에 앞서 있었으며, 내 조상들의 전통을 지키는 일에도 훨씬 더 열성이었다"라고 말한다. 바울이 "유대교"라고 말하는 것은, 단순히 우리가 오늘날 유대교라고 알고 있는 종교를 가리키는 게 아니라, 하나님의 백성의 정결에 대한 열심과 모든 종류의 그리스 문화의 영향에 대한 저항을 특징으로 하는 유대인들의 특별한 운동을 가리키는 것이다. 심지어 외국의 타락한 문화로부터 하나님의 백성을 정화하기 위해 헌신한 이런 열정적인 집단 내에서도, 바울은 활동가의 열정에 있어서 그들 모두를 능가했다.

바울은 고린도후서 10:12에서 각자의 목회와 목회의 숙련도를 남들의 것과 비교하는 어리석음에 대해 말하면서, 목회자들 사이에 경쟁심이 존재할 뿐만 아니라, 번질 수 있다는 현실을 실제로 알고 있다고 지적한다. 게다가 바울은 편지들 속에서 야망에 대해 꽤 많이 언급하는데, 로마서 2:7-10에서는 경건한 야망과 타락한 야망을 대조하고 있다. 또한 바울은 빌립보서 2:3에서 이기적인 야망에서 비롯된 모든 행동에 대해 경고하는데, 바울의 이 경고는 예수님의 대안적인 방법을 신학적으로 강력하게 주장하는 쪽으로 끌고 간다(5-11절). 빌립보서의 서두에서, 바울은 어떤 이들은 그리스도를 이기적인 야망 때문에 증거한다고 말한다(1:17). 나는 바울이 이 주제에 대해 이렇게 여러 번 언급하는 까닭은 본인이 강력한 개인적인 야망이 어떤 것인지 잘 알기 때문일 것이라 생각한다. 바울은 이스라엘의 정결을 추구하는 집단의 일원이었을 뿐만 아니라, 열정에 있어서 동년배들을 앞지르기 위하여 의식적으로 선동하고 다녔다. 바울이 예수 그리스도의 사도가 되기 전의 삶을 돌아보면서, 이전에 가졌던 경쟁심을 거리낌 없이 언급할 수 있다는 것은 분명히 교훈적인 면이 있다.

평범한 그리스도인들은 목회자와 사역자들 사이에도 직업적인 면에서 질투가 있을 뿐만 아니라, 많다는 것을 알면 놀랄지도 모른다. 나는 경쟁심이 대단한 교회에서 사역했던 많은 목회자들과 대화를 나눈 적이 있다. 한 가지 예를 들자면, 한 교회의 담임 목사가 몇 달 내로 은퇴하겠다고 발표한 일이 있었다. 그러자 자기가 곧 그 빈자리를 차지할 것이라는 생각에 동요된 부목사들 사이에서 경쟁심이 일었고, 그로 인해서 좋지 못한 분위기가 조성됐으며 심지어 서로를 의심하는 일까지 생겼다고 한다.

또 다른 경우에는, 어느 부목사의 성경 공부반이 인기를 끌자 동료 목회자들이 질투했다고 한다. 일 년이 못 돼서, 이 사람의 동료 목회자들이 담임 목사와 평신도 지도자들에게 이 인기 있는 부목사가 '팀 플레이어'가 아니라는 확신을 심어 주었고, 불과 몇 달이 안 돼서 그 부목사는 사임을 강요받았다고 한다.

목회가 전문화된 시대에 목회하는 것은 어떤 면에서는 여러 가지 파괴적인 결과를 만들어낸다. 목회자들과 지도자들은 교회 크기나 자기들이 통솔하는 사역의 성공에서 자기들의 의미와 정체성을 찾으려는 유혹을 받는다. 이런 상황에서, 다른 교회의 목회자나 동료 사역자들과 경쟁하려는 유혹은 언제나 존재할 것이다. 이뿐만이 아니다. 주변 교회의 출석 교인 수가 증가하거나 '경쟁적인' 사역이 잘 기획/진행될 때, 저 교회들을 시기와 질투의 눈으로 바라보지 않을 교회는 없다.

동족에 대한 바울의 헌신

앞서 언급했듯이, 바울은 "[자신의] 조상들의 전통"에 대해서도 동년배들보다 열성이 더 대단했다(갈 1:14). 바울이 이전에 **성경**에 대해서, 혹은 **하나님**에 대해서 열성이 있었다고 말하지 않는 것이 눈에 띈다. 바울은 로마서 10:2에서 예수님을 따르지 않는 동료 유대인들을 하나님에 대해 열성은 있으나, 깨닫지 못한 자들이라고 묘사했는데, 이 표현은 자신의 이전 삶의 성격을 나타내는 것처럼 보인다. 바울이 하나님에 대한 열성이라고 생각했던 것이, 결국 전통에 대한 열정인 것으로 드러났는데, 이는 바울이 갖고 있던 동족 이데올로기에 대한 열정이었다. 말로는 한 분이신 참 하나님에 대한 충성이라고 하지만, 그것이 사람의 전통에 대한 잘못된 충성이나 집단 정체성에 대한 헌신일 수도 있다는 것이 바울의 경험을 통해 드러난다. 그리고 바울이 헌신했던 전통이 본래 성경을 해석하는 데 도움을 주고, 어떻게 하면 삶의 모든 면에서 하나님의 축복을 누릴 수 있는지 알려주기 위해 개발된 것이라는 점 또한 분명하다. 그러나 시간이 지나면서 그런 헌신은 자체의 생명력을 갖게 됐고, 전통을 고집하는 자들이 자신들이 생각하고 행동하는 방식을 성경 그 자체와 결부시키기 시작했다. 바울은 물려받은 사고의 틀과 일련의 관습들에 충성했던 사람이었기 때문에, 자신이 이스라엘의 하나님을 기쁘시게 하고 있다고 믿어 의심치 않았다. 그러나 다른 한편으로 바울은 자신의 열정 때문에 자기가 오히려 하나님께서 세우신 일을 무너뜨리려고 하고, 하나님을 대적하는 자리에 서게 됐다는 것을 깨달았다.

우리는 오늘날에도 동일한 역동성이 작동하는 것을 본다. 우리는 교단에 소속되어 있거나 신학 전통에 헌신하는 것을 그리스도께 충성하는 것으로 착각할 수 있다. 자기가 속한 집단을 다른 전통과 비교하면서, 자기네 전통이 훨씬 정확하다고 주장하는 것이 바로 이런 착각이 일어나고 있다는 명백한 신호이다. 개신교인들은 로마 가톨릭을 비판하면서, 자기들이 성경의 순수성을 발전시켰다고 확신할 수도 있다. 침례교인들은 장로교인들이 성경을 잘못 해석하기 때문에 자기들이 장로교인들을 반대할 수밖에 없다고 확신할 수도 있다. 내가 신학교에서 공부할 때, 나와 동료들은 다른 복음주의 전통을 비판하는 데 굉장히 많은 시간을 보냈다. 그래서 우리는 성경에 익숙하기보다 우리의 차이점에 대해 훨씬 더 많이 알게 됐다.

복음주의 문화를 관찰하는 많은 연구자들이 복음주의의 '부족화'에 대해 말한다. 복음주의가 한때는 주요 교단 내의 갱신 운동이었지만, 이제는 성경에 대한 충성심을 강조하고, 교단들이나 다른 집단들을 믿을 수 없다고 비난하는 것으로 자기들의 존재를 정당화하는 분리주의 집단의 모임이 돼버렸다. 그들은 신학적인 비전과 목회 관습이 가장 비슷한 집단들을 향해 가장 큰 소리를 지르면서, 자기들이 다른 집단과 무엇이 다른지를 강조한다. 또한 다른 집단을 비판할 때 자기 집단의 응집력이 커지기 때문에, 그 집단의 구성원이 경쟁 집단에 대해 건설적이거나 동정적으로 말하면 의심의 눈초리를 던진다. 그런 사람은 충성심이 부족한 것이다! 많은 사람들이 이 전투에서 어느 편에 설 건지 선택하거나, 이쪽이나 저쪽 전통 가운데 자리를 잡아야 한다는 느낌을 받는다.

목회 관련 단체와 교단들 중 대부분은 지친 목회자들을 격려하고 힘을 북돋워 주는 자원을 제공하며, 지역 교회에서 신실하게 목회하는 목회자들을 돕겠다는 열망으로 시작한다. 그러나 곧 머지않아서, 그런 기구들은 외부인들을 의심의 눈초리로 바라보는 파괴적인 집단 정체성을 만들어내기 시작한다.

미국에서 지난 수십 년간 교단의 정체성은 내리막길을 걸었다. 그렇다고 해서 집단 정체성이 이제는 중요하지 않다고 생각하면 안 된다. 변했을 뿐이다. 많은 목회자들이 이제는 목회자들을 섬기고 잘 준비시켜 주기 위해 창설된 많은 교회 외부 기관 중 여기저기에서 정체성을 찾는다. 그런 기관들도 좋은 목적으로 설립됐지만, 그곳에서도 집단 정체성과 기독교 신앙에 대한 특정한 해석에 관한 열정이라는 동일한 역동성이 자주 발생한다.

이런 집단 충성심이 드러나는 한 가지 모습은 유명한 인물인 연예인급 목회자와 자신을 동일시하는 것이다. 어느 목회자가 유명해지고 '영향력'이 확장되면, 추종자들이 생기고, 목회자들이 자신과 자신의 교회를 그 유명한 목회자와 동일시하기 시작한다. 그 추종자들은 자신의 목회를 연예인급 목회자가 만들어내는 자료와 출판하는 책에 맞추어서 구성하고, 이 자료들이 제시하는 관점에서 위기와 기회를 해석한다. 심지어 그들은 그 책이나 설교에서 중요한 것을 가져다 쓰기도 하고, 자기들이 존경해마지 않는 분의 목소리를 똑같이 흉내 내기 시작한다.

우리가 다른 사람을 하찮게 보고, 그들을 주기적으로 비판하거나 심지어 어떤 사람이나 기관, 학파 혹은 신학 전통에 대한 충성심 때문에 그들을 공격한다면, 파괴적인 부족주의가 작동하고 있는 것이다. 우리는 특정 개인이나 목회 기관에 맞춰서 목회의 정체성을 구성하려는 유혹을 경계해야 한다.

바울에게 이미지는 모든 것이었다

우리는 이미지 관리를 지향하는 문화에서 살고 있다. 홍보 담당자들과 마케팅 담당자들이 수십 년 동안 대중의 의견에 영향을 주려고 노력해왔는데, 이제는 소셜미디어 덕분에 다른 사람의 생각을 통제하는 역동성이 온갖 곳에 스며들었다. 사진이나, 온라인 업데이트, 포스팅, 영화, 밴드 그리고 좋아요 누르기를 통해, 우리는 우리가 원하는 이미지를 세상에 보여준다. 바울은 이런 역동성에 익숙했고, 그리스도인이 되기 전에는 그런 역동성에 묻혀 살았다. 바울은 다른 사람이 보는 시각이 주는 압박감이 어떤 것인지, 다른 사람에게 투사된 이미지를 만들어내고 연기하기 위해 정보가 어떤 식으로 조작될 수 있는지에 대한 날카로운 경각심을 보여준다.

우리는 고린도후서 12:6을 다른 장에서 아주 자세하게 논의할 것이기에 여기에서는 요점만 언급하려고 한다. 이 구절에서 바울은 고린도 교인들에게 자신의 초자연적인 체험에 대해 말하고 싶지 않다고 한다. 이는 "사람들이, 내게서 보거나 들은 것 이상으로 나를 평가하지 않게 하려는 것" 때문이다. 즉, 고린도 교인들은 바울을 멀리서만 알고 있고, 그렇기 때문에 바울을 실제 모습보다 훨씬 인상적이고 고귀한 사람으로 생각하거나, 실제 모습보다 훨씬 영적이고, 경건하며, 유능한 사람으로 생각할 유혹에 빠질 수도 있다는 것이다.

이것은 이미지 포장을 지향하는 흐름과 정면으로 충돌하는 놀라운 말이지만, 한편으로는 바울이 인지 조작(perception-management)의 역학을 잘 알고 있었음을 보여주는 말이기도 하다. 바울이 예전에 목회할 때 사용했던 방법에서는 그런 것이 중요했기 때문이다. 그리고 이는 그가 사회적 지위를 향상시킬 자격을 평생 추구했다는 점에 비추어 보면 이해가 된다. 회심 이전의 삶에서, 바울은 사람을 기쁘게 하려고 했고(갈 1:10), 앞에서도 지적했듯이 심지어 바울은 자신이 하는 행동이 이런 것인지 인식하지도 못했다. 우리가 우리 자신을 속이는 경우가 너무나 많다. 오직 하나님께서 우리를 드러내신다는 사실, 즉 하나님께서 우리를 알고 계신다는 사실에 비추어 볼 때만, 우리의 내적 동기들이 드러나게 된다.

이미지 관리를 하다 보면 다른 사람에게 좋은 인상을 심어 주고, 자신에 대한 타인의 인식을 조작하기 위해 의도적으로 남들에게 보여주는 자아를 만들게 된다. 우리는 다른 사람을 기쁘게 하고, 감동을 주거나 인상에 변화를 주기 위해 거짓으로 공적인 정체성을 만들고 관리한다. 이미지는 조작된 것이고 진정성이 없는 것이기 때문에 사람을 아주 지치게 한다. 만일 내가 이런 일에 가담한다면, 나는 정직해서도 안 되고, 약해져서도 안 된다. 내 부주의로 다른 사람들이 진실을 알게 되지 않도록 진실하게 대답할 수도 없다. 이미지 관리에는 최소한 다음과 같은 역학이 작동한다.

첫째, 내가 이미지를 만들어내려고 하면, 다른 사람이 나를 어떻게 인식하고 있는지, 또는 다른 사람이 나에 대해 어떻게 생각하고 있는지를 통제하기 위해 온 힘을 쏟아야 한다. 나는 나에 대한 다른 사람의 생각과 인상을 좋게 만들어내기 위해 최선을 다해야 한다. 그들의 평가가 내게는 아주 중요하기 때문이다. 또한 나는 다른 사람에게 감동을 주거나, 행복하게 해주기 위해서 무슨 일이든 할 것이다. 그래서 나는 쉽게 타협하게 된다. 내가 정말로 소중하게 생각하는 신념과 확신이 다른 사람들에게 실망을 주거나 화나게 할 수도 있다는 생각이 들면, 그 신념과 확신을 버려야 한다는 엄청난 압박감을 받을 것이다.

이런 성향이 목회자와 교회 지도자들에게 얼마나 끔찍한 일인지 이미 눈치를 챘을 것이다. 그런 사람이 하는 말은 믿을 수가 없다. 그들이 무엇을 믿는다고 말하든지, 그들은 대중이 바라는 쪽으로 말을 바꾸거나, 다른 사람들을 행복하게 해줄 것이라는 느낌이 오는 쪽으로 돌아설 것이다.

둘째, 만일 내가 이미지 관리를 하기로 마음을 먹는다면, 나는 내 본래 모습보다는 다른 사람들이 나를 바라보는 인식을 관리하는 일에 더 집중할 것이다. 즉, 나는 다른 사람을 정직하게 대하고, 화해하려 하고, 솔직하게 말하고, 올바른 일을 하는 것에 큰 관심을 두지 않을 것이다. 목회에서도 다른 사람들이 나를 어떻게 인식하는지에 집중할 것이다. 그저 나는 바르다는 인상을 주려고 할 것이다. 겉모양이 본질을 압도할 것이다.

나는 몇십 년 전에 큰 교회에서 부사역자로 일했던 적이 있는데, 매주 회의할 때마다 주로 예배를 지금까지 해왔던 대로 정확하게 진행할 수 있게 하는 문제를 다루었다. 우리는 제대로 하고 있다는 인상을 주고 싶었다. 조명은 완벽해야 했고, 예배 순서가 넘어갈 때는 자연스러워야 했다. 어떤 사람을 사역자로 받아들일 지를 결정해야 할 때, 우리는 그들이 공개 프레젠테이션을 얼마나 잘 준비했는지에 초점을 맞췄다. 우리는 우리가 본질보다 겉모양 에 대해 떠들고 있다는 것을 깨달았다면 소름이 돋았을 것이다. 그런데 우리는 계속 그랬다. 돌이켜 보건대, 우리는 성품에 대해서 는 거의 말하지 않았고, 주로 행정 기술과 개인 발표에 관해 이야 기했다.

셋째, 어떤 상황에 처하게 되면, 목회자들과 교회 지도자들은 자신들이 대의명분의 정당성이나 행동 방침, 혹은 이전에 내린 어 떤 결정이 불확실하다는 말을 절대로 할 수 없다는 느낌을 받을 수 있다. 의구심이나 주저함을 보이는 것은 연약한 모습이기 때문 이다. 교회 사역자들은 어려운 결정이 내려졌을 때, 다른 누가 물 어보아도 전혀 주저함 없이 '단일대오'(單一隊伍)를 보여줘야 한다 는 압박감을 느낄 수 있다.

넷째, 목회자들은 자신들의 단점, 결점 또는 약점이 노출되면 안 된다고 생각할 수 있다. 바울은 확실히 이렇게 생각했었다. 바 울이 자격을 쌓으려고 노력했다는 것은 다른 사람들에게 좋은 인 상을 주고, 사회적인 지위와 명예를 높이려는 방식으로 살았다는 뜻이다. 연예인급 목회자들은 스포트라이트를 받는 게 흔한 일이 다. 그런데 일반 목회자들도 똑같은 문제로 씨름한다. 내가 아는 어느 목회자는 이미지 보호를 위해서 교인들과 접촉을 차단한 분도 있다. 교인들에게 일상적으로 해줘야 하는 일들은 부사역자를 시켜서 해결했다. 그 목회자는 자기에게 큰 기대를 걸고 있는 교인들을 실망시키는 것이 두려운 나머지, 진짜 자기 모습이 알려지지 못하게 해버렸다.

바울은 사람보다 과제가 더 중요했다

　회심하기 전에 바울의 목회 과제는 이스라엘이 하나님의 축복을 받게 하고, 국가적인 차원에서 부활 생명을 경험하는 것이었다. 바울은 하나님을 움직이게 하기 위해서 그분을 감동시키려고 했고, 하나님의 백성들을 강압해서 토라를 실천함에 있어서 더 충성스러운 방법, 즉 자신이 이해하는 방식을 택하게 하려고 노력했다. 또한 바울은 구원의 날에 부활에 대한 자기의 지분을 확보하려고 했다. 바울이 다른 사람을 몰아세운 것은 국가와 자신에 대한 비전 때문이었다. 이것 때문에 바울이 조작하고, 강압하며, 폭력을 행사하고, 자신과 다른 사람에게 분노하고 좌절했던 것이다. 목회자가 교회를 향한 비전에 끌려갈 경우, 이것과 똑같은 역동성이 현대 목회 상황에서도 나타날 수 있다. 나는 전에 어느 유명한 목회자가 젊은 목회자들에게 교회에 부임하면 제일 중요한 것이 목회에 대한 비전이라고 말하는 걸 들은 적이 있다. 그분은 젊은 목

회자들에게 성장과 '목회의 영향력'에 대한 야심 찬 목표를 개발
하라고 하면서, '꿈을 크게 갖는 것'이 하나님에 대한 큰 믿음을 나
타낸다고 주장했다.

내 경험에 의하면, 이런 식으로 목회의 틀을 잡으면 부정적인
결과를 초래할 수 있다. 그런 식의 목회적인 미사여구는 경건치
못한 동기들을 숨기기 위한 것일 가능성이 꽤 크다. 우리는 말로
는 하나님께서 큰일을 행하시기를 원한다고 얼마든지 말할 수 있
다. 그러나 그런 것은 우리에게 좋은 인상을 만들어 줄 인상적인
목회를 원하는 것일 수도 있다. 동기를 분별하는 일은 어렵다. 그
리고 교회 성장을 열망하는 것은 개인적인 자존심 때문일 수도 있
다. 만일 목회가 남들이 보기에 '성공적'인 것으로 보이면, 그것이
자기의 기술, 재능, 가치, 그리고 경건 때문인 것으로 비춰지기 때
문이다. 이런 것을 노골적으로 인정하진 않겠지만, 우리는 이런 욕
망을 키우면서, 겉으로는 겸손하게 들리는 진부한 소리로 이런 욕
망을 감출 수도 있다. "주님이 하셨습니다. 내가 아닙니다."

게다가 공동체를 파악하기도 전에 자기의 목회 비전을 그려보
는 것은 자기가 섬길 공동체의 건강보다 자기 꿈을 앞세우는 것이
다. 꿈과 계획을 조정해야 한다면 어떻게 할 것인가? 그것들이 내
가 섬기도록 부름받은 공동체의 성격과 맞지 않는다면 어떻게 할
것인가? 우리는 섬기고 있는 공동체의 역사, 비극과 고통, 그들의
기쁨과 승리를 온 마음을 다해서 이해해야 한다. 그 교회에 필요
한 것이 무엇인지 미리 결정하고 자기가 어떻게 앞으로 일을 추진

할지에 대해서 정해진 생각을 강요하는 것은 담대함도 아니고, 하나님에 대한 강력한 믿음을 보이는 것도 아니다. 그것은 사랑도, 긍휼도, 그리고 목회적 돌봄도 실패했다는 것을 보여줄 뿐이다. 그것은 아무도 예측할 수 없는 방법으로 공동체 안에서 천천히 그리고 사랑스럽게 움직이시는 하나님의 놀라운 역사에 동참하지 않겠다고 거절하는 것이다.

한번은 오랜 친구의 목회에 대해 듣고 배우려고 마주 앉은 적이 있었다. 그 친구는 카리스마가 넘치는 인상적인 사람이고, 누구와도 친해질 수 있으며, 유명한 사람과 이야기하는 것이나 레스토랑에서 직원들과 이야기하는 것을 똑같이 편안하게 느끼는 것처럼 보이는 사람이다. 나는 목회에 대한 그 친구의 큰 계획을 들을 수 있지 않을까 생각했다. 그런데 교회가 어려운 시간을 견디고 있고, 자기가 목회하고 있는 교인들이 지칠 대로 지쳤다는 말을 듣고 놀랐다. 자기 교회에는 트라우마를 겪은 사람들로 가득 차 있고, 그저 모여서 쉬고 싶어 할 뿐이라고 했다. 그 친구는 하나님의 크고 놀라우신 은혜와 사랑을 계속해서 나누는 데에만 집중했다고 했다. 그 친구는 자신이 섬기는 교회의 역사를 알고 자신의 비전을 교인들에게 필요한 것보다 앞세우지 않은 목회자였다.

우리가 사람보다 비전을 앞세우는 잘못을 저지르면, 사람을 목적을 위한 수단으로 대하게 된다. 그러나 신실한 목회자는 자신의 목적을 위해 사람을 이용하지 않는다. 사람 그 자체가, 그리고 그들이 그리스도 안에서 한 공동체로 함께 성장하는 것이 목회의 목적이지, 결코 다른 것을 위한 도구가 될 수는 없다. 만일 우리가 사람을 우리 비전을 달성하기 위한 수단으로 본다고 생각해보자. 그런데 그 사람들이 목적 달성에 도움이 안 될 것 같으면, 우리는 그 사람들을 소모품으로 취급할 것이다. 별 볼 일 없는 사람은 쓸모없는 사람으로 보게 될 수도 있다. 우리는 딱 보자마자 좋은 인상을 주는 걸으로 보기에 인상적인 사람을 찾을 것이다. 그런 사람이 진정한 그리스도인의 성품을 가졌는지 그렇지 않은지는 상관없고, 다른 사람들에게 실질적인 피해를 줄 수 있는 사람인지도 상관없다. 분위기만 잘 띄울 수 있으면 된다.

이런 식의 목회 성장 개념은 자본주의의 경제 이데올로기와 공통점이 아주 많다. 겉으로 보기에, 교인 숫자가 늘어나면 교회는 잘 돌아가는 것이다. 교회 구성원들(목회자, 교인, 지도자 들)은 주주들과 같고, 목회자들은 오로지 주주들에게 좋은 소식만 전하려고 한다. 사역자들은 '투자자들'에게 그들이 교회에 '투자'한 것이 성과를 거두고 있다고 알리고 싶어 한다. 주주들은 성장을 원한다. 그리고 교회가 활기차고 성장하면, 목회에 대해 좋은 감정을 느낄 것이고, 교회에 애착을 가질 것이다. 그러나 신약성경을 보면, 교회를 가리킬 때 가장 흔하게 사용하는 은유는 가족이다.[5] 교회는 실제로 서로 연결되어 있는 예수 안에서 형제 된 자들로 구성된

---

5. Joseph H. Hellerman, *When the Church Was a Family: Recapturing Jesus' Vision for Authentic Christian Community* (Nashville: B&H Academic, 2009).

다. 그리고 어느 누구도 가족을 선택할 수는 없다. 또한 가족 안에서는 어느 누구도 소모품이 아니다. 성장에 대한 전망이 크든 작든, 중요한 것은 모든 사람이 모든 사람을 돌보는 것이다. 중요한 것은 식사와 친교 모임을 통해 가족이 하나로 묶여 있음을 정기적으로 축하하여 하나님께서 우리에게 주신 새로운 정체성을 다시 확인하고 연습하는 것이다.

부모라면 다들 알듯이, 자녀를 기르는 것은 우리가 예측할 수 없고, 계획할 수 없는 방식으로 등장하는 낯선 사람을 알아가는 일이다. 즐거운 가정은 모든 사람이 발전하고 활약할 수 있는 확실한 공간이며, 성장할 자유를 주고, 그들에게 긍정과 따뜻함과 지혜를 전하는 사랑스러운 공동체가 되어 주는 곳이다. 교회도 마찬가지이다. 미리 계획된 기대는 자유를 억누르고, 성장할 여지를 주지 못한다.

전에 어느 목회자와 대화를 나눈 적이 있다. 그 목회자는 목회에 '맞지' 않는 어떤 분과 어떻게 소통해야 하는지 고심하고 있었다. 그분은 공동체의 친교에 끌려서 교회를 찾았고 참여하고 싶어 했다. 하지만 참여할 만한 목회 프로그램이 없었고, 교회가 관심을 둔 부류의 사람이 아니었다. 삶을 나누고 싶고, 따뜻하게 맞아주는 공동체를 찾는 어떤 사람이 교회에 관심을 갖고 찾아왔는데, 자기들에게는 적합한 프로그램이 없으니 다른 곳으로 가라는 말을 듣는 것은 정말로 끔찍한 일이다. 하나님은 교회를 세우시고 새로운 가족을 만드시는 분이시다. 우리는 누가 여기에 들어올지 고르고 선택할 수 없다. 하나님은 예상하지 못한 사람들로 자신의 가족을, 즉 교회를 만드신다. 하나님은 우리에게 오는 사람을 사랑하고, 환영하고, 섬기라고 요청하신다.

마지막으로, 이런 식으로 목회하는 것은 사역자들에게 상처를 준다. 목회자들은 기업의 CEO가 아니고 교회라는 가족의 구성원이다. 목회자들도 구원의 과정 속에 있는 사람들이다. 또한 그들도 공동체와 함께하는 삶의 여정 속에서 하나님께서 빚어가는 존재들이다. 목회자들은 마을로 내려와서, 계획을 실행하고, 엄청난 결과를 만들어내는 전문가들이 아니다. 하나님께서 교인들의 마음속에 도사리고 있는 우상 숭배를 드러내어, 그리스도의 형상으로 변화시키기 위해 역사하시는 것처럼, 하나님께서는 목회자들의 마음속에서도 우상 숭배와 다를 바 없는 계획과 꿈들을 드러내시어 하나님의 백성을 사랑하는 목자로 변화시키기 위해 역사하신다.

바울은 그리스도인이 되기 전의 목회 사역에서, 강압적인 권력과 언어적·신체적 폭력을 사용하여 하나님의 목적을 이루려고 했고, 하나님을 감동케 해서 이스라엘을 구원하시도록 하려는 노력의 일환으로 죄인들을 변화시켜 토라에 복종하는 유대인을 만들려고 했다. 바울이 생각하기에, 이 구원은 하나님께서 로마를 그 땅에서 몰아내시고, 의로운 이들을 복권시켜주시며, 이스라엘을 열방의 머리로 회복시키심으로써, 하나님의 백성에게 부활을 베푸시는 모습이었을 것이다.

바울은 사회적 지위를 높이고 다른 사람들 앞에서 이미지를 관리함으로써, 부활에 참여할 자격을 확보하려고 했다. 바울은 자신이 성취한 지위의 증거들이 진정한 자신의 모습을 보여준다고 생각했다. 그것들이 바울의 정체성이었고, 자신을 평가하는 기준이었다. 바울은 자기가 다른 사람들 앞에서 인정받는 그대로 하나님께서도 자기를 인정하실 것이고, 심판의 날에 이스라엘의 의로운 자 가운데 하나로 인정받게 될 것이라고 생각했다. 왜냐하면 자신은 토라를 준수하는 의인이었고, 죄인들을 맹렬하게 추적했으며, 이스라엘의 하나님이 이스라엘을 부활시키시는 일에 헌신했기 때문이었다. 그런데 이 모든 것은 변화의 기로에 서 있었다.

제2장
바울이 가졌던 부활에 대한 상상력의 전환

앞 장에서 나는 바울이 예수님의 메시아 주장을 판단하기 위해 그분을 찾아갔던 바리새인 중의 한 사람이었을 수도 있다고 언급했다. 바울은 예수님의 죽음과 부활이 끼친 영향에 대해 논의하면서, 자신이 전에 그리스도를 "육신의 잣대로"(고후 5:16) 보았다고 고백한다. 이 말은 바울이 전에는 예수님과 예수님의 사역을 자신이 물려받은 바리새파 전통의 관점에서 평가했다는 걸 시인하는 것이다. 바울은 예수님을 없애야 하는 위험한 인물(막 3:6)이라고 한 동료 바리새인들의 생각에 동의했다. 바울이 예수님을 "육신의 잣대로" 보았다는 건 무슨 뜻일까?

바울은 예전에 예수님을 이스라엘을 구원하시려는 하나님의 계획을 방해하는 사람으로 생각했다. 바리새파는 죄인들의 타고난 부정함에 오염되는 것을 피하고, 죄인들을 부끄럽게 해서 회개시키려고 그들과 상종하지 않았다. 바리새파가 단순히 죄인들을 멀리하고, 그들에게 다른 여지를 주지 않았다고 생각하기 쉽지만, 사실 바리새파의 목적은 죄인들을 회복시키고, 바리새파가 인정하는 방식대로 토라를 준수하게 만드는 것이었다. 바리새파는 죄인들을 차단해야 이런 일이 가능하다고 생각했다.

그렇기 때문에 예수님의 행동은 바리새파에게 충격이었다. 무모하고, 무책임하고, 하나님을 대적하는 행동이었다. 죄인들을 멀리하고 부끄럽게 하는 대신에, 예수님은 죄인들에게 호의를 베풀고, 식사 자리에 귀빈으로 맞아들이기도 하며, 죄인들의 초대에 응해서 함께 식사를 나누기도 했다. 식사는 친밀함을 나타내는 행위였고, 함께 식사를 나누는 것은 사회적인 연대를 다지는 것이었다. 예수님은 하나님의 말씀인 토라나 이스라엘의 구원에는 관심이 없는 사람이라는 끔찍한 평판을 받을 위험을 무릅쓰고 있었다. 바울은 죄인들이 예수님의 가르침에 귀를 기울이고, 예수님과 함께 식사하는 것을 불쾌하게 생각하는 사람들 중 하나였을 것이다.

> 세리들과 죄인들이 모두 예수의 말씀을 들으려고 그에게 가까이 몰려들었다. 바리새파 사람들과 율법학자들은 투덜거리며 말했다. "이 사람이 죄인들을 맞아들이고, 그들과 함께 음식을 먹는구나." (눅 15:1-2)

그보다 뒤에 누가는 예수님이 세리 삭개오를 만난 사건을 이렇게 기록한다.

> 예수께서 여리고에 들어가 지나가고 계셨다. 삭개오라고 하는 사
> 람이 거기에 있었다. 그는 세관장이고, 부자였다. 삭개오는 예수
> 가 어떤 사람인지를 보려고 애썼으나, 무리에게 가려서, 예수를
> 볼 수 없었다. 그는 키가 작았기 때문이었다. 그래서 그는 예수를
> 보려고 앞서 달려가서, 뽕나무에 올라갔다. 예수께서 거기를 지
> 나가실 것이기 때문이었다. 예수께서 그곳에 이르러서 쳐다보시
> 고, 그에게 말씀하셨다. "삭개오야, 어서 내려오너라. 오늘은 내가
> 네 집에서 묵어야 하겠다." 그러자 삭개오는 얼른 내려와서, 기뻐
> 하면서 예수를 모셔 들였다. 그런데 사람들이 이것을 보고서, 모
> 두 수군거리며 말했다. "그가 죄인의 집에 묵으려고 들어갔다."
>
> (눅 19:1-7)

세리들은 로마와 결탁하여 무거운 벌금과 수수료를 강요함으로
자기들은 부자가 되고, 점령국에는 돈을 전달하는 유대 민족의 반
역자로 간주됐다. 하나님이 이스라엘을 구원하는 일이 로마인들
과 반역자들을 몰아내서 그 땅을 정화하는 일과 관련이 있었기 때
문에, 삭개오는 제거되어 마땅한 불경스러운 얼룩 같은 존재였다.
삭개오와 다른 세리들은 하나님의 부활 실현을 가로막고 있는 "죄
인들"이었는데, 사람들은 이들을 볼 때마다 부정한 로마인들이 하
나님의 거룩한 땅을 점령했다는 사실을 떠올렸다.

삭개오는 단순한 세리가 아니었다. 세리들의 지도자였고, 동료 유대인들을 희생시켜서 부자가 된 사람이었다. 바로 이것 때문에 예수님이 삭개오의 집 손님으로 자청하는 행동을 보고 모든 사람들이 분개했던 것이다.

바울의 목적에 비추어 보자면 예수님의 행동은 하나님과 로마로부터 해방되기를 바라는 민족의 소망을 모욕하는 것이었다. 죄인들은 예수님처럼 동료로 받아주면 안 되고, 차단하고, 책망하고, 수치심을 줘야 한다고 보았다. 예수님이 "죄인들의 친구"(마 11:19)라는 칭호를 얻으셨는데, 그 칭호는 용서받은 성도들의 마음에 들 만한 달콤하고 부드러운 칭호가 아니었다. 그 칭호는 부활을 실현시키기 위해 일하는 바리새파의 계획을 방해하는 사람에게 붙여주는 무시무시한 별명이었다.

또한 바울은 예수님이 교사로서 자격이 부족하다고 비웃었을 것이다. 바리새파는 분명히 메시아라고 주장하는 인물에 대해 조사해봤을 것이다. 바리새파는 장차 모습을 드러낼, 그들이 갈망하던 위대한 구원이 곧 도래할 것이라는 희망을 불러일으켜 줄 사람을 찾고 있었다. 바울도 예수님의 과거를 조사하면서, 혹시 예수님이 연줄이 튼튼하고 고결한 이스라엘 사람으로 훌륭한 혈통의 집안 출신인지, 그래서 자기들이 열정적으로 따라도 되고, 그 뒤로 줄을 서도 되는 사람인지 알아보던 대상들 중 하나였을 것이다.

요한복음 내 예수님이 바리새파와 대화하는 장면에서 아버지 문제가 등장한다. 예수님이 바리새파에게 질문하셨다. 아브라함

처럼 행동하지도 않는 너희들이 정말로 아브라함의 후손이 맞느
냐고. 이에 대해 바리새파는 자기들이 예수님의 출생 배경을 조사
해봤다는 것을 넌지시 암시하는 식으로 대답했다. "우리는 음행으
로 태어나지 않았습니다"(요 8:41). 이 말이 암시하는 것은 자기들이
예수님의 출생을 둘러싼 의문들을 알고 있다는 것이었다. 아마도
예수님의 고향에서는 부모님의 혼인과 관련해서 예수님의 출생
시점에 대한 소문이 있었을 것이며, 뭔가 잘못된 행동이 있었지
않겠느냐는 의구심이 있었을 것이다. 어쨌든 마리아는 요셉과 혼
인한 지 얼마 되지 않아서 예수님을 잉태했기 때문이다. 예수님은
부끄러운 과거가 있었고, 바울이 보기에 그것은 예수님의 메시아
주장에 큰 의구심을 품게 만드는 것이었다. 성적인 범죄의 결과로
잉태된 사람인데, 어떻게 이런 사람을 통해 하나님이 부활을, 즉
하나님의 백성의 구원을 실현시키시겠는가?

　게다가 예수님이 메시아가 될 만한 인물이 아니라는 것을 더
확인시켜주는 것은 바리새파에 대한 예수님의 냉담한 태도였다.
예수님은 바리새파의 명성을 전혀 인정해주지 않았고, 바리새파
의 상당수가 갖고 있던 사회적 지위에 대해 존경심도 보이지 않았
다. 니고데모와 대화할 때, 예수님은 이 "이스라엘의 선생"에게 그
동안 그가 갖춰온 모든 자격과 상관없이, 처음부터 다시 시작하라
고 요구하셨다. 예수님이 니고데모에게 "거듭"나야 한다고 권면
하신 것은, 그에게 하나님의 나라를 어린아이처럼, 즉 아무런 사회
적 지위도 없는 사람처럼 받으라고 하신 것이다(요 3:1-10). 그리고

예수님은 다른 사안에서도 바리새파와 많이 충돌했는데, 그때마다 예수님은 바리새파가 취득한 사회적 지위를 무시하셨다. 이런 예수님의 태도는 바리새파의 적개심을 불러일으켰고, 게다가 사람들이 바리새파보다 예수님의 말씀에 더 귀를 기울이는 것을 보고 질투심이 불타올랐다.

회심하기 전에 바울이 예수님을 "육신의 잣대로" 보았을 때, 예수님은 대단한 인물도 아니었고, 연약했으며, 무책임했다. 예수님은 세리와 죄인들과 어울리면서 부정해졌고, 이런 모습은 하나님의 구원을 방해하려는 것으로 보였다. 예수님은 부끄러운 과거도 있었고, 존경받는 스승들의 사회적 지위도 존중하지 않았다. 바울은 자신이 물려받은 전통의 관점에서 예수님을 평가했기 때문에, 그분이 하나님을 모욕하고, 하나님의 구원 목적을 방해하는 것으로 보았다. 바울은 예수가 위험하고, 제거해야 할 사람이라는 동료 바리새인들의 견해에 동의했을 것이다. 바울은 영향력과 권력을 유지하기 위해 로마와 결탁한 유대인들인 헤롯당을 싫어했지만, 헤롯당과 함께 예수를 죽일 모의를 하는 게 최선의 방법이라는 것에는 동의했을 것이다(막 3:6).

다메섹으로 가는 길에서 바울이 회심함

예수가 죽었다는 말을 듣고, 바울은 예수가 하나님께서 이스라엘에 부활을 실현시키기 위해 보내신 메시아가 아니었다고 확신했을 것이다. 예수는 로마의 손에 죽임을 당했을 뿐만 아니라 나무에 달렸다. 이는 "하나님의 저주를 받았다"는 명백한 판결을 받은 것이었다(갈 3:13; 신 21:23). 예수가 죽음에서 부활했고, 하나님의 메시아라고 선포하는 운동을 알게 됐을 때 바울의 사명은 분명했다. 이 운동을 짓밟는 데 앞장설 것이었다. 이 예수 추종자들은 이스라엘에 죄인의 숫자를 늘리기 때문에 하나님께서 그 백성을 구원하시는 길을 가로막는 것들이었다. 스데반을 죽이라고 부추긴 후에 바울은 예수님의 추종자들에 대한 잔인한 박해에 가담했다. 바울은 예루살렘의 당국자들로부터 다메섹으로 가서 이 운동에 가담한 모든 사람을 색출하고, 그들을 결박해서 예루살렘으로 데리고 올 권한을 부여하는 서신을 손에 쥐었다. 누가는 그다음에 벌어진 일을 이렇게 이야기한다.

> 사울이 길을 가다가, 다마스쿠스 가까이에 이르렀을 때에, 갑자기 하늘에서 환한 빛이 그를 비추었다. 그는 땅에 엎어졌다. 그리고 그는 "사울아, 사울아, 네가 왜 나를 핍박하느냐?" 하는 음성을 들었다. 그래서 그가 "주님, 누구십니까?" 하고 물으니, "나는 네가 핍박하는 예수다. 일어나서, 성안으로 들어가거라. 네가 해야 할 일을 일러 줄 사람이 있을 것이다" 하는 음성이 들려왔다. 그와 동행하는 사람들은 소리는 들었으나, 아무도 보이지는 않으므로, 말을 못하고 멍하게 서 있었다. 사울은 땅에서 일어나서 눈

을 떴으나, 아무것도 볼 수가 없었다. 그래서 사람들이 그의 손을 끌고, 다마스쿠스로 데리고 갔다. 그는 사흘 동안 앞을 보지 못하는 상태에서, 먹지도 않고 마시지도 않았다. (행 9:3-9)

이 일 후에, 바울은 다메섹으로 갔고, 아나니아라는 이름을 가진 사람을 통해 시력을 회복했다. 이 일을 통해서 바울은 자신이 전에 상상하던 것과 전혀 다른 사명을, 즉 이방인에게 메시아 예수를 선포하는 사명을 받았다는 것을 깨닫게 됐다. 이스라엘의 부활에 대한 바울의 열정을 생각해보면, 바울은 이스라엘의 부활이 어떻게 진행되어야 할지 분명하게 이해하고 있었고, 민족을 정결케 하는 그의 사명을 위해 달려가야 한다고 확신하고 있었다. 그렇기 때문에 이 충격적인 반전이 어떠했을지 상상하기 어렵고, 바울이 새롭게, 그러나 갑작스럽고 분명하게 알게 된 것을 어떻게 받아들였을지 상상하는 것 역시 쉽지 않다. 그리고 여기에는 놀라운 복음의 아이러니가 있다. 바울은 이스라엘을 외국의 문화에 오염되지 않고 정결하게 지켜내기 위해 열정적으로 노력하던 사람이었으며, 하나님께서 로마를 몰아내시는 날에 그 땅이 정화되기를 갈망하던 사람이었다. 그런데 이제는 바울이 열심을 다해 섬기던 하나님께서 바울을, 바울이 전에 혐오했던 바로 그 열방에, 그리고 바로 그 문화 한가운데로 보내셔서 하나님의 구원을 선포하게 하셨다.

우리는 바울에게 일어난 일을 '회심'이라고 부를 수 있다. 왜냐하면 바울이 어떤 '길'에서 완전히 다른 길로 확실하게 돌아섰기 때문이다. 그러나 우리는 이것을 거룩한 멈춤이라고 부를 수도 있다! 부활하시고 높아지신 주 예수님이 죽음의 길로 가던 바울을 멈춰 세우시고, 주님의 생명의 길로 완전히 돌아서게 하셨기 때문이다. 바울은 예수가 이스라엘의 메시아라는 말은 거짓이고, 하나님께서 예수를 죽은 자 가운데서 일으키셨다고 선포하는 예수님의 추종자들은 하나님께서 이스라엘을 구원하시는 일을 방해하고 있는 것이라고 완전히 확신했었다. 바울은 그들을 죄인이라고 생각했고, 하나님의 구원 계획에 장애물이라고 생각했다. 그러나 순식간에 바울이 알고 있던 모든 것이 완전히 달라졌다. 하나님은 예수님을 저주하지 않으셨고, 오히려 그를 죽은 자 가운데서 일으키셨다. 이것은 예수님과 예수님의 추종자들, 부활의 본질, 그리고 이스라엘의 하나님의 성품에 대한 바울의 판단을 완전히 바꿔놓았다. 어떻게 이스라엘의 하나님께서 이 저주받은 자를 죽음에서 일으키실 수 있단 말인가? 어떻게 이 죄인의 친구가 부활의 첫 열매가 될 수 있단 말인가? 그렇게 부끄러운 과거가 있고, 바리새인들의 위신을 존중하지 않는 자를 높이신 이스라엘의 하나님에 대해 무슨 말을 할 수 있단 말인가? 바울의 상상력에서 일어난 이 강력한 변화는 이 땅에 부활을 실현시키기 위한 바울의 목회 노력의 본질에 엄청난 영향을 주게 될 것이다.

이스라엘의 하나님이 예수님을 신원하셨다

높아지신 주 예수님의 음성을 듣는 순간, 바울은 무슨 일이 일어났는지 정확하게 이해했다. 이스라엘의 하나님이 예수님을 죽은 자 가운데서 일으키셨고, 그를 하늘 보좌에 높이셨다. 하나님은 예수님을 "권능으로 하나님의 아들"이라고 선포하셨는데, 이 말은 예수님이 이 땅에서 사역하시는 동안에 하나님께서 임명하신 구원의 대리자인 하나님의 아들이셨다는 주장이 전적으로 사실임을 가리킨다(롬 1:4). 하나님이 예수님을 신원하셨다는 말에는 예수님의 가르침과 삶도 포함된다. 내가 하나님께서 예수님을 **신원하셨다**고 말할 때, 그 말은 바울이 예전에 예수님에 대해 가졌던 생각, 즉 예수님은 사기꾼이었고, 하나님의 저주를 받았다는 생각과는 완전히 반대로 하나님께서 **예수님의 주장을 완전히 지지하셨다**는 뜻이다. 예수님을 죽은 자 가운데서 일으키심으로써 하나님은 예수님의 말씀이 진실이며, 예수님이 하나님의 아들이시고, 이스라엘과 열방의 구원을 위한 진정한 하나님의 대리인임을 선언하셨다.

주 예수님과 만남으로써 바울은 자신이 알고 있다고 생각했던 모든 것이 철저하게 달라지게 됐다. 토라에 대한 생각도 예수님이 그리스도이심에 비추어 볼 때 철저하게 검토할 필요가 있었다. 그뿐 아니라 하나님을 감동시켜서 행동하게 하고, 부활을 실현하기 위해 강압적인 권력을 사용하던 바울의 목회 방법이 끔찍할 정도

로 잘못된 것임이 드러났다. 지금까지 살면서 바울은 권력, 인간적
인 힘, 자기주장, 언어적 및 육체적 폭력에 취해 살았다. 이 모든
것의 목적은 죄인들을 압박해서 회개하게 하고, 하나님의 손을 강
요해서 부활을 일으키시게 하는 것이었다. 이제 바울은 자신의 모
든 노력이 이스라엘의 하나님을 완전히 잘못 전하고 있다는 것을
깨달았다. 하나님께서는 바울의 노력과 목회 방법을 인정하시기
는커녕, 죄인들을 영접하고 그들과 함께 식사를 나눈 예수님의 삶
과 목회 방법을 인정하셨다. 하나님은 반역자들인 세리들의 식사
초청을 흔쾌히 받아들이신 예수님을 기뻐하셨다.

　바울은 자격을 쌓고, 최선을 다해서 권력, 명예, 사회적 지위라
는 정체성을 확립하기 위해 인생을 살았다. 그는 나약해 보이거나
무력해 보이지 않기 위해 개인적인 힘을 기르면서, 부끄러운 것은
무엇이든 다른 사람에게 보이지 않게 감추었을 것이다. 그리고 그
는 자신의 인상적인 이력서와 '의인'이라는 정체성을 확립한 것이
하나님께 큰 감동을 주어서, 부활의 때에 자신이 높은 자리를 차
지하게 되리라고 생각했을 것이다. 이스라엘의 하나님이 기꺼이
수치스럽고 불명예스럽게 로마의 십자가에서 죄인으로 죽은 예수
를 신원하셨음을 바울이 깨달았을 때, 바울의 상상력 속에서 일어
난 혁명이 얼마나 강렬했는지는 상상하기조차 어렵다.

　다메섹으로 가는 길 위에 있던 그 순간 부활과 하나님 앞에서
인정받는 것에 대한 바울의 인식에서 혁명이 일어났다. 이스라엘
의 하나님은 노력하는 사람, 성취한 사람, 명예로운 사람, 혹은 내

부자를 인정한 것이 아니다. 하나님은 문화적으로 승인된 모든 정체성의 표지를 완성한 사람, 모든 자격을 다 갖춘 사람을 죽은 자가운데서 일으키신 것이 아니다. 하나님은 원수 갚음에 반대하고, 원수를 사랑하라고, 심지어 로마까지도 사랑하라고 가르친 사람, 수치스러움을 감당한 사람, 연약한 모습으로 와서 억압하지 않은 사람을 신원하신다. 하나님은 폭력을 거부하고, 오히려 **폭력의 대상이 된 사람**을 일으키신다. 이러한 깨달음이 모든 것에 대한 바울의 시각에 근본적인 영향을 주었다. 바울의 상상력이 정말로 회심한 것이다.

십자가는 부활과 높아짐의 길이다

바울은 빌립보서에서 예수님이 부활과 높아짐에 이르게 된 방법에 관한 생각을 이야기한다. 예수님은 바울이 전에 가졌던 모든 생각을 뒤집고 역전시킨다. 그리고 예수님은 강압적인 권력이나 명성에 대한 갈망이 아니라, 십자가의 겸손과 연약함을 통해 높아지는 길을 닦으셨다. 빌립보 교인들에게 공동체 안에서 서로를 섬기고 용납하라고 권면하면서, 바울은 예수 그리스도의 마음과 같은 마음을 가지라고 권면한다.

하나님의 형상으로 존재하신 예수님은 자신의 이점을 사용하기

위하여 하나님과 동등하다 생각하지 않으시고, 오히려 자기를 소
모하시고, 종의 모습을 취하시고, 사람과 같이 되셨습니다. 그는
사람의 모양으로 나타나셔서, 자기를 낮추시고, 죽기까지 순종하
셨으니, 곧 십자가에 죽기까지 하셨습니다. (빌 2:6-8, 저자의 번역)

바울은 예수님이 인간의 몸으로 성육신하기 전에 하나님의 형상
으로 존재했다고 언급한다. 바울은 이것을 분사구(hyparchōn)로 표
현하는데, 이는 몇 가지 다른 방법으로 번역할 수 있다. "하나님의
형상으로 계**셨지만**," 혹은 "하나님의 형상으로 계셨기 **때문에**." 나
는 이 표현을 다른 주요 번역에서처럼 중립적으로 번역할 것이다.
"하나님의 형상으로 계시다." 이 표현을 양보적인 의미로("그렇지
만", "그럼에도 불구하고") 번역하는 사람들은 예수님이 하나님이셨다
는 사실에도 **불구하고**, 자기 자신을 희생하셨고, 낮아지셨다는 것
을 강조하기 위해서 그렇게 번역한다. 그러나 이것은 예수님이 하
나님으로서의 정체성과 반대로 행동하셨다는 것을 나타낸다. 이
것은 하나님이 달리 행동하실 수도 있었다는 의미이기도 하다. 다
른 한편에서는 이 분사를 **원인**("때문에")의 의미로 번역한다. 예수
님 자신이 하나님이시라는 정체성에 정확히 부합하게 행동하셨다
는 사실을 담아내려는 번역이다.

　마이클 고먼은 이 단락을 어떻게 이해해야 하는지에 대한 놀
라운 논의를 진행하는데, 거기에서는 이 표현을 양보적으로("그럼
에도 불구하고") 번역하는 것을 옹호한다. 이 번역이 예수님이 철저

하게 반직관적인(counterintuitive) 방법으로 행동하신 것을 포착해낸
다는 것이다. 다른 어떤 신이나 인간도 그런 식으로 행동하지 않
기 때문에, 예수님의 행동은 반직관적이라는 것이다. 누구든지 그
런 엄청난 특권을 가진 사람은 그것들을 자기에게 유리하게 이용
해서 훨씬 더 많은 것을 얻으려고 하지, 자신의 특권과 특혜를 포
기하고 극단적으로 자기를 희생하는 선택을 할 사람은 없다는 것
이다. 이것이 예수님의 행동을 반직관적인 의미로 보는 이유이고,
그렇기 때문에 "그럼에도 불구하고"가 맞다는 것이다. 그러나 이
단락의 끝부분에서 예수님이 사실은 그 행동을 통해 하나님을 드
러낸다는 것을 발견하고, 고먼은 6절로 돌아가서 분사를 인과관
계("왜냐하면")로 다시 해석해야 한다고 생각한다.[1] 나는 여기에서
고먼이 바울의 심중에 있던 중요한 것을 포착하고 있고, 우리가
이 본문을 어떻게 직면해야 하며 이 본문을 통해 우리의 생각을
어떻게 조정해야 하는지 전략적으로 설명하고 있다고 생각한다.
그러나 우리의 목적 때문에 나는 '중립적'("존재하신")으로 번역할
것이다.

여기에서 중요한 점은 예수님이 처음부터 하나님의 형상으로
존재하셨다는 것에 주목하는 것이다. 그리고 예수님이 하나님의
형상이셨고 상상할 수 있는 모든 이점과 특권을 갖고 계셨지만,

---

1. Michael J. Gorman, *Inhabiting the Cruciform God: Kenosis, Justification, and Theosis in Paul's Narrative Soteriology* (Grand Rapids: Eerdmans, 2009), 9-29.

예수님은 하나님이신 자신의 존재를 자신의 유익을 위해 이용할
수 있는 것으로 여기지 않으셨다. 위에서 언급한 바와 같이 이것
은 완전히 반직관적인 것이다. 이점을 활용하는 것은 누구나 그리
고 모든 사람이 하는 행동이기 때문이다. 그리고 신적인 존재들이
지배하던 고대 세계의 사고 속에서 신들은 이런 식으로 행동했다.
또한 이것은 인간의 영역에서 우리가 행동하는 방식이기도 하다.
우리에게 유리한 점이 있다면 우리는 그것을 우리의 목적과 목표
를 성취하기 위해, 혹은 더 많은 소유물을 축적하고 더 나은 편안
함을 위해 사용할 것이다. 예수님은 전혀 다르게 행동하셨다. **예수
님은 자신을 희생하셨고**, 자신을 부어주셨으며, 우주의 절대적으
로 높은 자리에서 가능한 한 가장 낮은 곳으로 내려가는 길에 오
르셨다. 성육신하심으로써 예수님은 노예의 형상을 택하셨고 죽
기까지 하나님께 복종하셨다. 심지어 그 죽음의 자리는 로마의 거
친 십자가 위에서 죄인으로서 십자가에 못 박히는 수치스러운 죽
음의 자리였다.

　고먼은 예수님의 삶을 '십자가를 닮은' 모습이라고 정의한다.
'십자가의 형상으로'라는 뜻의 아름다운 표현이다. 십자가 본받기
는 '서사 형식'을 띠고 있다. 예수님의 움직임은 모든 특권을 가지
신 것에서 시작하여 그것을 사용해 유익 얻기를 거절하신 것으로,
그리고 자기를 버리시고 십자가에서 죽임을 당하시기까지 기꺼이
나아가는 것으로 이어진다. 이러한 십자가 본받기의 서사 형식은
자신의 삶과 목회에 대한 바울의 상상력의 방향을 바꾸어 놓았다.

이것에 대해서는 이후에 살펴보겠다.

바울은 계속해서 예수님이 십자가를 지는 삶을 사신 것, 즉 십자가까지 내려가는 길을 걸으신 것에 하나님이 어떻게 반응하셨는지 이야기한다.

> 그러므로 하나님께서는 그를 지극히 높이시고, 모든 이름 위에 뛰어난 이름을 그에게 주셨습니다. 그리하여 하늘과 땅 위와 땅 아래 있는 모든 것들이 예수의 이름 앞에 무릎을 꿇고, 모두가 예수 그리스도는 주님이시라고 고백하여, 하나님 아버지께 영광을 돌리게 하셨습니다. (빌 2:9-11)

바울은 9절에서 "그러므로"라고 말하는데 이것은 하나님께서 **예수님이 행하신 일 때문에** 예수님을 높이셨다는 것을 가리킨다. 예수님이 자신의 높은 지위를 자신의 유익을 위해 이용하기를 거절하셨기 때문에, 그리고 궁극적으로는 하나님께 충성하는 자세로 수치를 당하고 고통스러운 죽음에 이르기까지 다른 사람을 위해 자신을 버리셨기 때문에, 하나님께서 예수님을 죽은 자 가운데서 일으키시고 높이셨다는 것이다.

예수님이 십자가에서 죽으신 것은 메시아로서 실패한 것도 아니며, 하나님께서 예수님을 저주하신 것도 아니다. 전혀 그렇지 않다! 바울은 십자가 때문에 예수님이 부활하셨고 높이 오르셨다는 것을 깨달았다. 그뿐 아니라 하나님께서 예수님에게 "모든 이름

위에 뛰어난 이름"을 주셨다는 것도 깨달았다. 하나님께서 예수님에게 주신 이름은 하나님 자신의 이름인 '야훼'다. 이것은 빌립보서 2:10-11이 이사야 45:23을 인용하는 것에서 분명하게 나타난다. 이사야 45:22-23에서 하나님은 이렇게 선언하신다.

> 땅끝까지 흩어져 있는 사람들아!
> 모두 나에게 돌아와서 구원을 받아라.
> 내가 하나님이며, 나밖에 다른 신은 없기 때문이다.
> 내가 나를 두고 맹세한다.
> 나의 입에서 공의로운 말이 나갔으니,
> 그 말이 거저 되돌아오지는 않는다.
> 모두가 내 앞에 무릎을 꿇을 것이다.
> 모두들 나에게 충성을 맹세할 것이다.

바울은 모든 무릎이 꿇고 모든 혀가 주님이라고 고백할 이스라엘의 하나님과 예수님을 동일시한다.

하나님은 십자가로 가는 삶을 사신 예수님에게 하나님 자신의 이름을 주시는 것으로 응답하신다. 이는 예수님의 십자가를 본받는 삶이 하나님 자신의 성품을 드러냈다는 뜻이다. 하나님이 예수님을 신원하신 것은 바로 예수님이 죽기까지 자신을 쏟아부으심으로써 이스라엘의 하나님의 성품을 신실하고 온전히 드러냈기 때문이다. 이것이 바로 고먼이 말하는 바와 같이, 우리가 예수님의 반직관적인 서사 형식을 포착하기 위해서 빌립보서 2:6의 분사를 "그럼에도 불구하고"라고 번역할 수도 있지만, 예수님이 하나님이 하신 일을 정확하게 하셨기 때문에 그 분사를 인과관계("때문에")로 번역하는 이유다. 특권을 포기하고 자기를 버리는 길을 계속해서 가는 것이 하나님의 성품과 일치하기 때문이다.[2]

바울의 전 존재 구석구석에 퍼져 있는 이 혁명의 힘을 상상하기란 거의 불가능하다. 이전에 바울은 예수님의 가르침에 당혹스러워하거나 화가 났을 것이다. 어떻게 원수를 사랑하는 것이 이 땅에 부활을 실현시킨단 말인가? 로마인들을 위해 기도하는 것이 무슨 도움이 된단 말인가? 죄인들을 영접하고 그들과 함께 식사를 하면 그들이 회개하고 바리새인들처럼 토라를 준수하게 된다는 말인가? 실제로 바울은 예수님이 죽었다는 소리를 듣고 어느 정도 흡족했을 수도 있다. 아마도 바울은 '그런 꼴을 당해도 싸다. 정말로 무책임한 교사이고, 어리석기 짝이 없으며, 비현실적으로 살았다'라고 생각했을 것이다. 그런데 하나님께서 예수님을 신원하신 사건은 바울의 모든 것을 바꿔놓았다. 바울은 자신이 세력과 강압적인 힘을 사용하고, 명성을 따르며, 자격을 쌓으려고 하다가 하나님을 반대하는 자리, 부활이 아닌 파멸로 가는 길에 섰다는 것을 깨달았다.

---

2.   Gorman, *Inhabiting the Cruciform God*, 29.

부활: 이미 그러나 아직 아닌

다메섹으로 가는 길 위에 있던 바울에게 하나님의 부활 계획과 관련해서 더 놀라운 혁명이 시작되고 있었다. 하나님은 예수님을 죽은 자 가운데서 일으키셨는데, 그분은 부활을 경험한 유일한 분이었다. 이것은 바리새파가, 그리고 대부분의 다른 유대인들이 바라던 것이 아니었다. 그들에게 '부활'이란 하나님께서 이 시대를 끝내실 때 단 한 번 일어나야 하는 사건이었다. 그때 죽은 자들 중에 의로운 자들이 살아나고, 악한 자들이 심판받아 파멸하며, 새 창조의 시대, 즉 하나님의 나라가 완성된다는 것이다. 단 한 번의 우주적 규모의 행동으로 옛 시대는 가고, 이스라엘을 해방하고 피조물이 번성하는 새 시대가 시작될 것이다.[3]

3.　부활 개념은 1세기 유대 문화에서 잘 확인되지만, 이 개념이 역사적으로 어떻게 발전했는지는 그다지 분명하지 않다. 부활 개념은 "하나님께서 죽은 자를 그 무덤에서 일으키시는 구체적인 행위와 관련이 있다. 부활의 신학적인 차원의 의미에는 하나님의 언약 백성을 회복하시고 높이시며, 하나님의 정의와 평화의 나라(혹은 영원한 생명)로 안내하고, 하나님의 새 창조를 시작하는 것에 포함된다"(K. L. Anderson, "Resurrection," in *Dictionary of Jesus and the Gospels*, ed. Joel Green [Downers Grove, IL: IVP Academic, 2013], 775 [= 『예수 복음서 사전』, 요단출판사, 2003]).

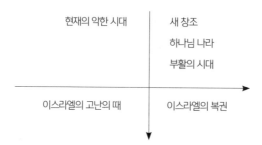

[유대인들의 기대]
주의 날
의인의 부활/악인의 심판

그러나 이런 일은 일어나지 않았다. 바울은 십자가에서 하나님이 이 악한 시대와 이 악한 시대를 다스리는 세력에게 치명상을 입히셨다는 것을 곧바로 깨달았다. 그러나 그 세력의 완전한 멸망은 장래의 그리스도의 날까지 기다려야 했다. 십자가는 또한 부활 생명을 주는 새 시대를 열었다. 그러나 그 부활 생명의 완성도 그리스도의 날이 장래에 올 때까지, 마찬가지로 기다려야 한다. 그래서 바울은 자신의 시대가 예수님 안에서 하나님께서 시작하신 부활의 새 창조의 시대와, 이 세상을 노예로 삼고 있는 악한 세력이 무너졌으나 아직 완전히 멸망하지 않은 시대가 교차되는 시기라는 것을 깨달았다.

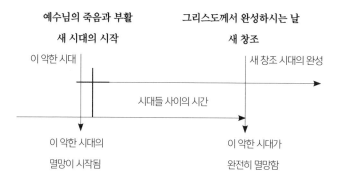

이 복잡한 우주적 현실이 하나님의 백성에게 무엇을 의미하는지, 그리고 하나님께서 자기 백성이 세상을 어떻게 살아가기를 원하셨는지를 분별하는 것은 쉬운 일이 아니었다. 바울은 이 문제를 숙고하는 데 많은 시간을 보냈다. 그리고 바울이 쓴 서신을 보면 교회 공동체들이 분별력을 키우기 위해서는 섬세한 지혜가 필요하다고 말하는 것을 볼 수 있다. 우리는 이것에 관해서 다음 장들, 특히 제4장에서 더 자세하게 살펴볼 것이다.

성령에 의한 부활 공동체

하나님은 예수님을 하늘 보좌로 높이시고, 성령을 이 세상에 보내셔서 예수를 따르는 자들의 지역 공동체인 교회를 세우셨다. 전에 바울은 이 공동체들을 하나님이 부활을 실현시키지 못하게 방해하는 어리석은 죄인들로 보았다. 그러나 바울은 이 공동체들이 부활이 현존하는 곳에 모인 공동체들이라는 것을 깨닫게 됐다. 부활하신 예수님이 성령으로 그들 가운데 임재하시고, 성령은 그들 안에 부활의 생명을 발산하고, 그들을 구속하며, 새롭게 하고, 회복시키는 부활의 능력으로 그들을 모두 모으신다. 이 부활 생명의 공동체에 참여하는 모든 이들은 예수님이 다시 오시고, 하나님께서 모든 피조물에게 부활 생명을 베푸실 때 이 현실을 충만히 경험하게 될 것이다.

바울은 점차 이 현실이 의미하는 것을 깨닫게 됐다. 그리고 이 현실은 우리가 하나님의 백성 가운데서 교회와 목회를 이해하는 데도 중요하다. 만일 부활이 이미 일어난 것이고 예수님을 따르는 자들 가운데 **지금도 일어나고 있다면**, 바울은 하나님을 감동하게 해서 부활을 일으키게 하고, 다른 사람들에게 강압적인 힘을 사용할 필요가 없는 것이다. 부활은 조작되거나 억지로 만들어낼 수 없다. 하나님의 손을 억지로 움직여서 구원하게 하려는 것은 헛된 일이다. 부활은 오직 하나님의 은혜로만 되기 때문이다. 부활의 임재는 십자가를 본받는 자세로 자기를 내어주는 사랑, 섬김, 축하가 있을 때, 오직 은혜로만 누릴 수 있고 또 존재할 수 있는 것이다.[4]

---

4. Michael J. Gorman은 부활 생명이 십자가를 닮았고, 십자가를 본받는 것이 부활 생명을 누리는 것이라는 모순적인 현실을 담아내기 위해 "부활을 통한 십자가 본받기"(resurrectional cruciformity)라는 표현을 사용한다(*Participating in Christ: Explorations in Paul's Theology and Spirituality* [Grand Rapids: Baker Academic, 2019], 53-76).

십자가를 본받는 자세와 공동체 생활 습관은 지금의 교회가 장래에 있을 부활의 완성을 기다리며 선택하는 것이다. 하나님은 아버지 하나님께 대한 순종으로 십자가를 본받는 자기희생과 다른 사람에 대한 사랑을 보인 단 한 사람 예수님에게 부활의 생명을 부어주셨다. 따라서 이런 기쁨을 주는 공동체 생활은 교회가 어떤 모습으로 장래에 있을 부활을 기다려야 할지를 보여준다. 예수님의 삶의 방식을 충실히 따른다는 것은 하나님을 강요하려고 하지 않고, 하나님의 손을 억지로 움직이기 위해 우리가 바라는 기준대로 행동하라고 다른 사람을 억압하지도 않는 것이다. 우리는 하나님께서 성령을 통해 예수 그리스도 안에서 행하신 일을 찬양하고, 기쁨으로 하나님께서 장차 행하실 일을 기다리고 또 확신한다.

게다가 부활의 임재는 사람들이 예수님의 이름으로 모이는 곳마다, 그리고 십자가를 본받는 정체성을 택하는 곳이라면 어디에서나 경험할 수 있다. 하나님께서 예수님에게 부활의 생명을 부으신 것이 예수님이 기꺼이 십자가를 향하여 가셨기 때문이라면, 십자가를 닮은 공동체들은 부활이 임재하는 현장인 것이다. 명예를 추구하고 권력과 명성을 좇던 분위기가 만연한 1세기 그리스-로마 세계에서 이것은 강력한 반문화적인 메시지였다. 이 메시지는 이 악한 시대가 교묘하게 만들어놓은 문화적 욕망에 호소함으로써 사람들의 숫자를 늘리라고 교회에게 다양한 압박을 가하는 오늘날에도 반직관적이기는 마찬가지이다. 우리는 다음 장에서 이 문제에 대해 더 자세하게 이야기해 볼 것이다.

교회 안에 있는 하나님의 부활의 임재는 망가진 인생을 치유하고 깨진 관계를 회복시켜주는 새롭게 하는 능력으로 나타난다. 구속하는 천상의 임재가 십자가를 본받는 공동체를 통해 이 땅에 나타나서 우리의 상상력을 변화시킴으로써, 우리는 하나님께서 보시는 눈으로 세상을 보게 된다. 그 세상은 모두가 자기의 물질을 축적하고 보호해야 하며 자신의 이기적인 욕망을 추구하는 한정된 재화의 세상이 아니다. 우리 안에 있는 것은 새로운 삶이 창출되고, 풍성하며, 우리에게 복이 넘치는 천상의 경제다. 교회는 복음서와 바울서신에서 볼 수 있는 십자가를 따르는 공동체의 행동 방식을 정함으로써 그 무엇보다 풍요로운 천상의 현실을 누리게 된다. 즉, 죄를 고백하고 용서하며, 서로를 섬기고, 서로의 필요를 채워줌으로써 자기를 내어주는 사랑을 구현하고, 서로를 특히 공동체에 있는 어려운 이들을 환대하기로 하는 것이다. 상실과 소외, 학대와 외로움을 경험한 분들은 교회 안에서만큼은 따뜻하게 가족으로 맞아주는 것과 사랑으로 안아주고 너그럽게 환대하며, 존중받는 경험을 해야 한다.

또한 부활 생명은 공동체로 인해서 더욱 자극되고 점점 더 큰 기쁨을 줄 수 있다. 하나님께서 성령을 통해 임재하셔서 능력을 주시고 생명을 주실 때 여러 가지 결과가 나타난다! 어떤 사람이 교회에서 교만한 마음을 회개하고, 명예와 명성을 향한 욕망을 십자가에 못 박으며, 다른 사람들에게 지은 죄를 고백하고 용서받을 때 부활 생명이 모든 관계 속에 넘치게 된다. 죄를 고백하고 용서하기 위해서는 겸손함과 연약함이 있어야 하는데, 이것들이 십자가를 본받는 행동들이며 하나님께서 바로 이 행동들 위에 생명을 주는 능력을 부어주시기 때문이다. 그리고 장차 올 세대에 경험할 부활의 임재와 능력은 교회 내의 파벌을 넘어서 확산되기 때문에, 모든 사람들이 성령을 통해 나타나는 그리스도의 새롭게 하는 능력을 점점 더 누릴 수 있게 된다.

제자들이 서로의 필요를 채워주려는 노력을 통해 십자가를 본받는 자세를 취할 때, 그들의 마음은 기쁨과 즐거움으로 벅차오르게 되고, 교회는 더욱 믿음이 굳건해져서 장차 올 부활의 날이 실제로 오고 있음을 보게 된다. 공동체가 서로에 대한 이기적인 야망, 자존심, 분노의 태도로 행동하면, 이 악한 시대의 세력이 자극받아 활동하는 비극을 보게 된다. 이 세력은 공동체 안에 절망감을 퍼뜨리고 하나님의 능력으로 변화될 희망을 잃게 만든다.

이 모든 사실 때문에 부활의 능력을 경험하기를 원하는 공동체는 반드시 십자가를 본받아야 한다. 그것이 성령을 통해 우리 안에 계시는 하나님의 생명을 누릴 수 있는 유일한 길이다. 교회는 이 악한 시대의 한가운데에 있는데, 하나님이 부활 생명의 전초기지를 이 악한 시대 안에 세우심으로써 적의 영역을 침공하신 것이라는 생각은 바울이 다메섹으로 가는 길에서 높아지신 예수 그리스도를 만난 사건을 깊이 생각하며 깨달은 것이다. 이 비전은 부활에 대한 바울의 개념을 바꾸었고 바울의 삶과 목회를 변화시켰다. 이 이야기는 다음 장에서 시작해 보겠다.

제3장
바울의 목회적 상상력의 전환

바울이 다메섹으로 가는 길에서 높아지신 주 예수님을 만난 사건은 바울의 상상력을 완전히 바꾸어놓았고, 그의 삶을 변화시켰으며, 하나님의 부활 계획에 대한 개념을 재검토하게 만들었다. 바울은 권력과 강제력을 동원한 자신의 목회 방법이, 그리고 훌륭한 자격과 인정받는 사회적 지위를 바탕으로 부활에 대한 권리에 쐐기를 박아두려는 개인적인 열망이 슬프게도 잘못된 것임을 깨달았다. 하나님의 부활 계획의 실체는 그의 예상을 완전히 뒤집는 것이었다. 하나님은 십자가를 지신 예수님을 죽은 자 가운데서 일으키셨고, 이미 십자가를 본받는 부활 생명의 공동체를 만들고 계셨다. 이러한 사실들이 바울의 정체성, 부활에 대한 개인적인 노력, 그리고 바울이 사도직을 수행할 방법까지 바꾸어놓았다. 이 장에서 우리는 바울의 상상력이 어떤 면에서 달라졌는지를 설명할 것이고, 다음 장에서는 이러한 새로운 접근법에 따른 구체적인 실천 방안에 대해 살펴볼 것이다.

정체성을 '죄인'으로 바꾸다

바울은 전에는 죄인들이 하나님이 이스라엘을 구원하시는 길을 가로막고 있다고 보았다. 이스라엘 백성 중에 있는 죄인들과 반역자인 세리들이 하나님께서 부활 생명을 부어주시지 못하게 한다는 것이다. 그리고 예수는 가장 극악한 죄인이었다. 신명기 21:23이 말하는 것처럼 하나님의 저주를 받아서 로마의 십자가에 달렸기 때문이다. 그러나 부활하시고 높아지신 예수님을 만난 후로, 바울은 그때까지 달려온 자신의 생애가 하나님의 목적을 이루는 것과 전혀 상관이 없다는 것을 깨달았다. 전혀 거리가 멀었다. 사실상 바울은 하나님의 목적에 대적하면서 하나님과 싸우고 있었다.

바울은 이것을 갈라디아서 1-2장에서 자세하게 진술한다. 하나님을 감동시킬 정체성을 구축하고, 그 결과로 부활에 기쁘게 참여하기는커녕, 실제로는 하나님의 교회를 파괴하려고 했다(갈 1:13). 하나님을 위한다고 생각했던 것이 사실은 정반대였다. 바울은 자기가 자기 꾀에 넘어갔다는 것을 깨달았다. 바울은 예수님을 따르는 자들은 '죄인'이고, 그 운동을 힘으로 망가뜨려야 한다고 생각했다. 그러나 이제 바울은 자신을 죄인이요 하나님의 목적에 정면으로 거슬러서 활동하던 사람이라고 생각했다.

바울은 안디옥에서 베드로와 대립했을 때 이 정체성에 대해 거론했다. 안디옥에 있던 교회는 유대인 그리스도인과 비유대인 그리스도인으로 구성됐기 때문에, 처리해야 할 복잡한 문제들이 있을 수밖에 없었다. 사회적인 역학 관계가 문제가 됐으나 주요 사역자였던 바나바와 교회의 다른 지도자들은 다민족 공동체인 그들이 어떻게 해서든 서로 음식을 나누도록 양육했다. 이는 그리스도 안에 계신 하나님이 성령을 통해 그들을 새로운 한 가족으로 만드셨다는 사실을 증명하기 위한 것이었다. 베드로는 예루살렘에서 와서 안디옥에 있는 그 교회를 방문했을 때 아주 불편한 상황과 마주쳤다. 그는 이방인들과 교제하는 것이 죄라고 믿고 자랐기 때문이다. 그리고 베드로가 이미 하나님께서 비유대인 그리스도인을 그리스도의 몸으로 받아주셨다는 것을 확신하고 있었다 하더라도, 베드로는 오로지 유대인 그리스도인으로만 이루어진 예루살렘 교회에 있었기 때문에 이방인들과 어깨를 맞댈 기회가 거의 없었다. 그러나 베드로는 안디옥에 와서야 이방인들과 식사하는 것이 불편하다는 것을 확실히 알게 됐다(갈 2:12).

그러나 어느 순간 일부 유대인 그리스도인들이 예루살렘에서 안디옥에 도착했고, 베드로는 이방인 그리스도인들과 나누는 식탁 교제에서 물러나야겠다는 압력을 느꼈다(갈 2:12-13). 유대인 그리스도인들은 이방인의 집에 가거나 그들과 식탁 교제를 하는 것은 그 이방인들이 그리스도인이라 할지라도 불법이라는 강한 신념을 여전히 갖고 있었다(참조, 행 10:28). 그들은 이방인들은 날 때부터 죄인이고, 그들과 음식을 나누는 것도 죄가 되며, 자기들이 제의적으로 부정해지는 것이라고 생각했다.

바울은 물론 이 모든 것을 알고 있었고 베드로와 충돌한 후에 베드로가 그렇게 행동하게 된 이유를 말한다. 갈라디아서 2:15에서 바울은 이방인들은 단지 그들이 유대인이 아니기 때문에 죄인이라는 유대인들의 일반적인 생각을 인정한다. "우리는 본디 유대 사람이요, 이방인 출신의 죄인이 아닙니다." 그러나 바울은 계속해서 하나님께서 민족을 따지지 않으시고 사람을 의롭다고 하셨기 때문에, 토라에 근거한 삶의 방식대로 정체성이 형성된 사람(즉, 유대인)일지라도 의롭게 되기 위해서는 그리스도 예수를 믿어야 한다고 설명한다. 바울은 이것이 베드로 같은 유대인과 예루살렘에 있는 다른 그리스도인들에게 있는 문제의 핵심이라는 것을 알았다. 만일 그들이 비유대인들과 동일한 것을 근거로 의롭게 된 것이라면, 유대인들은 이방인들과 동등한 위치에 있다는 것이다. 그들은 모두 그리스도에 대한 믿음 외에 다른 어떤 것을 근거해서 의롭게 된 것이 아니기 때문에 어깨를 나란히 하고 섰다는 것이다. 그들이 이것을 문제 삼는 이유는 유대인이 아닌 '죄인들'과 그러한 지위를 공유하면 그들이 부정해지고, 그들이 이방인들과 교제한다는 이유로 그들도 마찬가지로 '죄인' 취급을 받게 되기 때문이다.

여기에서 바울의 전략은 유대인 그리스도인들이 비유대인들과 교제하는 것에 대한 두려움을 꺼내서 그것을 논리적인 결말까지 밀어붙이는 것이다. 결국 이방인과 식탁 교제하던 자리에서 물러난 베드로의 행동은 유대인과 이방인을 의롭다고 하신 하나님의 방법이 예수님을 **죄**라고 하는 우주적인 세력의 노예로 만들었다는 뜻이었다. 이게 사실인가? 바울은 이렇게 대답한다. "그럴 수 없습니다!"(17절)

갈라디아서 2:15-21에 있는 바울의 주장은 복잡하기는 하지만, 바울이 하나님의 백성의 정결을 위해 열정을 쏟았던 작은 분파 중에서도 열정이 지나쳤던 자신의 상태가 완전히 잘못된 것이었음을 알게 됐다는 것을 보여준다. 사회적인 지위와 혈통은 아무 상관이 없었다. 오로지 예수 그리스도와의 관계가 중요했다. 이것이 바울을 "이방 죄인들"과 같은 위치에 서게 했기 때문에, 바울은 자신이 "죄인"이라는 정체성을 받아들이게 된 것이다. 하나님이 오로지 "죄인"만을 의롭다고 하시기 때문에 전혀 문제 될 것이 없다.

한편으로는, 이것이 바울에게는 **신학적인** 현실이고 우리에게도 친숙한 현실이다. 인간은 하나님 앞에서 죄인이고, 하나님께서 그 죄인들을 회복시켜 주셔야 한다. 그러나 그 이상으로 이것은 바울에게 **사회적인** 현실이기도 했다. 즉, 회심하기 전에 바울은 베드로처럼 이방인을 죄인이라고 멸시했다. 죄인이라는 말은 배척하는 용어였지만, 바울에게는 자기는 인정받은 내부자라는 만족감과 우월감을 주는 용어였다. 누군가에게 외부인이라는 꼬리표를 붙이는 사람들은 자기들이 하나님의 사랑을 받는 특별한 대상이라고 상상하게 된다. "우리는 저 불경한 죄인들과 같지 않다! 저들은 하나님의 분노를 받아 **마땅하다**." 이제 바울은 그런 태도에 반하여 자신의 청중들에게 하나님은 **경건치 않은 자들을 의롭다고 하시는** 분이심을 일깨워준다(롬 4:5). 바울은 또한 청중들에게 그리스도의 죽으심으로 유익을 얻는 자들을 상기시켜준다.

> 우리가 아직 약할 때에, 그리스도께서는 제때에, 경건하지 않은 사람을 위하여 죽으셨습니다. 의인을 위해서라도 죽을 사람은 거의 없습니다. 더욱이 선한 사람을 위해서라도 감히 죽을 사람은 드뭅니다. 그러나 **우리가 아직 죄인이었을 때에,** 그리스도께서 우리를 위하여 죽으셨습니다. 이리하여 하나님께서는 우리들에 대한 자기의 사랑을 실증하셨습니다. (롬 5:6-8)

게다가 바울은 자신이 **예전에** 죄인이었다고 생각한 것이 아니다. 그는 **지금도** 죄인이라고 생각한다. 이것이 바울의 정체성인데 이렇게 힘주어 말한다. "그리스도 예수께서 죄인을 구원하시려고 세상에 오셨다고 하는 이 말씀은 믿음직하고, 모든 사람이 받아들일 만한 말씀입니다. 나는 죄인의 우두머리입니다"(딤전 1:15). 이 말은 바울이 자신이 의인이라는 것도 잊어버리고, 죄를 용서받은 것도 잊어버린 듯이, 하나님 앞에서 자신의 신학적인 위치가 헷갈린다는 말이 아니다. 그리고 바울이 자기는 마음대로 불법을 저질러도 된다고 좋아한다는 말도 아니다. 오히려 이 말은 바울이 의도적으로 십자가를 본받는 것을 자기 정체성으로 삼고 있다는 것을 부분적으로 보여준다. 바울이 전에는 하나님과 관련해서 자신을 내부인으로 생각하고, 반면에 수많은 사람들을 외부인으로 만들었지만, 이제는 죄인이라는 사회적 지위를 기쁘게 받아들인다. 바울이 속해 있던 '기득권'에서는 예수님을 죄인으로 생각했지만, 하나님은 예수님을 신원하셨고 높이셨다. 따라서 바울은 죄인이라는 정체성을 기쁘게 받아들인다. 왜냐하면 그로 인해서 바울이 낮아지신 예수님과 더 가까워지고, 그래서 높아지신 예수님과 함께 할 수 있기 때문이다.

　이 표현이 바울의 자기 비하적인 정체성 표시가 아니라는 점에 주의하는 것이 중요하다. 바울은 자신의 지나온 삶 때문에 스스로를 학대하거나, 자신에게 형벌을 가하는 것이 아니다. 바울은 이 정체성을 기꺼이 받아들이고 있다. 왜냐하면 이 정체성이 바울을 십자가가 만들어낸 죽음-부활의 역학이라는 심오하고 신비한 능력으로 인도하기 때문이다. 바울이 발견한 이 신비, 즉 십자가를 본받음이라는 경이롭고 놀라운 능력의 신비는 하나님께서 예수님이 십자가를 지셨을 때 예수님에게 부활 생명을 부어주셨기 때문에, 십자가의 수치와 굴욕의 길을 걸어가는 사람이 있는 곳이라면 어디나 하나님께서 부활을 부어주신다는 것이다. 죄인이라는 정체성을 받아들이는 것은 바울이 수치를 받아들이고, 그럼으로써 자신의 삶과 목회에 부활의 능력이 넘치게 하는 특별한 방법인 것이다.

목회자가 죄인을 자신의 정체성으로 삼는 것은 매우 위험하거나 불편할 수 있다. 하지만 하나님을 유일한 내부자로 하면서 자신의 정체성을 외부자로 선택하면 많은 유익이 있다. 이런 정체성은 언제나 나를 하나님이 찾으시는 대상으로 만들어준다. 나는 하나님이 언제나 열정적으로, 구속의 사랑으로 찾는 사람이 된다. 나는 사람들에게 하나님을 나눠주는 중재자가 아니다. 나는 하나님으로 가는 길을 지키는 문지기가 아니다. 나는 타고난 영적인 가난 때문에 하나님이 찾으시는 사람들 곁에 나란히 서 있다. 나는 항상 궁핍하다. 그리고 내가 하나님을 향해서 이런 자세를 취할 때, 나는 하나님의 감당할 수 없는 신실하심과 은혜와 사랑을 감사하고 기쁘게 받게 된다. 이러한 자세는 또한 하나님의 손에서 벗어나 있다고 느끼는 사람이나, 자칭 '전도단'(God Squad)이라는 사람들 때문에 창피하다는 사람도 관심을 갖게 할 수 있다. 이런 자세는 우리를 다른 사람들과 나란히 서게 하고, 어쩌면 하나님이 이끌어주셔야 하는 사람들의 맨 앞에 서게 할 수도 있다.

목회자는 하나님에 대해서는 모든 것을 꿰뚫고 있고, 언제 어떤 질문을 받아도 신속하게 답변할 준비가 되어 있어야 할 것 같은데, 목회자가 그런 자세를 취하는 게 이상하게 보일 수도 있다. 그러나 너무 많은 짐을 지고 있다는 생각은 목회자를 겸손하게 만드는 게 아니라 거만한 자세를 갖게 만든다. 우리 자신을 평신도와 적당히 거리를 두어야 하는 '권위자'로 보기보다는, 다른 사람들과 함께 연대할 수 있는 여러 가지 방법을 상상해 볼 수 있다. 우선, 우리가 어떤 목회를 하고 있다고 하더라도, 우리는 우리가 어떻게 하나님의 사랑을 받는 대상인지를 이해하기 위해 성경을 연구하는 사람이다. 그러나 이것 때문에 우리가 어떤 사람보다 위에 있거나 예외적인 사람이 되는 것은 아니다. 그것은 당연히 우리가 해야 할 일이다. 그리고 우리는 하나님의 성령을 통해 항상 우리의 교제에 임하는 하나님의 사랑과 친절을 함께 누릴 수 있는 방법을 우리와 함께 있는 다른 사람들에게 설명함으로써 그 일을 감당한다.

　　이런 자세는 자신을 다른 사람과 구분하려는 사람의 자세와는 아주 다르다. 그런 사람들은 어떤 식으로든 다른 사람들보다 위에 혹은 예외적인 위치에 머물고 싶어 한다. 우리 중 많은 이들은 그리스도인들의 여러 층위가 일종의 영적인 수준을 나타내는 것이고, 거기에 순위를 매길 수도 있다고 상상하곤 한다. 목회자들은 성경을 연구하고 기도한다. 그래서 본래 하나님과 더 가까운 존재이고, 너 '경건'하다고 생각한다. 그리고 목회자들은 그 목록의 저 멀리 위에 있어야 하고, 그냥 매일 평범하게 살아가는 우리 같은 그렇고 그런 사람들하고는 차원이 다를 것이라고 생각한다. 이런 생각은 교회나 목회자에게 좋지 않다.

　　믿음 안에서 자매와 형제가 된 자들과 자신을 사회적으로 나란히 두는 것이 바울에게는 부담스러운 일이었다. 사실 바울은 수사학적으로 다른 사람들보다 우월하거나 초월적인 자리에 자신을 두지 않고, 하나님의 은혜가 제일 필요한 사람의 자리에 두었다. 이것을 실제로 구현하는 한 가지 방법은 교회 안에서 주목받지 못하는 사람들과 서로 조언해주는 관계를 맺는 것이다. 목회자들이 교회 안에서 권력이 있거나 부유한 사람들과 관계를 맺고, 그런 관계를 즐기도록 유혹하는 현대의 목회 모델은 여러 가지를 강요한다. 이것에 주의하고, 저것은 반대하라는 식이다. 그러나 이런저런 이유로 교회의 변두리에 있는 사람들을 주목해야 한다. 이런 사람들은 부자도 아니고 힘도 없다. 그리고 젊지도 않고 정력적이지도 않지만, 다른 면에서 특별한 매력이 있는 경우가 있다. 이런 사람들은 교회 안에 있지만 예수님 안에서 하나님의 새로운 가족의 소중한 구성원으로 참여하고 있고 환영받는다는 느낌을 잘 받지 못한다.

그러나 이런 사람들도 우리에게 주신 좋은 선물로 볼 수 있다. 이들은 우리가 누구인지를 기억하는 데 도움을 주는 분들이기 때문이다. 죄인이라는 바울의 정체성이 신학적이고 사회적인 실제라는 것을 기억한다면, 우리가 변두리를 맴도는 분들과 거리를 둘 때, 우리가 그분들에게는 '죄인'이라는 꼬리표를 달아주면서, 자신은 '의인'이라고 생각하는 역학 관계 속에 가담하고 있다는 것을 깨달아야 한다. 그러나 이것은 자기기만이며, 우리가 완전히 독선적이고 회개가 필요하다는 것을 폭로해준다. 우리는 바울이 자신의 과거 모습에 대해 고백했던 것을 우리 자신에게 적용하는 것은 거부한다. 그러나 우리가 교회에서 다른 사람들에 비해 중요하지 않게 취급되는 분들과의 유대 관계를 키워나갈 때, 우리는 다른 사람들보다 더 중요하지도 않고, 덜 중요하지도 않은 사람들이라는 우리의 정체성을 다시 한번 확인하게 된다. 그리고 우리는 모두 그리스도 안에서 하나님이 열심히 찾으시는 한 몸의 일부라는 것을 다시 한번 확인하게 된다.

더 나아가 우리는 우리가 섬기는 사람들로부터 큰 축복을 받는다는 것을 알게 될 것이다. 하나님은 선택된 소수의 사람만이 아니라, 우리와 교제하는 모든 사람을 통해 우리를 사랑하고 축복하길 원하신다. 우리가 살아가는 세상의 방식은 우리와 같은 사람들, 즉 우리가 부담 없이 편안하게 생각하는 사람들과만 관계를 맺으라고 우리에게 가르친다. 그 편안한 느낌은 결국 우리가 그리스도의 온몸에 대해 마음을 열 때 누릴 수 있는 풍성한 축복의 길을 차단하고 만다.

나는 지난 몇 년 동안 교회에서 목회하면서 이 문제를, 즉 바울이 말하는 신학적 사실을 사회적 실천을 통해 구현하는 방법을 진지하게 생각해보았다. 고백하건대, 이 일은 내게 모험이다. 나는 사람들과 교제하는 걸 정말로 좋아하지만 아주 내성적인 사람이라서 새로운 사람들과 관계를 맺는 게 쉽지 않고 소소한 대화를 즐기는 편도 아니다. 특히 주일 아침에는 더 그렇다. 하지만 특별히 우리 공동체 안에서 주변부에 있는 분들과 친해지고, 그분들에게 먼저 말을 걸어서 성함을 여쭈어보고, 그분들의 생활이 어떤지 들어보려고 노력했다. 그리고 나는 단지 그분들에게 환영받는 느낌을 주거나, 내가 영적인 지도자라는 걸 알려주고, 나와 대화하는 게 대단한 일이라는 걸 알려주기 위해 이런 일을 한 게 아니다. 그리스도 안에서 자매나 형제인 분들 곁에 나란히 있음으로써 받을 복을 생각하며 다른 분들에게 다가갔다. 그분들이 아주 나이가 많든 혹은 젊든 상관없이, 일주일 동안 있었던 이야기, 성공한 이야기와 힘겨운 이야기, 즐거운 이야기와 슬픈 이야기를 들으면서 말이다.

연약함과 부끄러움 속에 감당하는 목회는 부활의 능력을 일으킨다

하나님께서 그리스도 안에서 승리하신 반직관적인 방법, 즉 예수님이 자기를 낮추시고 가장 낮은 곳으로 내려가셔서, 로마의 십자가에서 평범한 죄인으로 부끄러운 죽임을 당하신 것이 바울의 목회 방법을 결정지었다. 바울은 목회하면서 연약함과 부끄러움을 수용했다. 이것은 바울이 전에 명성과 높은 사회적 지위를 추구하고, 동료 목회자들과 경쟁하던 것에서 철저하게 벗어난 결정이었다. 바울은 이 논리를 발견했다. 곧, 예수님이 부끄러운 죽임을 당하시기까지 신실하게 복종한 것에 의거해 하나님께서 예수님을 죽은 자 가운데서 일으키시고 높이셨기 때문에, 하나님은 바울이 연약한 자세로, 그리고 자신의 행로에서 맞닥뜨리는 피할 수 없는 사회적인 부끄러움을 감내하면서 살아가고 목회할수록, 부활의 권능이 바울의 삶과 목회에 더욱 넘치게 하신다는 것이다.

바울은 십자가에 못 박히신 주님의 사도이기 때문에, 바울의 신실함을 판단하는 기준은 바울의 삶과 목회가 로마인들의 십자가에서 돌아가신 분의 몸을 가능한 한 닮는 것이다. 왜냐하면 그 십자가가 하나님께서 이 땅에 부활의 생명을 부어주시는 자리이기 때문이다. 바울은 공격받을 수도 있다는 자세로, 그리고 열린 마음으로 목회했고, 그러다가 사회적으로 부끄러운 일을 당하게 되면, 그건 그것대로 감내했다. 만일 바울이 다른 자세나 접근 방법으로 목회를 했다면, 하나님의 부활의 능력을 이끌어낼 수 없었을 것이다. 목회에 다른 힘의 원천이 작동할 수도 있지만, 그것은 우주, 삶, 그리고 공동체를 변화시킬 능력이 없는 너무나 보잘 것 없는 힘이다. 바울에게 있어서 다른 형태의 목회나 목회 방법은 십자가의 능력을 약화시키고 하찮은 것으로 만들어버리고, 변화를 일으키는 하나님의 능력에 접근하는 길을 막아버린다.

고린도전서 2장에서 바울은 자신이 처음에 고린도를 방문했을 때, 1:18-31에서 하나님의 지혜와 대조하는 "세상의 지혜"를 드러내지 않는 자신의 모습과 목회 방법을 의도적으로 사용했다고 설명한다. 바울이 말하는 "세상의 지혜"는 우리 문화에서 일반적으로 일이 처리되는 방식을 가리킨다. 바울이 생각하는 것은 우리가 전형적으로 사용하는 접근 방법이다. 즉, 사회적·문화적 가치에 맞추는 것이다. 이런 것은 명분을 내세울 줄 알고, 사회적인 명성을 얻거나, 사회적 자본을 축적하는 방법을 아는 사람들에게서 볼 수 있다. 세상의 지혜는 힘과 세력을 키워주고, 더욱 부요하게 해주지만, 하나님은 그렇지 않으시다.

> 지혜 있는 자들을 부끄럽게 하시려고 세상의 어리석은 것들을 택하셨으며, 강한 것들을 부끄럽게 하시려고 세상의 약한 것들을 택하셨습니다. 하나님께서는 세상에서 비천한 것들과 멸시받는 것들을 택하셨으니 곧 잘났다고 하는 것들을 없애시려고 아무것도 아닌 것들을 택하셨습니다. 이리하여 아무도 하나님 앞에서는 자랑하지 못하게 하시려는 것입니다. (고전 1:27-29)

고린도 교인들은 강력한 수사적 표현을 좋아했고, 잘 구성된 웅변으로 전달하는 멋진 설명에 매력을 느꼈다. 타락한 고린도인들의 가치 판단에 의하면, 유명한 스승이나 교사가 참여하는 사회 집단에 소속되면 그들의 사회적 지위는 높아지고, 그들의 집회는 매력적인 모임이 될 것이다. 그들의 지도자의 사회적 위신은 그들 모두에게 영향을 미칠 것이다. 그러나 바울은 이러한 문화적 기대에 부응하지 않았다. 오히려 그는 의도적으로 그것들에 맞섰다. 바울은 이렇게 말한다. "내가 여러분에게로 가서 하나님의 비밀을 전할 때에, 훌륭한 말이나 지혜로 하지 않았습니다. 나는 여러분 가운데서 예수 그리스도 곧 십자가에 달리신 그분밖에는, 아무것도 알지 않기로 작정했습니다"(2:1-2). 바울은 설교한 내용만 언급하는 게 아니다. 물론 그걸 염두에 둔 건 확실하지만 설교한 방법에 대해서도 말하고 있다.

바울은 고린도전서 2:3-5에서 자신의 목회 방법의 논리를 공개한다.

> 내가 여러분과 함께 있을 때에, 나는 약했으며, 두려워했으며, 무척 떨었습니다. 나의 말과 나의 설교는 지혜에서 나온 그럴 듯한 말로 한 것이 아니라, 성령의 능력이 나타낸 증거로 한 것입니다. 그것은, 여러분의 믿음이 사람의 지혜에 바탕을 두지 않고 하나님의 능력에 바탕을 두게 하려는 것이었습니다.

바울은 고린도 교인들과 함께 있을 때 일부러 인상적인 수사적 표현과 강력한 개인적인 영향력을 사용해서 목회하지 않으려고 했다. 그렇게 하는 것이 반직관적인 것이기는 하지만, 만일 바울이 고린도인들에게 그런 방법을 사용해서 예수님의 길을 따르라고 설득했다면, 그들의 믿음은 하나님의 능력이 아니라, "사람의 지혜", 즉 이 악한 시대의 논리 위에 세워졌을 것이다. 하나님의 능력이 고린도 교인들 중에 나타나게 하기 위해서 바울은 인간적으로 약한 모습을 드러냈다. 바울은 공격받을 수 있었지만 솔직하게 말했다. 바울은 고린도인들에게 감동을 주려고 하지 않았고, 오히려 초청하는 자세를 취했다. 물론 그것 때문에 바울은 두려워하고 떨었다. 거절당하고 괄시를 받을 수도 있다는 것을 받아들였기 때문이다. 그러나 바울은 하나님의 능력을 의지하기 위해 이런 위험을 감수해야 했다.

이와 비슷한 것이 바울이 갈라디아에 교회를 세운 것을 설명하는 내용에도 나온다. 바울은 갈라디아 교회가 자신이 처음에 그들에게 전했던 복음에서 떠났다는 말을 듣고 난 후에, 그 교회에 격정적인 편지를 보냈다. 예루살렘에서 온 유대인 그리스도인들이 갈라디아에 도착해서 이방인 그리스도인들에게 그리스도 안에서 온전한 구원을 경험하려면 유대교로 개종해야 한다고 설득했던 것이다. 바울은 이러한 행위를 심각한 잘못으로 보고, 갈라디아인들에게 그럴 필요가 없다고 설득하기 위해 우리가 갈라디아서로 알고 있는 편지를 보냈다.

갈라디아서 3:1-5에서, 바울은 그들이 처음에 믿음을 가졌을 때, 성령의 능력을 체험했었고(2, 5절), 하나님이 그들 중에서 기적을 일으키셨던 것(5절)을 언급한다. 바울은 이 모든 일이 일어난 것이 그들이 단순히 믿는 마음으로 복음을 들었기 때문인지, 아니면 "율법의 행위들" 때문인지를 묻는다(2, 5절). 바울이 "율법의 행위들"이라는 표현을 사용할 때 염두에 둔 것은, 유대인들의 정체성을 나타내는 토라에 근거한 행위들이었다. 바울은 갈라디아 교인들이 하나님이 그리스도 안에서 주시는 구원을 진정으로 누리기 위해서는 유대인의 삶의 방식으로 완전히 바꾸는 길밖에 없다(즉, 토라에 근거한 정체성을 드러내는 삶을 살아야 한다)고 생각하는 그 개념을 언급하는 것이다. 바울은 당연히 이것이 하나님께서 그들 중에서 역사하시는 방법이 전혀 아니라는 것을 자신의 청중들이 깨닫기를 원한다. 하나님은 유대 백성들을 유대인인 상태 그대로 구원하시지만, 비유대인 백성들은(즉, 이방인들은) 비유대인인 상태 그대로 구원하셔서, 그리스도 안에서 모든 종족을 모아 하나의 새로운 백성을 만드신다는 것이다.

　바울은 하나님께서 갈라디아인들에게 구원의 능력을 부어주신 것은 그들이 유대인의 민족성을 따랐기 때문이 아니라, 예수 그리스도께서 십자가에 못 박히신 수치스러운 모습이 공개적으로 드러났기 때문임을 기억하기를 원한다(1절). "예수 그리스도께서 십자가게 못 박히신 모습이 너희의 눈 앞에 선하게 나타났다!" 이게 무슨 말인가? 바울은 자기가 처음에 갈라디아 지역에 모습을 드러냈을 때를 언급하고 있는 것이다. 바울은 그것을 갈라디아서 4장에서 이렇게 회상한다.

　　형제자매 여러분, 내가 여러분과 같이 됐으니, 여러분도 나와 같이 되기를 바랍니다. 여러분이 내게 해를 입힌 일은 없습니다. 그리고 여러분이 아시는 바와 같이, 내가 여러분에게 처음으로 복음을 전하게 된 것은, 내 육체가 병든 것이 그 계기가 됐습니다. 그리고 내 몸에는 여러분에게 시험이 될 만한 것이 있는데도, 여러분은 나를 멸시하지도 않고, 외면하지도 않았습니다. 여러분은 나를 하나님의 천사와 같이, 그리스도 예수와 같이 영접해 주었습니다. 그런데 여러분의 그 감격이 지금은 어디에 있습니까? 나

는 여러분에게 증언합니다. 여러분은 할 수만 있었다면, 여러분
의 눈이라도 빼어서 내게 주었을 것입니다. (갈 4:12-15)

바울이 바나바와 함께 처음 선교에 나섰을 때, 바울은 루스드라에
서 돌에 맞아 죽을 뻔했다. 누가는 이 극적인 사건을 절제된 방법
으로 진술한다.

> 그런데 유대 사람들이 안디옥과 이고니온에서 거기로 몰려와서
> 군중을 설득하고, 바울을 돌로 쳤다. 그들은 바울이 죽은 줄 알고,
> 그를 성 밖으로 끌어냈다. 그러나 제자들이 바울을 둘러섰을 때
> 에, 그는 일어나서 성안으로 들어갔다. 이튿날 그는 바나바와 함
> 께 더베로 떠났다. (행 14:19-20)

이것은 아마도 바울이 돌에 맞은 것 때문에, 휴식을 취하고 회
복하기 위해서 더베로 갔던 사건으로 보인다. 갈라디아서 4:13에
서 바울은 "육체가 병든 것"을 언급하는데, 이것은 돌로 심하게 맞
은 이후의 바울의 끔찍한 몸 상태를 말하는 것 같다. 결국 바울의
몸 상태는 "여러분에게 시험이 될만한" 정도였다. 즉, 갈라디아인
들이 바울을 보았을 때, 바라보는 사람들의 몸이 반응을 보일 정
도로 아주 끔찍했다는 것이다. 그러나 갈라디아서를 수신했던 교
회 중 하나였던, 더베의 주민들은 어쨌든 바울을 마치 "하나님의
천사와 같이, 그리스도 예수와 같이" 받아주었다(14절). 바울은 이

상태에서 처음으로 그들에게 복음을 전했었다. 사실상 바울은 자신의 이 상태가 십자가에 못 박힌 그리스도의 신체 모습이라고 말하는 것이다. 누가의 말에 따르면 돌로 쳐서 죽이려고 했던, 잔인한 폭력을 당한 바울의 몸 상태가 예수 그리스도께서 십자가에 못 박히신 것을 사람들에게 드러내놓고 보여주는 기회가 됐다. 바로 이런 조건 속에서 바울은 십자가를 본받는 모습을 취했고, 그의 목회에서 부활의 능력이 역사할 수 있었다.

　　바울은 고린도후서 4장에서 아름다운 시적인 문구로 이 역동성을 분명하게 표현한다.

> 우리는 이 보물을 질그릇에 간직하고 있습니다. 이 엄청난 능력은 하나님에게서 나는 것이지, 우리에게서 나는 것이 아닙니다. 우리는 사방으로 죄어들어도 움츠러들지 않으며, 답답한 일을 당해도 낙심하지 않으며, 박해를 당해도 버림받지 않으며, 거꾸러뜨림을 당해도 망하지 않습니다. 우리는 언제나 예수의 죽임 당하심을 우리 몸에 짊어지고 다닙니다. 그것은 예수의 생명도 또한 우리 몸에 나타나게 하기 위함입니다. 우리는 살아 있으나, 예수로 말미암아 늘 몸을 죽음에 내어 맡깁니다. 그것은 예수의 생명도 또한 우리의 죽을 육신에 나타나게 하기 위함입니다. 그리하여 죽음은 우리에게서 작용하고, 생명은 여러분에게서 작용합니다. (고후 4:7-12)

예수 그리스도의 십자가 처형과 부활에서 드러난 죽음/생명의 역설이 연약함과 부끄러움으로 감당하는 목회 속에 하나님의 능력이 나타난다는 바울의 목회 비전의 성격을 결정했다. 복음 목회라는 보물을 연약하고 주목받지 못하는 목회자가 선포한다. 그래서 이 세상에서 하나님이 역사하시는 능력은 하나님께서 주시는 것이지, 목회자가 주는 것이 아님을 분명하게 보여준다. 바울이 볼 때, 목회자가 대단할수록 하나님의 능력은 덜 나타난다. 당연히 이러한 사실이 의미하는 것은 하나님의 신실한 사역자들이 주기적으로 학대당하고, 매를 맞고, 짓밟히고, 절망에 빠지게 된다는 것이다. 그들은 언제나 예수님의 죽으심을 구현하는 길로 자신을 끌고 가서, 예수님의 부활 생명이 그들 안에서 드러나고 나타날 수 있게 한다(10절).

그렇기 때문에 바울에게 있어서, 모든 대화와 모든 설교는 반드시 어떻게 하면 예수님의 죽음을 나타낼 수 있을지 하는 관점에서 구상하고 대비해야 했다. 예수님은 어떻게 겸손한 자세로 사람들에게 다가갈 수 있었던 것일까? 예수님은 인상적으로 보이고 싶은 욕망을 억누르면서 어떻게 행동했던 것일까? 십자가를 축소시킬 위험이 있는 모든 만남에서는 어떤 사회적 가치가 작동하는 것일까? 예수님의 죽음이 바울의 목회 방법이 된 것은 그것이 하나님이 세상을 변화시키는 능력을 발휘하시는 유일한 행동 방식이기 때문이다. 이러한 죽음/생명의 역동성이 바울의 삶과 목회를 하나님의 능력으로 감싸고 지켜주기 위해 바울의 목회 속에서 역사한 것이다.

또한 죽음/생명의 역동성은 바울과 교회의 관계에서도 작용한다. 바울은 12절에서 죽음은 바울과 그의 목회 동료들에게서 역사하고, "생명"은 고린도인들 사이에서 역사한다고 말한다. 즉, 하나님의 부활 생명이 교회 안에서 역사하도록 바울은 자신을 더욱 더 죽음에 내어주는 것이다. 그래서 바울이 그리스도의 죽음을 따라 매일 살아가면, 그의 삶은 하나님의 부활 능력으로 넘치게 되고 유지되는 것이다. 그리고 바울이 이런 식으로 살아갈수록, 바울이 섬기는 교회와 바울이 목회하는 사람들에게 하나님의 부활 생명이 그들의 삶 속으로 퍼져나가게 된다.

이것이 현대 목회 사역에 주는 의미는 매우 크다. 만일 하나님의 능력이 우리 교회 안에서 역사하는 것을 보고 싶다면, 예수 그리스도께서 십자가에 못 박히신 것을 구현하는 접근 방법을 택하면 될 것이다. 이것이 다른 사람을, 즉 교회 안에 있는 다른 직원과 평신도 지도자들, 그리고 여러 사역들을 통제하고 싶어 하는 변함없는 유혹과 성향에 어떻게 영향을 줄 수 있을까? 한 친구와 대화를 나눈 적이 있다. 그 친구의 교회는 최근에 성공적인 시절을 만끽하고 있었다. 교회는 즐겁고, 사람들의 참여도도 아주 높았다. 그런데 더욱 최근에는 교회의 분위기가 무거워 보인다고 했다. 평신도 지도자들은 지쳐서 나가떨어져 있고, 절망감이 만연하다는 것이다. 그 친구는 목회자가 일일이 모든 일에 관여하는 것처럼 보였고, 충고할 때도 단순히 제안하는 게 아니라 아주 집요한 것처럼 보였다고 했다.

십자가를 지향하는 목회는 다른 사람이 뛰어들고 참여할 공간을 제공하고 자리를 만들어준다. 이런 접근 방법은 다른 사람을 믿어주고 권한을 부여한다. 왜냐하면 이것은 언제나 자기를 죽이는 사람이 택하는 방법이기 때문이다. 그러나 다른 사람을 통제하고 조작하려는 사람들은 그런 접근 방법을 좋게 생각하지 않을 것이다. 너무 위험하다고 볼 것이다. 결과를 예측할 수 없거나 통제할 수 없다! 바로 이게 핵심이다. 우리가 십자가를 본받기로 할 때, 우리는 하나님과 다른 사람에게 완전히 맡긴다. 그리고 우리는 어디로 가고, 어떻게 될지 통제하지 않는다. 그러나 우리는 하나님께서 능력으로 역사하실 공간을 열어 놓는다. 또한 그 역동성의 결과는 억압적이고 지치게 하며 숨 막히는 교회 생활보다 더 기대감이 높고 희망적이다.

연약함, 부끄러움, 그리고 그리스도 안에서 나타난 하나님의 승리

우리는 또한 바울이 에베소서 3장에서 자신의 사도직의 본질에 대해 말하는 장면에서, 이러한 목회 비전에 관해 설명하는 것을 볼 수 있다. 많은 학자들이 에베소서 2장을 이 편지의 '핵심'으로 보는데 나도 그 관점이 옳다고 본다. 1:15-19에서 바울은 자신

의 청중들이 하나님께서 그리스도 안에서 교회에게 주신, 성도들
이 활용할 수 있는 엄청난 능력을 포함해서 놀라운 자원을 볼 수
있는 통찰력을 갖게 해달라고 기도한다. 에베소서 1:20-2:22은 하
나님의 능력에 대해 자세하게 설명하는데, 바울은 그리스도의 죽
음과 부활에서 승리를 성취하셨을 때 하나님이 그 능력을 발휘하
셨다고 묘사한다.

> 하나님께서는 이 능력을 그리스도 안에 발휘하셔서, 그분을 죽은
> 사람들 가운데서 살리시고, 하늘에서 자기의 오른쪽에 앉히셔서,
> 모든 정권과 권세와 능력과 주권 위에, 그리고 이 세상뿐만 아니
> 라 오는 세상에서 일컫는 모든 이름 위에 뛰어나게 하셨습니다.
> 하나님께서는 만물을 그리스도의 발 아래 굴복시키시고, 그분을
> 만물 위에 교회의 머리로 삼으셨습니다. 교회는 그리스도의 몸이
> 요, 만물 안에서 만물을 충만케 하시는 분의 충만함입니다. (엡
> 1:20-23)

하나님께서 그리스도를 이 세대와 오는 세대의 모든 종류의 우주
적 권세의 영적인 실체들 위에 높이셨다는 바울의 주장은 하나님
의 통치에 반대하는 우주적인 적대 세력이 있다는 것을 가리킨다.
그리고 하나님이 그리스도를 높이셨다는 것은 그리스도의 죽음을
통해서, 그리고 하나님이 그리스도를 죽은 자 가운데서 일으키심
으로써, 하나님이 이 악한 시대를 유지하고, 악화시키고, 다스리는

이 존재들에 대해 승리를 거두셨음을 의미한다.

그러면 이 승리는 어떻게 볼 수 있는가? 바울은 에베소서 2장 전체를 통해서 이것을 자세하게 설명한다. 1-10절을 보면 하나님의 승리는 사탄과 다른 영적 실체들이 연합해서 하나님의 백성을 붙잡고 있는데, 영적으로 노예가 된 죽음의 상태에서 그 백성을 구출해내신 것으로 표현된다. 하나님은 자기 백성의 삶을, 허물과 죄로 "죽었던" 삶에서(1절) "하나님께서 우리 삶의 길을 위해 미리 준비하신 선한 일"을 하며 살아가도록 변화시킨다(10절). 바울은 더 나아가서 11-19절에서 그리스도 안에서 하나님이 승리하셨다고 설명한다. 이 악한 시대의 우주적인 적대 세력들은 민족적·인종적·국가적 차별에 대한 분노와 분개심을 키움으로써 인류가 인류 자신을 배척하게 했다(11-12절). 그러나 하나님은 그리스도 안에서 모든 국가, 부족, 인종, 민족을 한데 아울러서 하나의 새로운 백성으로 만들고 계신다. 그리고 이 하나의 새로운 백성이 모여서 하나님의 새로운 성전이 되고(20-22절), 하나님의 선한 세계를 왜곡하는 우주적인 세력에 대해 하나님이 승리하셨음을 나타내는 기념비로 서게 된다.

예수님의 죽음과 부활을 통해 하나님이 승리하셨다는 이 이야기를 바탕으로, 바울은 에베소서 3:1에서 두 번째 기도를 시작하지만, 자신의 사도직의 본질을 이야기하느라 이 기도는 2절에서 끊기고 만다. 바울은 자신이 처한 상황을, 즉 자신이 지금 죄수의 신분으로 청중들을 위해 기도하고 있다는 것을 설명할 필요가 있다고 느낀 것이다. 즉, 만일 하나님이 그리스도 안에서 하나님의 선한 세상을 왜곡하는 우주적인 적대 세력에 대해 승리하셨다면, 왜 하나님의 중요한 대리인인 바울이 감금된 것인가? 고대 세계에서 죄수가 되는 것은 많은 의구심을 일으키는 사안일 뿐만 아니라, 오늘날 흉악범에게 따라붙는 것과 같은 사회적 수치심을 갖게 되는 것임을 명심해야 한다. 만일 내가 누군가를 만나서 대화하는데, 내가 흉악범으로 유죄 판결을 받았다는 사실을 나도 모르게 이야기했다면, 상대방은 아주 신속하게 대화를 끝낼 수도 있다. 그렇다면 바울은 왜 모든 피조물 위에 계신 주님이신 예수님을 선포하는데, 그렇게 수치스럽고 이해가 되지 않는 상황에 처한 것일까?

바울은 2-13절에서 신실한 목회자들이 하나님의 승리를 구현하는 방법을 이해할 수 있도록 설명하고, 그리스도의 죽음과 부활이 성취한 승리는 연약함을 통해서, 그리고 사회적으로 수치스러운 상황을 기쁘게 인내함을 통해서 이루어진 것임을 보여준다. 한편 바울은 세상에서 하나님의 일을 하면서 고귀한 역할을 하고 있다. 바울은 교회를 위해 "하나님의 은혜로 부르심"을 받았는데(2절), 이는 바울이 예수 그리스도의 복음을 세상에 선포하라는 사도의 책임을 맡은 소수 중의 하나라는 뜻이다. 하나님의 구원 계획에서 바울이 맡은 역할은 아주 중요하다. 바울이 여행하면서 복음을 선포하지 않으면, 비유대인 나라들이 어떻게 복음을 들을 수 있겠는가?

다른 한편, 바울은 자신의 부끄럽고 연약한 입장을 강조한다. 이것은 바울의 자기 연민도 아니고 자기 학대도 아니다. 바울은 예수 그리스도의 종들이 사회적으로 연약하고 공격받기 쉬운 자리에 설 때 하나님의 능력이 더욱 강해지는 것을 알고 있다. 그래서 그는 자신이 "모든 성도 중에 지극히 작은 자"(8절)라고 강조하고, "그리스도를 위하여 갇힌 자"(3:1; 4:1)를 자신의 특징을 가장 잘 나타내는 정체성으로 삼는다. 감옥은 바울이 살기엔 사회적으로 수치스러운 장소였다. 고대 사람들이 세상을 보는 방식에 따르면, 바울이 감옥에 있다는 것은 로마 제국의 권력이 바울이 섬기는 하나님보다 더 강력하다는 의미였다. 그리고 이것은 바울의 청중 가운데 일부가 당혹감을 느낄 만한 충격적인 모순이다.

그러나 바울은 자신이 수치스러운 죄수라는 연약하고 공격받기 쉬운 사회적 상황 속에서 사명을 감당하고, 하나님께서 그의 설교를 통해 교회를 세우실 때, 하나님의 영광이 온 우주에 널리 전파된다고 말한다(9-10절). 바울이 이것을 묘사하는 구절을 보면 놀랍다. 바울이 자신의 사역을 감당하고, 하나님께서 그의 교회, 즉 새로운 성전(2:20-22)를 세우실 때, 이것은 "하늘에 있는 통치자들과 권세자들에게 하나님의 갖가지 지혜를 알리"시는 것을 의미한다고 말한다(엡 3:10). 바로 고린도전서 2:1-13에서처럼, 여기에서도 하나님의 지혜는 하나님께서 일하시는 반직관적인 방법이다. 하나님은 세상에서 힘이 없고, 연약하며, 비록 그것이 그리스도로 인해 흉악범이 되는 수치를 당하는 것이라 할지라도, 그 길에서 불가피하게 맞닥뜨리는 사회적 수치를 받아들이는 사람을 통해 하나님의 일을 이루시기로 하셨다는 것이다.

세상의 이치대로라면, 하나님은 훌륭한 자격을 가졌고 사회적 지위가 높은 사람을 선택하셔야 한다. '하나님의 위임'을 받기 위한 이상적인 후보는 그리스도인 유명 인사나 권력의 전당에 출입할 수 있는 사람일 것이다. 많은 현대 목회자들과 사역자들이 바로 이런 문화 속에서 사역하고, 목회자들이 이러한 문화의 강력한 추세와 사회적 압력에 영향을 받아서 목회에 대한 개념을 형성한다. 그래서 목회자들은 개인적인 카리스마와 힘이 있는 가짜 인격을 키우고, 다른 사람들에게 강한 인상을 남기며, 사람들에게 자신감을 불어넣는 유능한 분위기를 연출하려는 유혹에 직면한다. 그러나 바울이 볼 때, 그러한 목회 개념과 그에 따르는 자세와 전략은 위험으로 가득 차 있다. 그것들이 바로 하나님의 능력을 약화시키고 몰아내는 목회 행위들이다. 통치자들과 권세자들이 권력의 이데올로기와 명성 추구로 세상을 왜곡했기 때문에, 강력한 인물들을 중심으로 목회 사역을 구축하다 보면 우주적인 차원에서 하나님의 지혜를 약화시키는 조직이 되고 만다.

바울이 하나님께서 통치자들과 권세들과 싸우신다는 관점에서 자신의 목회를 '약함 속에 있는 강함'(power in weakness)이라는 역학 관계의 틀로 구성한 것은 충격적이다. 다음 장에서 보겠지만, 바울의 목회 개념의 우주적 차원은 십자가를 본받는 목회를 포괄적으로 이해하는 데 있어서 중요하다.

제4장
우주적 관점에서 본 목회 사역

이제 우리는 바울의 목회관이 근본적으로 변화한 것에 관해서 어느 정도 파악하기 시작했다. 그러나 바울의 변화된 접근 방법을 완전히 이해하기 위해서는 우리가 파악해야 할 또 다른 차원이 있다. 그 시대 대부분의 다른 유대인들과 마찬가지로, 바울은 모든 현실을 우주적인 관점에서 생각했다. 일상생활에서 이루어지는 인간들의 드라마는 천상의 활동과 직접적으로 관련이 있다. 모든 현실은 우주적인 차원에서 보자면 싸움이 벌어지는 공간이었다. 이것이 바울의 목회 방법의 변화에 큰 영향을 주었고, 그가 이전의 목회 방법을 버리고 예수 그리스도가 십자가를 지는 방식을 본떠서 만든 새로운 목회 방법을 선택하는 데 결정적으로 중요한 역할을 했다. 바울이 볼 때 세상은 악한 우주적 세력의 노예로 붙잡혀 있고, 피조물에 대한 이 세력들의 억압적인 통치는 인간의 상상력과 행동의 방향이 하나님의 생명을 누리지 못하게 하는 잘못된 관행을 향하게 하는 것으로 나타났다. 바울은 회심하기 전에, 자신의 열정적인 노력이 우주를 향한 하나님의 목적, 즉 이스라엘을 구원할 뿐만 아니라, 피조물을 사탄과 다른 적대적인 세력들로부터 해방하는 일에서 결정적인 역할을 할 것으로 생각했다. 바울은 회심하면서 자신의 노력이 실제로는 하나님을 대적하는 우주적인 적들의 목적을 **돕고 있었다**는 것을 깨닫게 됐다. 이 장에서 우리는 바울이 세상을 어떻게 보았는지, 그리고 이 거대한 우주적인 상황이 바울의 목회 관행의 변화에 어떻게 영향을 끼쳤는지에 대해 논의할 것이다.

목회 사역에 대한 논의에 이 거대한 우주적 관점을 도입하는 것이 중요하다. 왜냐하면 인간의 태도, 서로에 대한 자세와 그와 연관된 행동들은 우리 공동체에 퍼져 있고, 또 우리를 에워싸고 있는 영적인 실체들과 직접적으로 관련이 있기 때문이다. 특정한 목회적 역동성이 건강하지 않다는 것을 언급하는 것도 필요하지만, 이 우주적 차원은 그것보다 훨씬 더 시급한 사안이다. 만일 우리가 오만한 태도로 목회하거나, 사회적 권력이나 명성을 추구하고 있다면, 우리는 이 악한 시대를 지배하고 있고 교회를 파괴하려고 하는 권력의 역동성을 우리 공동체에 퍼뜨리고 있는 것이다. 반면에 우리가 그리스도의 십자가를 본받는 성품을 구현하면, 생명을 주시고 부활을 일으키시는 능력이신 성령의 임재가 나타나고 활동해서, 갱신과 구원의 역동성을 일으키게 된다. 인간의 관습

은 우주적이고 영적인 실체들에 의존하고 있고 직접적으로 관련
이 있다. 그래서 이 땅의 목회 사역의 우주적 차원을 이해하는 것
이 대단히 중요하다.

이 악한 시대

회심하기 전이나 후나 바울의 세계관은 '묵시적'이었다. 이 세
계관을 통해 바울은 우주적 관점에서 현실을 바라보았는데, 여기
에는 천상의 활동과 지상의 삶이 직접적인 관련이 있다는 것을 포
함한다. 하나님의 본래 목적은 인류가 하나님을 위하여 그리고 하
나님의 영광을 위하여 피조물을 다스리는 것이었다. 인류가 번성
하고 모든 피조물이 결실을 맺으며 널리 퍼지는 것을 감독할 때,
인류는 하나님의 영광으로 피조물을 충만케 하신 창조주 하나님
의 통치를 드러냈고 또 누렸다. 이것이 하나님께서 지상의 영역과
천상의 영역이 서로 연결되도록 의도하신 방법이다. 지상의 현실
은 천상의 현실을 반영했다. 그러나 인류의 반역으로 그 시나리오
는 망가졌다. 하지만 문제는 인간의 범죄보다 훨씬 크다. 이 악한
시대의 복잡한 성격 안에서 인간의 죄악은 더 큰 우주적 현실을
가리키고 있다.

바울 당시의 유대인들은 자기들이 하나님의 뜻이 이 땅에서
이루어지지 않는 시대를 살고 있음을 아주 잘 알고 있었다. 그 시

대는 억압, 고통, 그리고 명백한 악의 승리로 가득 차 있었다. 그 시대의 악한 특징을 전형적으로 보여주는 것은 이스라엘이 하나님이 의도하신 대로 하나님의 통치 아래에서 번성하지 않고 있다는 현실이었다. 유대인들은 이 시대가 아픔과 고통의 시대이며 이런 시대에는 의인도 고통받지만, 하나님께서 언젠가 이 시대를 멈추시고 새 창조의 시대를 시작하실 것이라고 믿었다. 이는 죽은 자들이 살아나는 시대, 이스라엘이 회복되는 때, 고통에서 벗어나는 때가 될 것인데, 이때는 모든 피조물이 새롭게 되고 이스라엘이 마침내 이스라엘의 하나님이신 한 분 참되신 창조주 하나님의 통치를 경험하게 될 것이다.

바울은 편지들에서 이 악한 시대에 대해 여러 번 언급한다. 바울은 예수 그리스도께서 "우리를 이 악한 시대에서 건져 주시려고, 우리의 죄를 대속하기 위하여 자기 몸을 바치셨다"고 말한다 (갈 1:4). 골로새서 1:13에서는 이 시대를 "암흑의 권세"라고 부르면서 공간적이며 시간적인 영역으로 언급한다. 에베소서 2:2에서는 "이 세상의 시대"(ton aiōna tou kosmou toutou: 우리말 성경에서는 주로 "이 세상의 풍조"로 번역됨—역주)라고 언급하고, 뒤에서는 "때가 악합니다"라고 쓴다(엡 5:16). 영적 전쟁으로 유명한 단락의 한가운데 부분인, 에베소서 6:12에서 바울은 "이 암흑"(tou skotous toutou: skotous를 형용사 "어두운"으로 번역하기도 하지만 본래는 명사다—역주)을 주관하는 우주적 존재들에 대해 언급한다.

이 모든 것은 자신들이 하나님이 창조하신 세계에 살고 있지만, 악이 지배하는 시기를 보내고 있다고 믿었던 많은 동료 유대인들의 세계관을 바울도 공유했음을 말해준다. 회심하기 전의 바울의 소망은 자신이 열심히 노력해서 유대 백성이 의롭고 율법을 준수하게 되면, 그 결과 하나님이 창조 세계를 변화시키게 되는 것, 즉 하나님께서 이 악한 시대를 무너뜨리시고 새 창조를 시작하시는 것이었다. 따라서 장차 올 시대는 구원의 시대가 될 것이며, 소망하던 모든 부활 현실을 하나님께서 이스라엘을 위해 실현하신다는 것이다. 그러면 하나님께서 의인들을 인정하실 것이고, 이스라엘은 원수의 압제에서 해방될 것이다. 또한 하나님의 모든 백성들은 이 땅의 풍성함과 생산물이 주는 놀라운 축복을 경험하게 될 것이며, 모든 피조물이 새롭게 될 것이다.

이 시대의 통치자들

바울에 따르면 이 시대는 단순히 역사 속의 한 시기도 아니고, 정적이지도 않다. 이 시대는 '이 악한 시대'에 논리와 합리성을 제공하는 우주적인 적대 세력들이 감독하고 다스리는 시대다. 그리고 그것은 천상과 지상을 포함하는데, 이는 피조물의 가장 근본적인 구조에 이르기까지 모든 것을 포괄하는 억압의 모체(matrix of oppression)이며, 문화적 상상력과 인간관계, 그리고 공동체에도 영향을 끼친다. 이 노예화하는 현실로 인해 인류가 하나님의 선한 세상을 하나님이 의도하신 번성하는 세상으로 경험하지 못하도록 하기 위해 여러 우주적인 세력들이 함께 공모했다. 이런 세력들이 목회 사역을 포함해서 인간관계에 엄청난 영향을 미치기 때문에, 우리의 우주적 적대 세력과 그것들이 어떻게 활동하는지를 이해하는 것이 무척이나 중요하다.

사탄

이 세력들 중 하나가 사탄인데, 사탄은 하나님을 대적하는 핵심적인 우주적 적대 세력이며, 하나님의 목적을 대적하는 영적인 존재이다. 바울은 사탄을 "이 세상의 신"(고후 4:4)이라고 부르는데, 이는 이 시기 동안에 이 세상이 사탄의 손아귀에 있고, 사탄의 통치를 받는다는 의미다. 바울은 또한 사탄을 죄 많은 인간들 사이에서 활동하는 영을 통솔하는 "공중의 권세를 잡은 통치자"(엡 2:2)라고 부른다. "공중"은 사고방식, 이데올로기, 문화적인 전제와 편견, 소망, 두려움, 적대감, 그리고 심지어 국가적 혹은 종족적인 범죄의 영역을 나타내기도 한다. 따라서 사탄은 아주 광범위한 수준에서 활동하며, 문화적인 두려움과 타인에 대한 의구심을 자극해서 여러 집단들이 서로를 악마화하고 학대하게 만든다. 사탄은 매력적으로 보이지만, 궁극적으로는 타락과 자기 파괴로 이어지는 이데올로기, 사고방식, 그리고 사악한 행동 양식을 세상에 심는다.

고린도후서 11:14에서 바울은 사탄이 "빛의 천사"로, 즉 쾌활하고, 매력적이고, 장래가 유망한 모습으로 나타난다고 말한다. 사탄이 세상에 뿌려놓은 이데올로기와 삶의 방식은 희망적이고, 실용적이며, 합리적으로 보이기 때문에 인류를 유혹한다. 이런 게 세상이 돌아가는 이치이기 때문이다! 사탄은 사람들을 체면과 문화적으로 인정받는 것을 지향하는 삶의 방식으로 끌어들인다. 사탄은 권력, 명성에 대한 욕망, 탁월함을 통해 남들이 보기에 좋은 목적을 추구해보라고 인류를 유혹한다. 표면적으로는 그런 삶의 방식이 탐욕스럽거나 자기중심적이거나 이기적으로 보이지 않지만, 동기부여 수준에서 작용하는 역동성과 깊숙한 곳에 내재된 행동 방식은 눈치채는 게 거의 불가능할 정도로 은밀한 방식으로 십자가에서 멀리 떨어진 곳을 지향하고 있다.

통치자들과 권세들

사탄과 함께 바울은 이 시대를 지배하는 권세를 가진 우주적 존재들인 통치자들과 권세들을 자주 언급한다(갈 4:3, 9; 엡 1:21; 3:10; 6:12; 골 2:8, 20; 롬 8:38-39; 고전 2:6, 8). 다양한 이름으로 불리는 이 존재들은 몇 가지 신비한 방법으로 사탄과 연대한다. 이들은 하나님으로부터 피조물에 대한 권한을 부여받은 우주적인 존재들이지만, 이런저런 방법으로 반역한 것들이다. 바울의 사상을 형성한 유대인의 세계관에 따르면, 이 존재들은 창세기 6:1-4에서는 "하나님의 아들들"이라고 불렸고, 하나님께서 이들에게 우주적으로 권위 있는 지위를 부여했으며, 이들은 나라들의 삶을 지도해서 그 나라들의 문화적 형태가 정의를 드러내도록 하라는 위임을 받았다(신 32:8; 시 82:1-8). 그러나 이들은 육체적 영역과 영적인 영역을 가르는 장벽을 깨고 반란을 일으켰다. 그들은 육체를 취하고 여성들과 성관계를 가졌다. 이 일 때문에, 그들 중 상당수는 주님의 큰 날에 받을 심판을 기다리며 일종의 우주 감옥에 수감됐다(벤후 2:4; 유 6절).

우리는 다니엘서 9-10장에서 이런 존재들이 활동하는 모습을 엿볼 수 있다. 다니엘이 이스라엘의 죄를 위하여 위대한 참회의 기도를 드린 후에(단 9:1-19), 하나님께서 그를 찾아가라고 보내신 천사장 가브리엘의 방문을 받았다. 그는 다니엘에게 천사장 미가엘의 도움을 받았지만, "페르시아 왕국의 천사장"이 방해해서 도착하는 데 3주가 걸렸다고 말한다(10:13). 가브리엘은 다니엘에게 이제 자신이 떠나면 페르시아와 그리스의 천사장들과 맞서게 될 것이라고 말했다(20절). 이것은 성경과 유대인의 세계관을 형성하는 우주적인 드라마를 들여다볼 수 있는 훌륭한 창문이다. 천사장급 통치자들은 국가의 삶의 방향을 정하며 인류가 우상을 숭배하고 하나님의 세상에서 하나님께서 계획하신 대로 삶을 경험하지 못하게 만드는 문화 형태와 사회 전반의 사고방식을 퍼뜨린다.

바울은 이들을 통치자들과 권세들이라고 부르는데, 사탄과 함께 이 악한 시대를 유지하고 감시하는 자들로서, 이 세상의 다양한 문화 속에 속박하고 억압하는 삶의 방향들을 퍼뜨리는 자들이다. 즉, 그런 삶의 방향들은 사람을 영적인 죽음에 가두어 두기 위해 고안된 것들이다(엡 2:1). 탐욕스럽고, 성적인 쾌락을 채우기 위해 살며, 억제되지 않는 감각적인 욕망에 지배당하는 그런 삶의 방향들은 사람들을 죽음에 가두고 영원한 멸망으로 향하게 한다. 그리고 이들은 자기 자신을 포함한, 다른 사람들에게 그것들이 얼마나 해로운지는 개의치 않고, 개인적인 야망을 성취하라고 부추기는 이데올로기의 이면에 숨어 있는 존재들이다. 이 시대에는 이런 삶의 방식들과 헤아릴 수 없이 다양한 다른 삶의 방식들이 있고, 사람들은 그 길로 걸어간다. 바울에게 있어서, 죄를 짓는 삶의 방향들과 불의한 사회 제도들은 단순히 인간이 불순종한 증거에 불과한 게 아니다. 그것들은 어딘가로부터 온 것들이다. 우리가 인식하는 현실을 구성하는 이 복잡한 연결망의 이면에는 나름의 논리가 있다. 이것은 모두 통치자들과 권세들, 이 악한 시대의 지배자들이 하는 일이 겉으로 드러난 결과이다.

죄, 죽음, 육체

상황을 더 악화시키는 것은 하나님의 선한 세상을 강탈하는 다른 우주적인 침략자들이 더 있다는 것이다. **죄, 죽음, 육체**가 그것이다. 바울은 이러한 우주적 실체들이 정신과 의지를 갖고 활동하고 있다고 생각한다. 로마서 5장에서 바울은 **죄**와 **죽음**이 세상에 들어왔다고 말하고(12절), **죽음**이 그 지배력을 키우고, 그 지배력을 행사하고 있다고 말한다(12, 14절). 바울은 또한 로마서 7장에서 **죄**의 교활한 특징에 관해 묘사한다. 하나님의 "율법은 거룩하며, 계명도 거룩하고 의롭고 선한 것"인데(12절), **죄**가 "계명을 통하여 틈을 타서, 내 속에 들어와 온갖 탐욕을 일으켰"고 말한다(8 절). **죄**는 살아나고, "나를 속이고, 또 그 계명으로 나를 죽였"다고 말한다(11절). 바울에게 있어서 **죄와 죽음**은 활동적인 주체이자, **육체**와 함께 하나님의 율법을 우주적인 속박 상태의 의도치 않은 공범으로 만드는 행위자다.[1] 그들은 하나님의 선한 선물을 억압하고 인간을 속박하는 기회로 만드는 비범한 재주가 있다.

우리 중 많은 사람이 바울이 말하는 **죄, 죽음**, 그리고 **육체**라는 용어에 친숙하지만, 우리는 이것들을 각각의 개별적인 인간이 경험하는 실체라고만 상상한다. 즉, 우리는 모두 **죄**를 짓고, 언젠가는 **죽을 것**이고, 우리 모두는 **육체**로 만들어졌다는 것이다. 이것이 사실이긴 하지만 바울의 묵시적 세계관에 따르면, 이것들은 하나님의 선한 목적을 변질시키기 위해 서로 공모하는 우주적인 실체들이다. 그것들은 로마서 7장이 보여주는 것처럼 인간의 가장 선한 의도를 왜곡해서 성경에 계시된 하나님의 말씀에 복종하기를 원하는 선의의 사람들의 좋은 동기마저 앗아간다. 바울이 갈라디아서 5:17에서 말하듯이 **육체**는 하나님의 성령에 맞서서 전쟁을 벌이고, 그래서 인간이 가진 최선의 의도를 끊임없이 좌절시킨다. 인간이 하나님께 **죄**를 지었을 때 이 우주적인 세력들은 은밀하게 인간 이야기의 무대 안으로 들어와서 인간을 더 억압하고, 인간의 경험을 비틀고 왜곡해서 우리에게 해로운 것을 우리가 원하게 만

---

1.   Tremper Longman III and Daniel G. Reid, *God Is a Warrior* (Grand Rapids: Zondervan, 1995), 161 [= 『거룩한 용사』, 솔로몬, 2001].

드는 작업을 시작했다. 이 실체들은 또한 공동체의 역동성을 교묘
한 방법으로, 그리고 어느 정도는 그다지 교묘하지 않은 방법으로
변질시켜서 사람들이 서로에게 피해를 입히고 궁극적으로는 서로
를 파괴하게 만든다. 그것들은 심지어 우리의 가장 좋은 목표와
계획조차도 파멸 쪽으로 몰아간다. 그래서 바울이 발견한 것처럼
결국 우리가 경험하고 있는 우주적인 속박을 더욱 강화한다.

일부 해석자들은, 사탄, 통치자들, 그리고 **죄, 죽음, 육체**라고
하는 이 우주적 존재들의 집합을 "묵시적 동맹 세력"이라고 불렀
는데, 이는 이 세상에서 인간의 경험을 지배하고 사람들이 영적인
죽음에 갇히도록 공모하는 실체들을 가리킨다.[2] 우리가 피조물이
계속해서 존속하도록 다스리고, 그리고 우리 자신이 누리기 위해
다스린다면, 물론 이 모든 것이 하나님의 영광을 위한 것이지만,
하나님은 이 세상을 인류가 번성할 장소가 될 수 있게 창조하셨
다. 현대 그리스도인들은 하나님의 목적을 대적하는 인간의 범죄
와 반역에 대한 이야기를 잘 알고 있지만, 우리는 우주적으로 속
박된 세상에 대한 바울의 견해에 관해서는 잘 알지 못하거나 전혀
모를 수도 있다. 하나님의 선한 세계를 빼앗은 이 우주적인 실체
들은 인간의 죄악을 이용해서 인간을 지배하고 모든 피조물을 자
신들의 손아귀에 쥐고 있다. 이런 상황은 우리가 이미 알고 있던

---

2. J. Christiaan Beker, *Paul the Apostle: The Triumph of God in Life and
    Thought* (Philadelphia: Fortress Press, 1980), 190 [= 『사도 바울』, 한국신학
    연구소, 1991].

것보다 훨씬 더 절망적이다.

우주적인 속박: 관습, 습성, 그리고 자세

그렇다면 이 우주적 시나리오는 바울이 생각하는 교회 공동체의 삶, 그리고 궁극적으로 목회 사역과 어떤 관련이 있을까? 바울에게 있어서, 묵시적 동맹 세력에 우주가 속박되어 있다는 것은 사람들이 상대방을 대하는 관습, 공동체의 행동 습성과 자세를 통해 인간이 경험하는 것에서 드러난다. 그리고 이 모든 것들의 특징은 서로를 학대하고, 착취하고, 억압하고, 오로지 관능적인 욕망을 추구하며, 탐욕, 이기적인 욕망, 그리고 권력 추구를 부추기는 온갖 것에 대한 불만이다.

고린도전서의 많은 부분에서 바울은 교회 안의 가난한 사람들을 향한 부자들의 오만한 자세와 공동체를 분열시키는 역동성에 대해 교회에 경고한다. 바울은 이런 분열, 파벌, 그리고 적대감은 그들이 우주적인 적대 세력들이 우주 안에 뿌려놓은 부패한 것을 따라 살아가기 때문에 생기는 것이라고 판단한다. 바울은 그 교회들의 상상력이 승리주의, 정보, 지배와 권력 추구를 본받았기 때문에, 공동체의 역동성 안에 '이 시대의 지혜'를 끌어들이고 있다고 주장한다. 다른 사람에 대한 이러한 자세와 그것들이 필연적으로 만들어내는 해로운 공동체의 역동성은 이 세상이 "이 시대의 통치

자들"(고전 2:6)에게 예속되어 있음을 나타낸다는 것이다. 바울은
계속해서 "이 세상의 통치자들 가운데는", 하나님의 지혜를 "아는
사람이 하나도 없습니다. 그들이 알았더라면, 영광의 주님을 십자
가에 못 박지 않았을 것"이라고 말한다(8절). 하나님이 일하시는 방
식은 우주적인 적대 세력을 움직이는 논리에 반직관적이다. 적대
적인 우주적 세력의 논리는 모두 권력, 명성, 쾌락 충족, 다른 사람
에 대한 지배, 통제해야 할 정도의 흥분, 약자에 대한 착취, 그리고
모든 대가를 감수하는 자기 발전 같은 것이다.

우주적인 속박은 관습과 공동체의 습성이 파괴적인 경쟁을 지
향하는 모든 인간의 영역에서 드러난다. 그런 곳에는 (1) 소수의
공동체 지도자들이 경쟁하면서 궁극적으로 그리스도가 아니라 자
기들에게 충성하는 사람들을 불러 모으는 분열적인 공동체 역동
성이 있고, (2) 인종, 민족, 그리고 사회 경제적인 경계에 따른 구
분이 있으며, (3) 분노, 비난, 정죄의 급격한 증가가 있고, (4) 일부
공동체 구성원들이 자기들이 2등 시민이라고 느끼거나, 어떤 식으
로든 환영받지 못한다고 느끼게 된다. 우리를 풍요롭게 하는 하나
님의 질서가 어떤 식으로든 파괴되는 것이 목격된다면, 때와 장소
를 막론하고 하나님의 우주적 적대 세력들이 활동하고 있음을 감
지할 수 있다.

이러한 관습들, 공동체 생활의 습성, 그리고 다른 사람을 향한
자세들은 모두 우주적인 적대 세력들이 하나님의 선한 세계를 자
기들의 손아귀에 쥐고 있다는 것을 분명하게 보여주기 위해 세상

안에 뿌려놓은 것이다. 이러한 행동들은 모두 이 악한 시대의 통치자들로부터 흘러나오는 것이고, 인간이 이러한 방식으로 산다면, 피조물을 장악하는 그들의 지배력을 우리가 더 강화시켜주는 것이다. 그리고 이것은 엄청난 아이러니다. 회심하기 전에 바울은 자기가 하나님을 위해서 이 악한 시대의 통치자들과 싸우고 있다고 생각했었다. 그러나 열정적인 목회 방법을 사용하면서, 실제로는 바울이 인류가 하나님의 은혜로운 통치를 누리지 못하게 하려는 묵시적 동맹 세력의 목적 달성에 도움을 주고 있었던 것이다. 바울은 죄인들을 억압했고, 권력을 추구했으며, 명성을 갈망했고, 자격을 축적했으며, 동료 목회자들과 경쟁했다. 이 모든 것들은 잘못된 것일 뿐만 아니라, 바울이 이 악한 시대와 하나님을 대적하는 세력들의 노예였다는 증거였다. 바울은 그의 모든 노력이 "이 세상의 신"(고후 4:4)인 사탄의 통치를 부추기는 적극적인 활동이었음을 깨닫게 됐다. 이러한 시나리오는 바울의 목회의 변화를 촉진시켰을 뿐만 아니라, 바울의 신학적 사고와 교회의 문제에 대한 분석에 막대한 영향을 미쳤다.

현대 목회는 우주적인 예속화를 촉발하고 강화하는 태도, 그리고 그런 자세와 행동을 선택하라는 유혹으로 가득 차 있다. 어떤 목회자는 교회의 규모가 작고, 성장이 더디거나 기대에 부응하지 못하는 것 때문에, 교회에 불만을 가질 수 있다. 아마도 그 목회자는 다른 도시에서 목회가 잘 되고 있어서 아주 복된 시기를 맞이한 동료에 대해 들었을 수도 있고, 왜 자기는 그런 역동성을 경험하지 못하는지 의아하게 생각할 수도 있다. 그 목회자는 교회를 위해 최선을 다하고 싶고, 자기가 보기에 교회를 뒤처지게 하는 사람들을 평가해보겠다는 태도로, 교회의 약점과 실패와 관련해서 교인들을 검증해보자는 유혹을 받을 수도 있다. 목회자는 동료 목회자의 교회에서 보았던 흥분과 에너지를 자기도 경험해보고 싶어서, 평신도 지도자들에게 동기부여를 해서 그들의 능력을 높이고, 두 배의 노력을 쏟아붓도록 하는 전략을 모색해볼 수도 있다. 나는 바로 이런 역동성이 여러 교회에서 일어나는 것을 목격했는데, 결국 목회자들이 이 악한 시대의 역동성, 즉 낙담, 분열, 파괴를 일으키는 조작과 강요를 지향하는 동기부여 전략을 선택하는 쪽으로 몰려갔다.

　내가 아는 어느 목회자는 작은 마을에서 목회하고 있는데, 대도시의 큰 교회에서 열리는 교회 성장 컨퍼런스에 참석하러 다니면서 성장 전략에 빠져있었다. 그 목회자는 자신이 흥미를 느낀 계획을 실행하기 위해 평신도 지도자들이 공부할 바인더와 노트를 한 아름 가지고 돌아왔다. 그러나 그 후 몇 년 동안 '교회를 한 단계 끌어올리고 싶다'는 그의 지칠 줄 모르는 열망 때문에 자원봉사자 팀에게 압력을 가했고, 결국 자원봉사자들은 지칠 대로 지치고, 그 목회자는 좌절하고 말았다. 그 목회자의 입장에서 보자면 자신은 복음으로 사람들에게 다가가고, 사람들이 교회 생활에 흥미를 갖게 하고 싶은 열망 때문에 그렇게 했던 것이다. 그러나 그의 강압적인 태도가 그의 노력을 좌절시켰다. 그 목회자는 자신이 상상했던 좋은 결과를 만들어내기보다는, 교회의 분위기를 즐거운 휴식과 회복이 있는 교회에서 압박감과 기대치가 높은 교회로 바꿔버리고 말았다. 그 교회 지도자들은 자신들이 항상 평가받고 판단받고 있다고 느꼈다. 그 목회자는 더 이상 자신의 교인들을 돌보고, 양육하고, 함께 즐거움을 나눌 수 있는 하나님의 선물로 보지 않았다. 교인들을 비판적으로 보았고, 그들이 사람들과 '기부금'을 더 많이 끌어올 수 있는지 따져보기 시작했다. 그는 결국 다른 대륙에 있는 다른 교회에 부임하기 위해 마을을 떠나게 됐고, 다음에 무슨 일이 벌어질지 모르는 공동체를 뒤로하고 가버렸다.

나는 상당히 많은 교회에서 선의의 역동성이 조작되어 젊은 가정들이 파괴적인 종결을 맞이하는 경우를 본 적이 있다. 예를 들어, 어느 열정적인 젊은 부부가 책, 비디오와 워크북으로 잘 포장된 양육 전략을 발견했는데, 거기에서는 하나님을 영화롭게 하는 가정생활을 만드는 길을 알려준다고 약속한다. 그들은 커리큘럼을 수행하는 데 중점을 둔 수업을 구성하고, 결혼생활의 우선순위를 정하는 방법과 자녀와의 관계와 훈육 방법에 대해 논의한다. 그런데 건강하고 하나님께 영광을 돌리는 가정을 만들려는 그런 노력이 어떻게 나쁜 일이 됐던 것일까? 그러나 시간이 지남에 따라, 수업 참가자들이 이미 입증된 전략에 따라 그들의 자녀와 관련이 없는 가족들을 교묘하게 판단하기 시작하자, 거의 감지할 수 없는 부패의 역동성이 그 모습을 드러내기 시작한다. 참여하는 가족들은 누가 진정으로 '하나님을 영화롭게 하는' 방식으로 가정생활을 일구고 있는지 평가하기 시작한다. 그리고 행동상의 문제를 보이는 자녀를 둔 부모들은 그들이 바라던 대로 일이 풀리지 않는 것에 대해 수치심과 죄책감을 느낀다. 얼마 지나지 않아 우리가 고린도 교회에서 봤던 것과 상당히 비슷하게, 교회에는 스트레스가 커지고 파벌이 생기기 시작한다. 나는 이런 상황의 여파에 대처해야 했던 목회자를 여럿 알고 있다.

이런 각각의 사례와 내가 언급할 수 있는 더 많은 사례를 보면, 분명히 좋은 의도가 이 악한 시대의 통치자들의 조작으로 인해 공동체의 분열과 절망이라는 파괴적인 결과를 낳게 된다. 이것은 목회자와 교인들의 상상력이 자연스러울 정도로 '이 세상의 지혜'에 익숙해졌기 때문이다. 만일 우리가 우리의 마음가짐과 교회 생활에 대한 생각을 분별하고 비판적으로 자기성찰을 하지 않는다면, 우리의 마음 가운데는 불만이 커질 수밖에 없다. 우리가 이 악한 시대의 역동성을 실제로 활용하지 않는다면, 우리는 다양한 전략을 통해 교회의 성격이 개선되는 것을 보게 될 것이다. 우리가 가진 목적은 좋을 수도 있지만, 사용하는 방법이 주로 강압적이고, 다른 사람을 판단하며, 조작하는 것이라면, 본래 의도된 바 선한 목적은 파괴적인 힘 때문에 왜곡되고 말 것이다. 바울이 로마서 7장에서 말하는 "나"는 하나님의 법을 기뻐한다. 그러나 그 "나"는 항상 좋은 동기를 사로잡아 하나님의 백성을 대적하게 해서 **죽음**의 열매를 맺게 하려고 숨어 있는, **죄**의 특성을 충분히 고려하지 않았다.

그리스도의 죽음과 새 창조의 공간

바울은 이 악한 시대의 속박하는 힘은 어떤 인간의 노력으로도, 심지어 동료 유대인들이 성실하게 토라에 복종하는 나라를 만들려고 하는 열정적이고 신실한 바리새인의 노력으로도 깨지지 않는다는 것을 깨닫게 됐다. 온 우주의 곤경은 인류가 해결할 수 있는 어떤 것보다 훨씬 더 암담하고 총체적인 것이었다. 하나님이 피조물 위에 군림하고 있는 묵시적 동맹 세력을 깨뜨리신 것은 인류를 해방해서 이 땅에서 하나님의 영광을 위해 하나님의 생명을 경험하게 하기 위해서였다. 하나님은 우주적으로 노예가 된 상황에 온전히 개입하신 그리스도를 통해서 인간의 모습으로 오셨다(롬 8:3; 갈 4:4-5). 그리고 그리스도의 죽음은 하나님의 선한 세상을 장악했던 세력들에게 우주적인 차원에서 강력한 치명타를 입혔다. 그리스도의 죽음은 그 세력들의 속박하는 장악력을 깨뜨렸고, 그들의 통치가 마지막 심판 날에 끝난다는 것을 그들에게 알려주었다(고전 2:6). 십자가가 하나님을 대적하는 이런 세력들에게 결정적인 타격을 입혔지만, 최종 승리는 하나님께서 그리스도의 날에 그들을 영원히 멸망시키실 때 거두게 될 것이다(고전 15:24-26).

바울은 이렇게 우주적인 싸움이 벌어지는 상황을 배경으로 교회에 관한 생각을 전개한다. 세상에 있는 교회는 묵시적 동맹 세력인, 사탄, 통치자들과 권세들, 그리고 **죄, 죽음, 육체**에 대한 하나님의 승리의 표시이다. 하나님은 **이미** 우주적인 대적들에게 치명상을 입히셨고, 피조물에 대한 이 악한 시대의 장악력을 깨뜨리셨지만, **아직** 최종적으로 승리하신 것은 **아니다**. 따라서 이 세상은 여전히 적의 영토이며, 이 시대의 신과 악한 세력의 손아귀에 잡혀 있다. 그러나 하나님은 적의 영토에 침입하셨고, 예수님을 따르는 자들의 공동체, 즉 세계 전역에 교회를 세우고 성장시키기 시작하셨다. 하나님의 성령은 이들에게 생명을 주고, 활기를 불어넣으며, 이 공동체들을 채우고 공동체 전체에 영향을 미친다. 하나님은 부활 생명으로 그 공간을 채우며 성령으로 그들 안에 거하신다. 그래서 이 공동체들은 부활 생명과 능력의 장소이자, 통치자들의 지배적인 영향력에서 해방되는 공간이며, 갱신, 구속, 회복, 그리고 생명을 주는 공간이다.

바울이 말하는 복음의 비밀에 의하면, 하나님은 단번에 우주를 해방시키지 않고, 시간을 두고 해방시키기로 선택하셨다. 하나님은 모든 피조물을 성령을 통해 하나님의 임재로 완전히 넘치게 하시고, 모든 것을 부활 생명으로 채우실 것이다. 하나님은 악한 우주적 세력의 파괴적인 영향력을 모두 없애심으로써 우주를 완전히 새롭게 하실 것이다. 우리는 큰 희망과 기대를 갖고 이 날을 기다린다. 그러나 그날이 오기 전에 하나님께서는 교회를 하나님 자신의 생명을 주는 능력인 부활 생명으로 채우고 계신다. 새로운 피조물이 온전한 모습을 드러낼 때 갖게 되는 특징인 생명을 살리고, 마음을 만족시키며, 관계를 회복시키고, 상처와 아픔을 치유하는 것이 지금 교회가 성령을 통해 드러내는 존재의 방식이다. 교회는 하나님 나라의 전초기지이며, 죽음 한가운데 있는 부활 생명의 장소이며, 이 악한 시대 안에 세워진 새 창조의 영역이다.

바울은 이 현실이 그리스도의 죽음을 통해 이루어졌음을 깨달았다. 그리고 이것이 내가 교회의 우주적 상황에 관심을 집중시키면서 도달하고자 했던 지점이다. 바울은 교회가 오직 십자가를 본받는 삶을 선택할 때 하나님의 부활의 임재를 누릴 수 있다는 것을 발견했다.

십자가는 새 창조 공간의 작동 방식이다

십자가는 하나님께서 이 악한 시대의 속박하는 지배력을 분쇄하고, 교회를 창조하신 수단이기 때문에, 십자가로 인해 새롭게 창조된 공동체의 행동 습성과 관계를 맺는 관행이 결정된다. 하나님의 승리는 그리스도께서 로마의 십자가에서 수치스러운 죽음을 당하기까지 자신을 쏟아부으시고 신실하게 복종하셨을 때 이루어졌다. 그리스도의 십자가를 지신 삶은 이제 그리스도의 이름으로 모이고, 예수님의 영으로 충만한 공동체들 전체에 영향을 미친다(빌 1:29). 하나님은 이 공동체들을 예수 그리스도의 형상으로 만들고 있다. 즉, 공동체들을 예수 그리스도의 모습으로 기르고 양육하는데, 그 모습은 공동체가 그리스도의 십자가의 삶을 취할 때 볼 수 있는 모습이다(고후 3:18).

이것은 단순히 신약성경신학에 들어 있는 흥미로운 부분이 아니다. 이것은 교회 안에서의 행동과 목회 관행, 자세, 그리고 관계를 맺는 방법들의 우주적인 중요성을 이해하는 데 매우 중요하다.

우리는 이것을 고린도전서 1:18-2:16에서 볼 수 있다. 바울은 교회를 움직이는 십자가의 논리가 우주적인 적대 세력들이 지배하고 통제하는 이 악한 시대의 속박하는 논리와 어떻게 직접적으로 대립하는지를 논한다(1:20). 바울은 이 단락 전체의 여러 곳에서 "세상의 지혜"를 언급한다. 바울은 "지혜"라는 용어를 공동체 생활을 움직이는 역동성이라는 의미로 사용한다. 이것은 공동체 생활의 총체적인 방식, 즉 일련의 전제들과 여러 가지 사고방식, 행동, 그리고 관계를 맺는 자세들을 가리킨다. 그러므로 한쪽에는 "세상의 지혜" 혹은 이 악한 시대가 있고, 다른 한쪽에는 "십자가의 지혜"가 있는 것이다. 나는 **논리**라는 용어를 사용해서 사고방식과 관계를 맺는 방식이 이렇게 서로 경쟁하는 지혜들 속에 어떻게 포함되는지를 파악하려고 한다. 세상의 논리는 권력 추구, 명성, 부의 축적, 그리고 다른 사람보다 높아지려는 욕망을 목적으로 한다. 그리고 일을 처리하는 '세상적인' 방법이란 인상적인 전시물을 보여주고, 힘 있고 대단한 인물들과 연줄을 맺게 된다는 약속을 근거로 사람들이 조직적인 운동에 참여하도록 동기를 부여하는 것이다.

그러나 하나님은 교회를 이런 논리 위에 세우지 않으셨다. 이것은 하나님이 일하는 방식이 아닐 뿐만 아니라 정반대다. 하나님은 십자가를 지신 예수님을 통해서 가장 분명하게 계시되고(빌 2:9-11), 하나님은 그리스도의 죽음을 통해서 하나님을 대적하는 강력한 우주적 통치자들을 이기시고 승리하신다(엡 1:20-21; 2:13-16). 세상의 논리에 따르면, 이것은 전혀 말이 안 된다. 하나님의 방식은 세상의 방식에 비해 완전히 반직관적이다. 세상은 이기는 것을 승리라고 생각하지만, 하나님은 지는 것을 승리라고 생각하신다. 하나님은 죽음으로써 악의 세력을 정복하신다. 세상의 논리로 보자면, 그것은 완전히 퇴보적이고 효과적이지 않다. **어리석은** 것이다 (고전 1:23). 그러나 십자가는 하나님이 일하시는 가장 놀라운 전략을 설명해준다. 십자가는 바로 하나님의 성품이자, 하나님이 승리를 거두시는 방법이며, 하나님의 백성이 교회를 통해 하나님의 임재를 구현하는 삶의 방식을 결정한다.

　교회는 항상 우리가 하나님의 목적이라고 생각하는 것을 세상적인 방법으로 성취하려는 유혹을 받는다. 이것이 하나님의 백성에게는 영원한 걸림돌이다. 우리가 힘 있고 영향력 있는 사람과 관계를 맺고, 엄청난 자금을 모으거나, 잘 나가는 유명한 그리스도인들 뒤에 줄을 서는 것으로 경건한 목적을 성취할 수 있다고 생각할 때마다, 우리의 상상력이 이 악한 시대의 세속적인 모습을 완전히 빼다 박았다는 것이 폭로된다. 교회는 오랜 세월 동안 계속해서 하나님의 목적을 어떻게든 이루고 싶은 마음에 정치권력과 손을 잡으려는 유혹의 먹잇감이 되어 왔다. 이것들은 모두 직접적으로 이 악한 시대에서 나온 것이며, 오로지 악한 시대의 열매만 맺을 수 있다. 그 전략들은 권력 추구, 이기적인 야망, 탐욕에 뿌리를 두고 있다. 모두 바울이 경고하던 것들이다.

십자가를 본받는 목회와 권력

교회를 이 악한 시대의 우주적인 적대 세력의 영역 안에, 하나님의 성령이 세우시고 양육하신 실체로 보는 바울의 우주적 개념은 바울의 목회 방법의 변화와 많은 관련이 있다. 회심하기 전에 바울의 궁극적인 목표는 이 땅에 하나님의 구원과 결부된 부활 현실을 구현하는 것이었다. 바울은 이스라엘이 로마의 압제에서 해방되기를 바랐고, 부활 생명이 주는 새 창조의 현실이 이 땅에 쏟아부어지기를 소망하고 기도했다. 이 비전 때문에 바울은 열정적으로 이스라엘의 정결을 원했다. 그러나 바울은 자신의 강압적이고, 폭력적인 목회 방법과 죄인들을 배척하고 강력하게 비난하는 것이 북시적 농맹 세력의 속박하는 힘을 더욱 심화시킨다는 것을 깨닫게 됐다. 이스라엘의 하나님을 열심히 섬기기는커녕, 피조물에 대한 이 악한 시대의 억압적인 지배력을 부추기고 있었다. 바울이 권력과 개인의 명성을 추구하고, 이미지를 만들고 사회적인 지위를 높이려 하며, 다른 사람들과 경쟁하는 태도를 가졌던 것이 이 악한 시대의 파괴적인 역동성을 부추길 뿐만 아니라 확산시키고 있었다.

결국 바울은 십자가를 지신 주님의 신실한 목회자들은 새 창조의 수단으로 새 창조의 목회를 추구한다는 것을 깨달았다. 바울은 전에 이 악한 시대의 수단으로 새 창조의 목적을 이루려고 했었다. 이것은 자기 파괴적이고, 자멸적인 것이다. 바울의 생각에 혁명적인 변화가 일어났다는 것은 로마의 그리스도인들에게 던진 바울의 질문에 잘 나타나 있다. "은혜를 더하게 하려고, 여전히 죄 가운데 머물러 있어야 하겠습니까?"(롬 6:1). 대답은 분명하다. 한편 바울은 이전에 자신이 바로 이 전략의 먹잇감이었다는 것을 깨달았다. 새 창조의 수단만이 새 창조의 열매를 맺을 수 있다. 오직 십자가를 본받는 행동, 다른 사람에 대한 자세, 말하는 태도, 그리고 관계의 역동성만이 공동체의 삶 속에 부활의 열매를 맺을 수 있다. 하나님께서는 예수님의 십자가와 그로 인해 형성된 삶의 방식에 부활의 생명을 쏟아부으신다. 다른 방법은 없다.

바울에게 있어서, 십자가를 본받는 목회 사역은 하나님의 백성 가운데서 새 창조의 삶을 육성하는 유일한 방법이다. 십자가의 연약함과 '어리석음'을 구현하는 목회 방법, 자세, 태도, 실천은 하나님의 백성 가운데서 부활의 능력을 부추기고 확산시킨다. 이 역동성은 관계가 회복되고 삶이 변화되는 갱신으로 이어진다. 분별력 있는 목회자들은 이 세상의 논리를 활용하고 구현하는 목회 방법에 지속적으로 저항한다. 왜냐하면 이것들은 이 악한 시대의 속박하고 억압하는 역동성을 부추기고 확산시키기 때문이다. 이러한 현실이 우주적인 역동성과 관련이 있기 때문에, 수많은 목회자들이 열정적으로 노력하지만 그들이 생각하는 새 창조의 열매를 맺지는 못하는 것이다. 그렇기 때문에 스스로를 하나님에 대한 헌신 때문에 목회한다고 생각하는 목회자들이 사람들에게 편안함과 휴식을 주기보다, 사람들을 압박하고, 교회에서 멀어지게 하거나 저항을 받게 되는 일이 자주 생긴다. 그런 목회자들은 성도들에게 어떤 문제가 있다고 말할지 모르지만, 자신들의 목회적인 노력이 이 악한 시대의 역동성을 부추기고 확산시키는 것은 아닌지 돌아볼 필요가 있다. 바울이 로마서 7장에서 썼듯이, 그들은 마음과 의도로는 하나님의 법을 기뻐할 수 있지만, 결국 그리스도의 몸에서 역사하는 이질적인 역동성을 보게 될 수도 있다. 어떻게 선한 의도가 죽음의 역동성을 만들어냈을까? 어쩌면 의도한 것은 아니지만, 그런 목회적인 노력이 조작된 것이고 교묘하게 강압적인 것이기 때문에, 공동체가 분열하고 절망하는 역동성을 낳았을지도 모른다.

갈등 해결을 위해 십자가를 본받는 사역들

이런 우주적인 관점은 목회 사역에서 큰 열매를 맺을 잠재력을 갖고 있다. 그것은 다른 사람을 대하는 우리의 자세와 태도, 그리고 우리의 행동이 파괴의 역동성이나 부활의 능력 중 하나와 관계를 맺고, 그중 하나를 자극하고 확산시킬 수 있는 잠재력이 있음을 인식하는 접근 방법이다. 이런 관점은 내가 갈등에 대해 생각하는 방법을 바꾸어놓았다. 전에 어떤 상황을 마주해야 했을 때, 나는 두려움에 이끌려 힘과 통제력을 지향하는 접근 방법을 택한 적이 있었다. 나는 상대방이 잘못한 것으로 보았고, 내 정당성을 옹호할 생각이었다. 나는 내 주장을 내세우고, 상대방을 궁지로 몰아세워서, 그 사람이 어디에서 잘못했고, 어떻게 회개하고 의로운 길로 돌아와야 하는지 입증할 준비를 했다.

나는 나와 첨예하게 의견이 대립하던 목회 동역자에게 그런 접근 방법을 썼다. 우리는 함께 만날 시간을 정했고, 그 만남에 앞서 내가 주장할 내용을 모두 준비했다. 나는 그가 내 주장을 물리치기 위해 어떤 행동을 취할지 미리 예상했고, 그것을 맞받아칠 반론으로 무장했다. 나는 그가 문제를 일으키는 습관이 있다는 것을 입증하기 위해, 그가 전에도 다른 상황에서 비슷한 행동을 했었고, 실패한 적이 있었다는 것을 기억나게 해주려고 준비했다. 만나기도 전에 이미 나는 화가 나서 거의 폭발할 지경이었다.

우리가 만났을 때 나는 싸울 준비가 되어 있었다. 나는 그를 해결해야 할 문제로 보았다. 대화를 시작했지만, 심지어 그의 말은 귀담아듣지도 않았고, 나의 모든 정교한 주장을 펼칠 기회만 찾고 있었다. 나는 내 명분이 옳다고 확신했고, 내 주장을 펴기 시작했다. 궁지에 몰리고 비판받는 사람은 누구나 그렇듯이, 그는 화를 내며 나에게 비난을 퍼붓기 시작했다. 그러나 나는 과거에 있었던 일 중에서 몇 가지 상처가 될 만한 일을 끄집어내서 맞받아쳤다.

이런 말을 하게 돼서 다행인데, 잠시 후 우리는 둘 다 정신을 차렸고, 우리가 막다른 골목까지 왔다는 것을 깨달았다. 아무것도 해결된 것은 없지만, 우리는 곧 다시 만나서 일을 정리하기로 했다. 나중에 우리가 나눈 대화와 내가 그에게 접근한 방법을 돌아보면서, 나는 내가 파탄을 불러오는 전략을 사용했다는 것을 깨달았다. 나는 그를 최악이라고 생각했다. 그는 나에게 좋을 일을 하는 것에는 관심이 없고, 오로지 나를 해치려고만 한다고 생각했었다. 나는 두려워 하는 자세로 그에게 접근했고, 그것은 내 안에서 토론할 때 우위를 점하고, 내가 힘이 있다는 것을 보여주며, 내 방식대로 문제를 보게 하려는 욕망을 불러일으켰다. 내가 생각하는 상황대로 일을 바로잡으려고 했다. 그래서 나는 그를 궁지로 몰아붙였고, 그가 나에게 못된 반응을 보이도록 자극했으며, 그는 그렇게 했다. 나는 공동체의 삶을 파괴하기 위해 일하는 우주적 존재들이 공급하는 자세와 언어로 그 상황에 접근했다. 나는 이 악한 시대의 세력들의 영향력을 부추기고 확산시키고 있었다.

그 이후로 나는 소통할 때는 아주 다르게 접근했다. 하나님은 사람들이 십자가를 본받는 자세를 취할 때만 부활 생명을 넘치게 주신다는 것을 알고, 나는 어떻게 하면 십자가를 통해 다른 전략을 찾을 수 있을지 생각했다. 나는 우리 관계에서 유리한 수단을 얻으려고 하는 대신에, 내 모든 유리한 수단을 내려놓고 대화를 시작하기로 결심했다. 나는 그에 대한 생각을 바꿔, 더 이상 그를 적으로 보지 않고, 나에게 선한 일을 하고 싶어하는 친구로 보았다. 나는 나 자신을 그의 처분에 맡기기로 하고, 내 죄를 고백하는 것으로 대화를 시작했다. 나는 그를 아주 나쁜 사람이라고 생각하는 잘못을 저질렀고, 지난번에는 화해하기보다는 이기고 싶은 욕망을 가지고 그를 만났다고 말했다. 나는 그가 이번 일을 어떻게 보고 있는지, 그리고 우리 사이의 갈등에 대해 어떻게 생각하고 있는지, 내가 이해할 수 있게 도와달라고 부탁했다. 그가 말하는 동안 나는 열심히 귀를 기울였다. 나는 그에게 존중하는 마음을 표하고, 진실한 마음으로 경청하는 선물을 주고 싶었다.

마침내 우리는 서로의 말을 들었고, 우리의 불화가 생각보다 쉽게 해결됐음을 느꼈다. 그리고 나는 그 시점부터 우리의 관계가 정말로 깊어지고, 엄청나게 풍요로워졌다는 것을 발견했다.

돌이켜보면, 나는 내 상상력을 왜곡시켰던 역동성 때문에, 내가 파괴하려고 짜낸 전략으로 갈등을 해결하는 쪽으로 끌리고 있었다는 것을 깨달았다. 나의 상상력은 자연스럽게 이 악한 시대의 논리를 따라 형성된 것이다. 나는 내 생각과 느낌을 의심의 눈초리로 바라보면서, 그것들이 진실을 말하고 있는지, 십자가를 바탕으로 형성된 것인지를 살펴보았어야 했다. 결국 우리는 우리의 존엄과 명예를 지키고, 자신을 보호하는 것에 그치지 않고, 관계에서 유리한 지점을 차지하려는 경향이 있다. 그러나 십자가는 우리에게 이런 욕망에 대해 죽으라고 하고, 모든 유리한 것들을 포기하라고 요구한다. 십자가를 본받는 자세는 우리를 다른 사람의 처분에 맡기라고 요구하는데, 이건 아주 위험하다고 생각한다. 결국,

우리가 다른 사람에게 마음을 열더라도, 그 사람들이 실제로 우리를 해칠 수도 있다! 그들은 우리를 십자가에 못 박은 채 아주 흡족해할 수도 있고, 심지어 구경꾼들이 예수님께 했듯이 우리를 조롱할 수도 있다. 그러나 우리는 십자가를 포기하는 것이 하나님께서 부활의 능력으로 이 상황에서 일하실 모든 가능성을 제거한다는 사실을 굳게 붙들어야 한다. 십자가를 포기하면, 우리는 혼자가 될 뿐만 아니라, 우리를 확실하게 이 악한 시대의 지배하에 둘 것이며, 묵시적 동맹 세력의 파괴적인 역동성에 우리를 맡기게 될 것이다. 그곳에서 나올 것은 파괴밖엔 없다.

나는 어떤 상황에서든 부활의 능력이 발휘될 때, 관련된 모든 사람의 마음을 해방하고 가볍게 한다는 것을 깨달았다. 그것은 압박감과 제한되고 통제받고 있다는 느낌이 아니라, 자유롭게 움직일 공간을 만들어낸다. 우리가 십자가를 본받을 때, 하나님의 영은 우리의 눈을 열어서 우리가 함께 그 상황에서 택할 수 있는 무한한 구원의 길을 창조적으로 상상하게 해준다. 십자가를 본받는 것은 자기 입장을 내세우거나 다른 사람이 틀렸다는 것을 입증하려고 하지 않는다. 오히려, 제안하는 자세로 전략적인 질문을 던진다. 예를 들면, 이런 식이다. "나는 이렇게 해서 그런 일이 일어난 것으로 알고 있는데, 당신은 어떻게 생각하는지 제가 이해할 수 있게 도와주시겠습니까?" 이렇게 하면 힘을 사용해서, 어떤 사람을 궁지에 몰려고 하기보다는, 다른 사람들이 문제를 해결하기 위해 자유롭게 함께 일할 수 있는 안전한 상황을 만들 수 있다.

십자가를 본받는 교회의 소망과 기대

목회자가 십자가를 본받으면 교회를 향해서도 수용적인 자세를 갖게 된다. 요즘은 교회 지도자라고 하면 목회자가 교회를 등지고 앞을 내다보면서 길을 인도하는 모습을 생각하는 경향이 있다. 아니면, 목회자가 자신을 교회의 위나 예외적인 위치에 두면서, 자신의 개성과 목회 비전을 공동체의 삶에 강요하는 경우도 있다. 그러나 바울은 아주 다른 비전을 제시한다. 바울은 성경이 이스라엘의 왕에게 "스스로 자신을 다른 공동체 구성원들 위에 높이지"(신 17:20, 저자의 번역) 말라고 명령한 것을 알고 있었다. 바울이 로마 교회를 방문하려고 생각했을 때, 바울은 수사적으로 자신을 그들과 동등한 자리에 두면서, 그들에게 영적인 선물을 나누어주고, 자신도 그들에게 축복을 받기를 원했다(롬 1:11-12). 목회자는 교회를 목양하는 일에서 중요한 역할을 맡지만, 그들도 하나님의 사랑을 받는 사람들이고, 하나님께서 교회를 통해 사랑과 축복, 그리고 새 힘을 받기를 원하는 사람이다.

이런 깨달음을 얻게 된 것은 내가 교회에서 갈등을 겪던 때였다. 그때 여러 지도자들이 서로에게 마음을 닫아걸고 있는 것을 목격했다. 우리는 모두 기진맥진해서 지쳐있었고, 서로를 해결해야 할 문제로 보기 시작했다. 여러 파벌들이 자신들의 계획을 교회의 비전과 방향으로 정하려고 하고 있었다. 어느 날 오랜 시간 걸으면서 이런 역동성에 대해 깊이 생각해보았는데, 우리가 해야 할 일은 우리 모두가 서로를 하나님의 위대한 선물이라고 생각하는 것임을 깨닫고 충격을 받았다. 서로에 대해 우월함을 주장하려 하기보다, 서로를 영원하고 풍성한 선물로 보아야 했다. 그리고 이런 자세는 나부터 시작해야 했다. 나는 하나님께서 우리를 너무도 사랑하셔서, 밥과 레베카와 린다와 존과 말레나와 제프리를 내 인생에 주셨다는 것을 깨달았다. 이들은 경쟁자가 아니라 나에게 주신 무한한 선물이며, 새로운 힘과 축복을 주는 풍성한 원천이 되는 친구들이었다. 이런 자세는 우리 모임을 대하는 나의 자세와 우리 공동체를 바라보는 나의 시각을 완전히 바꾸어 놓았다.

우리는 모두 교회의 문제에 주목하곤 한다. 사람들은 낙담하고, 프로그램은 재미가 없으며, 지도자들에게는 열정이 부족하다는 식이다. 그러나 우리가 어떤 일이든 이런 관점에서 보는 것은 우리가 권력의 자세를 취하는 것이다. 우리는 다른 사람들의 모든 단점을 지적하는 판사들이 된다.

그러나 우리가 연약하고 겸손한 자세를 취한다면 더 이상 교회를 문제가 있는 것으로 보지 않게 된다. 오히려 결점에 집중하기보다는 교회를 하나님이 우리에게 주신 가장 큰 선물이라고 생각하면서 받아들이는 자세를 취할 것이다. 이것이 지금 내가 교회를 대하는 태도다. 교회는 하나님이 내게 주신 선물이다. 그리고 나는 이 평범한 사람들과 별 볼 일 없을 것 같은 사람들의 모임이야말로 하나님의 위대한 선물이라는 것을 발견하는 평생의 사명을 시작했다. 내 책임은 교회를 바로잡거나 어떤 사람을 처리하는 것이 아니다. 그저 나는 하나님이 주신 선물의 포장을 풀 뿐이고, 그런 나는 다른 사람들을 내게 주신 하나님의 선하심으로 평생에 걸쳐 받아들일 기회를 얻게 된 것이다.

나는 이제 축복받기를 기대하며 교회에 간다. 나는 누군가가 지난주를 어떻게 보냈는지 내게 이야기해 주는 한두 번의 대화를 즐기는 것을 중요하게 생각한다. 아니면 반대로 내가 나의 근황을 그분들과 나눌 기회를 얻게 되는 것도 역시 소중하다. 공동체 안에 나와 함께 있는 다른 사람들이 이제는 잠재적으로 내 삶을 풍요롭게 해줄 친구들이자, 하나님의 자비의 전달자들이다. 십자가를 본받음으로써 나는 다른 사람들이 내게 주는 풍요로움을 받을 수 있는 사람이 된다. 내가 계속해서 연약함과 겸손함, 그리고 수용적인 자세를 유지하는 한 나는 그런 사람이 되는 것이다. 나는 이제 하나님의 선하심에 대한 희망 가득한 기대를 안고 우리 교회를 바라본다.

하나님의 백성의 삶에 참여하기 위해서 이러한 십자가를 본받는 자세를 취하는 것은 단순히 목회에 대한 좋은 생각이나 현명한 조언에 불과한 것이 아니다. 그런 자세가 성령으로 그리스도 안에서 생명을 주시는 하나님의 능력이 나타나고 더욱 퍼지게 한다. 이런 자세 말고 다른 방식으로 관계를 맺는 것은 파괴적이다. 왜냐하면 그런 것은 예수 그리스도의 교회를 분열시키고 파괴하는 것이 목적인 파괴적인 우주적 세력의 영향력을 부추기고 확산시키기 때문이다. 그렇기 때문에 우리는 권력과 통제 위주의 접근

방법이 아니라, 교회에서 즐거움과 의미 있는 기쁨을 주는 행동을
만들어내는 것이 필수적이다.

제5장
십자가를 본받는 목회와 이미지 관리

우리는 부활 현실에 대해서 극적으로 달라진 바울의 생각이 그의 목회 개념에 어떻게 영향을 주었는지 살펴보았다. 바울의 상상력만 달라진 것이 아니라 그의 전체적인 관점도 함께 달라졌다. 이 장에서 우리는 철저하게 달라진 바울의 비전이 이미지 관리와 관련된 역학 개념에 어떻게 영향을 주었는지 생각해 볼 것이다.

이 점에 대해 깊이 생각해보는 것이 중요한 이유는 우리가 이미지 개발과 이미지 관리에 대한 열망이 지배하는 문화 속에 살고 있기 때문이다. 1980년대 후반과 1990년대 초반에, 전 테니스 선수 앙드레 아가시(André Agassi)는 "이미지가 모든 것이다"라는 주제로 구성된 광고 캠페인에 참여했었다. 그는 다양한 포즈와 자세로, 때로는 반항적인 모습을, 때로는 무관심한 모습을 나타냈다. 어느 이미지에서 아가시는 사막에서 머리카락을 거칠게 휘날리며 테니스 공을 강하게 때리는 모습으로 묘사됐고, 다른 이미지에서는 람보르기니 후드에 앉아서 먼 곳을 응시하는 모습으로 묘사되기도 했다. 흥미롭게도, 폭로와 통찰을 담은 회고록에서, 아가시는 자신이 그때 가발을 썼고, 그 광고 캠페인을 싫어했다고 말했다.[1]

이미지 만들기가 1980년대에 시작된 것이 아님은 분명하다. 현대 마케팅은 적어도 지난 한 세기 동안 현대 미국인의 생활을 지배했으며, 마케팅 성과와 관련된 역학은 이제 소셜미디어가 우리 각자에게 스스로 마케터가 되라고 부추길 정도로 우리 생활에 침투해 들어왔다.[2] 온라인 소셜미디어는 우리를 서로 연결해주고, 우정을 장려하며, 관계를 증진시켜 준다고 분명하게 약속하지만, 의도하지 않았던 영향 중 하나는 우리 각자가 우리의 '브랜드'를 키우고, '좋아요', '팔로우', '태그'라는 형태로 사회적인 인정을 받기 위해, 우리 생활을 공적인 소비 시장에 내놓는 상황을 만든 것이었다. 소셜미디어가 우리를 만들고, 그래서 우리는 모두 이미지가 전부인 것처럼 살아간다.

처음에는 이상하게 들릴 수도 있지만, 바울은 소셜미디어와 이미지 만들기를 알고 있었다. 바울에게 가장 익숙했던 소셜미디

---

1. André Agassi, *Open: An Autobiography* (New York: Vintage Books, 2010) [= 『오픈』, 진성북스, 2014].

2. 현대 마케팅의 시작과 그것이 미국 문화에 끼친 영향에 대한 흥미로운 평가는, 이미 고전이 된 책인 Daniel J. Boorstin, *The Image: A Guide to Pseudo-Events in America* (New York: Vintage, 1992) [= 『이미지와 환상』, 사계절, 2004]를 보라.

어는 편지 쓰기였지만, 사회적인 관계 맺기에 있어서 그 매체는 오늘날 우리 삶의 방향을 결정하는 것과 동일한 역학 관계를 일으켰다. 그리스도인 지도자가 보낸 편지를 받는 많은 청중들은 그 지도자를 멀리서만 알고서 편지를 접했을 뿐이고, 그 지도자가 편지를 보낸 교회 앞에 그 편지를 가지고 와서 큰 소리로 읽어준 대리인을 접할 뿐이었다. 청중들은 직접적으로 그 사람의 결점이나 실패, 변덕, 실수를 접할 수 없었기 때문에, 그 사람은 자기를 다른 일반 사람들과 구별된 위치에 올려주는 고상한 영성과 특별한 경건한 이미지로 꾸미는 게 쉬웠을 것이다.

이미지의 먹잇감이 되다: 갈라디아서

바울은 이러한 역학에 굴복한 갈라디아인들을 꾸짖는다. 갈라디아서 2:1-10에서, 바울은 자신과 예루살렘 교회 지도자들이 지난 15년 동안 어떤 관계였는지 몇 가지 세부적인 이야기를 들려준다. 그러면서 바울은 자신과 그들이 가진 회의에 관해서 이야기하지만, 예루살렘 지도자들을 칭찬하는 방식으로는 언급하지 않는다. 바울은 그리스어 동사 '도케오'(*dokeō*, "~로 보이는", "~로 여기는")를 사용한 여러 가지 표현으로 그들을 지칭한다(안타깝게도 우리말 성경에서는 이 단어가 제대로 번역되지 않았다—역주). 바울은 2절에서 그들을 "~로 보이는 사람들"(*tois dokousin*), 6절에서는 "~하다는 사람들"(*tōn dokountōn einai ti*)과 "~로 보이는 사람들"(*hoi dokountes*)로, 9절에서는 "기둥으로 인정받는 사람들"(*hoi dokountes styloi einai*)이라고 부른다. 바울은 6절에서 두 번 '도케오'(*dokeō*)를 사용하는 중간에, 빈정대듯이 이렇게 말한다. "그들이 어떤 사람이든지 나에게는 사실상 아무 차이가 없습니다. 하나님은 편파적이지 않습니다"(저자의 번역). 하나님이 불편부당하시다는 것을 강조하는 그리스어 표현은 하나님에게 외모가 어떤 의미인지를 보여준다. "하나님은 사람의 외모를 취하지 않습니다"(*prosōpon ho theos anthrōpou ou lambanei*). 즉, 사람들이 서로를 평가하는 방법 중 어느 것도 하나님께는 중요하지 않다는 말이다. 어떤 사람의 사회적 지위가 높아도, 어떤 사람의 업적이나 명성이 아무리 대단하더라도, 하나님은 그 사람이 진실로 어떤 사람인지를 보신다.

갈라디아인들을 설득해서 바울의 교훈을 배척하게 만든 사람들이 설득에 성공할 수 있었던 원인 중의 하나는, 자기들 말을 들으면 갈라디아인들이 예루살렘의 사도들과 장로들과 같은 노선에 서게 될 것이라고 설득했기 때문이다. 그렇다. 이 사람들은 초기 기독교 운동에서 대단한 명성을 가진 사람들이다. 베드로와 요한은 카리스마적인 지도자들이었을 뿐만 아니라, 육체적으로도 인상적이었다. 야고보는 예루살렘 교회의 유일한 지도자였고, 모든 그리스도인 공동체들이 자문을 구했던 사람이었다. 아마도 바울이 떠난 후에 갈라디아에 도착한 교사들은 베드로와 요한이 행한 기적들과 야고보의 강력한 지도력에 관한 이야기들을 들려주었을 것이다. 그 교사들이 이 "기둥들"과 연대하고 있다는 것은 그 교사들의 가르침에 신뢰감을 주었고, 그 덕분에 그들은 갈라디아인들의 충성심을 얻기 시작했다. 갈라디아인들은 예루살렘의 지도자들을 멀리에서만, 그리고 갈라디아에 도착한 유대인 그리스도인 교사들이 전해준 명성으로만 알고 있었기 때문에, 갈라디아인들은 예루살렘의 지도자들의 가장 좋은 점을 아무 거리낌 없이 믿었다. 예루살렘의 지도자들은 초기에 교회를 반대했던 바울과는 달리, 아주 처음부터 예수님을 따르던 사람이었기 때문에 갈라디아인들은 그들을 높이 평가했을지도 모른다.

교회의 "기둥들"이라는 훌륭한 평가에 비하면 바울은 보잘것 없어 보였다. 더 나쁜 건 바울이 심각한 사회적 약자의 위치에 있었다는 것이다. 바울이 이전에 갈라디아를 거쳐 갔을 때, 갈라디아인들은 바울이 건강을 회복할 수 있게 돌보고 간호해줘야 했다. 바울은 불과 얼마 전에 루스드라에서 돌에 맞았고(참조, 행 14:19-20), 바울과 그의 동역자들은 바울의 건강 회복을 위해 어딘가에 당장 머물러야 했다. 이것이 계기가 되어 그 지역에 교회가 세워졌다. 바울은 ("겉모습이") 인상적으로 보이기는커녕, 붕대를 감아야 할 끔찍한 상처를 입었고, 실제로 흉측해 보였다. 바울은 갈라디아서 4:14에서 자신이 처음 갈라디아에 갔을 때 몸 상태가 "여러분에게 시험이 될 만한" 정도였다고 말하는데, 그만큼 바울의 상태가 좋지 않았다는 뜻이다. 바울은 유능하고 강력한 지도력이 있는 세련된 이미지를 보여줄 수 없었다.

실제로 갈라디아인들은 바울을 알고 있었다. 그들은 바울이 가장 약하고 가장 망가졌을 때의 모습을 본 적이 있었다. 그러나 그들은 베드로와 야고보와 요한을 한 번도 만난 적이 없었고, 오로지 그들의 명성만 들어서 알고 있었다. 즉, 갈라디아인들은 그들의 **이미지**만 익숙할 뿐이었다. 그 이미지라는 것은 갈라디아에 새로 도착한 유대 그리스도인 교사들이 만들어준 인상이었다. 갈라디아인들은 예루살렘의 기둥들이 어떤 식으로 '인정받는지'만 알뿐이었다. 명성만 알았지, 실제로는 몰랐다.

바울은 예루살렘의 사도들과 장로들을 비난하지도 않았고, 비판하지도 않았다. 오히려 바울은 이 사람들을 개인적으로 알지도 못하면서, 일종의 경외심을 갖고 높이 평가하는 갈라디아인들을 꾸짖고 있다. 갈라디아인들은 중요한 사람들이나 중요한 것처럼 보이는 사람들과 연결되고 싶어 했다. 이것이 갈라디아인들이 심각할 정도로 파괴적인 결정을 내리는 걸 고민하게 했던 원인이다.

우리 시대의 목회자들도 갈라디아인들이 마주했던 것과 똑같은 유혹에 빠진다. 연예인급 그리스도인의 영향력은 강력하다. 목회자들은 컨퍼런스에 참여해서, 강사들의 강의를 들어보고, 모든 것을 꿰뚫고 있는 것처럼 보이거나, 이것들만 있으면 목회의 수준을 '다음 단계'로 높일 수 있는 빠진 부분을 채워준다고 약속하는, '성공적인' 목회자들이 쓴 책을 사라는 제의를 끊임없이 받는다. 이런 것들은 이익을 얻으려는 동기로 작동하지만, 그런 사실은 철저하게 숨긴 채, '뭔가 된 것처럼 보이는' 사람들을 만들어내고, 우리는 상상력을 동원해서 그런 사람들을 우러러본다. 우리는 그런 사람들은 뭔가 목회 성공의 비결을 알고 있다고 생각한다. 아니면 그런 사람들은 우리가 목회 사역에 맞지 않는다고 느끼게끔 해주는 개인적인 은사를 갖고 있을지도 모른다. 우리는 그런 사람들은 우리가 겪고 있는 목회 갈등을 겪지 않는다고 이상화한다. 분명히 그런 사람들은 우리 같은 사람들이 매일 처리해야 하는 일상적인 일들 때문에 시간을 허비하지 않는다는 것이다.

바울은 그런 식으로 목회하는 것을 거부했다. 자신이 갈라디아인들과 처음 만났을 때를 회상하면서, 바울은 자기도 꽤 괜찮았다거나 중요한 사람이었다는 걸 과시하려고, 자기의 몸 상태를 긍정적으로 표현하려고 하지 않았다. 반대로 바울은 처음 갈라디아인들을 만났을 때, 끔찍했던 자기의 몸 상태를 부끄러워하지 않고 언급했다. 바울은 자신의 첫 번째 방문이 갈라디아인들이 예수 그리스도께서 십자가에 못 박히신 것을 눈앞에서 다 같이 볼 수 있는 기회였다고 말한다(갈 3:1). 갈라디아인들을 시험에 들게 했던 바울의 혐오스러운 몸 상태는 갈라디아인들에게 십자가에 달린 예수 그리스도께서 매 맞고 돌아가신 몸을 눈으로 보여주는 기회였다. 그리고 바울은 자신의 상태를 솔직하게 말하는 것을 두려워하지 않았다. 바울의 상상력은 이미 죽음-생명의 역학, 즉 낮아지면 높아진다는 역학으로 달라졌기 때문이다. 하나님께서 예수님을 부활의 능력으로 죽은 자 가운데서 일으키신 것과 마찬가지로, 하나님은 갈라디아인들이 바울의 끔찍한 모습을 보았을 때, 기적을 일으키는 능력을 부어주셨다.

바울은 갈라디아인들 앞에 아무 거리낌 없이 자신을 온전히 내보였고, 두려움 없이 자신이 당한 굴욕과 상처, 그리고 연약함에 대해 말했다. 이런 점에서 예루살렘에서 온 교사들이 갈라디아인들을 대하는 방법과 아주 달랐다. 바울은 그들이 "여러분을 못 들어오게 해서/배제해서(exclude you), 여러분으로 하여금 그들을 더 존중하게 하려는 것"이라고 말한다(갈 4:17, 저자의 번역). 즉, 그들은 이방인 개종자들이 열등한 존재들이고, 자기들이 갈라디아인들에게 필요한 걸 갖고 있다고 주장하면서, 교묘하게 갈라디아인들을 조종하고 가지고 놀았다. 이런 식으로 갈라디아를 방문한 교사들은 갈라디아인들이 스스로 부족하다는 느낌을 갖게 하거나, 뭔가 모자란 것이 있다는 생각을 갖게 하는 식으로 자기들의 신뢰를 쌓았다. 바울은 교회에 교사들이 필요하고, 그리스도인들이 사역을 위해 준비되는 것은 좋은 것이라고 인정한다. "좋은 목적으로 더 존중받는 것은 언제나 좋은 것입니다"(18절, 저자의 번역). 그러나 이렇게 목회자들이 "더 존중받는 것"은 올바른 방식으로 되어야 한다. 즉, 목회자들이 좋은 평판을 얻거나 사회적인 지위를 얻기 위해서 조작하지 않으면서, 진정성 있고 솔직하며 신뢰하는 관계 속에서 그런 일이 있어야 한다.

바울에게 있어서, 그리스도의 신실한 종이라고 정당하게 주장할 수 있는 목회자는 십자가에 달린 시체와 가장 흡사한 사람들이다. 바울은 이런 마음가짐으로 자신의 사도직을 이해했다. 그리고 바울은 자신이 갈라디아를 처음 방문했던 때의 일을 이런 식으로 해석했다. 바울은 "내 몸에 예수님의 상처 자국"을 지니고 다닌다고 말한다(갈 6:17). 인상적인 대중적 이미지를 만드는 것은 전혀 바울이 하고 싶었던 일이 아니다. 바울은 예수 그리스도의 신실한 사도가 되고 싶었고, 그래서 예수님의 고난과 가장 닮은 삶의 방식을 추구했다.

더 소중한 목회 자원들

목회자를 "더 존중한다"는 바울의 말을 감안하면, 바울이 목회를 신실하게 수행하기 위해서 다른 사람을 모델로 삼는 개념을 지지하는 것은 분명하다. 그렇다면 오늘날 우리는 홍보와 마케팅의 기만적인 영향력에 휘둘리지 않고, 어떻게 우리의 모델을 찾을 수 있을까? 어떻게 해야 우리가 이미지 중심적인 문화 역동성의 먹잇감이 되지 않고, 하나님께서 교회에 주신 은사로부터 온전히 유익을 얻을 수 있을까?

첫째, 우리는 자신의 특정한 상황 속에서 신실하게 목회하기 위해 고군분투하는 이야기를 솔직하게 들려주는 교사들로부터 배울 수 있다. 자신의 목회 성공담을 저술한 목회자들은 다른 사람들에게 복음 안에서 희망을 품고, 인내하면서 목회하라고 격려하려 한다. 그러나 단편적인 이야기들 중심으로 자기가 걸어온 역사를 전달하다 보면, 불가피하게 선택적으로 할 수밖에 없고, 그러다 보면 실수한 것은 빼놓고 말할 수도 있고, 퇴보했던 일이나 좌절하고 실패한 것은 말하지 않을 수도 있다. 오히려 자신들의 단점을 정직하게 말하는 사람이나, 현대 교회 목회에 해악을 끼치는 유혹과 우상 숭배를 이겨내면서 어떻게 사역했는지를 있는 그대로 이야기해주는 사람에게서 지혜를 얻으려고 해야 한다. 다른 사람의 도움이 필요하다는 것을 역설하고, 자신의 목적과 야망이 결국 문제의 원인이었다는 것을 어떻게 깨닫게 됐는지, 그리고 그것을 어떻게 극복했는지를 강조하는 분들을 찾아가야 한다.

둘째, 바울이 갈라디아에 있는 교사들을 "여러분을 못 들어오게 해서/배제해서(exclude you), 여러분으로 하여금 그들을 더 존중하게 하려는" 사람들이라고 규정한 것을 생각해보아야 한다. 목회에서 하나님의 축복을 경험할 만한 것이 당신에게는 없다는 생각이 들게 하는 교사들이나 자료들을 조심해야 한다. 당신이 그런 자료들을 구매하지 않거나, 그들이 말하는 성장 전략을 따르지 않으면 안 되겠다는 생각이 들게 하거든, 그냥 무시하고 가던 길을 가라. 오히려 교회 안에 있는 사람들이 하나님의 사랑을 받는 사람들이고, 당신에게 놀라운 복의 원천이라고 생각하게 해주는 자료를 찾아라. 성경을 이해시켜주고, 목회가 어렵지만 즐거운 일이라고 묘사하는 교사들이 쓴 책에 강한 매력을 느끼길 바란다.

셋째, 아래에서 논의하겠지만, 바울은 멀리 있는 유명한 사람의 몇 가지 모습만 자세하게 알다 보면 잘못된 인상을 갖게 될 수 있다는 점을 인정한다(참조, 고후 12:6). 그렇기 때문에 우리가 읽는 책과 우리가 좋아하는 자료를 만든 사람을 우리가 실제로는 모른다는 것을 명심해야 한다. 그러다가 우리가 그 사람들을 실제로 알게 되면, 감동은 사라질 것이다. 과대광고에 맞게 사는 사람은 없기 때문이다. 신실한 목회자들은 너 나 할 것 없이 어려움을 겪고, 갈등을 마주해야 하며, 자기는 이 일에 맞지 않는다고 생각한다.

　마지막으로, 우리가 제일 잘 아는 목회자들에게 가장 많이 배워야 한다. 유명한 사람은 멀리 있고, 그들에 대한 지식은 **전달된** 것이기 때문이다. 말 그대로, **우리는 그들을 매체를 통해서 안다.** 우리는 그들이 진짜 어떤 사람인지 모른다. 그들이 우리에게 보여 주는 것만 볼 수 있을 뿐이다. 오히려 신실한 목회자들을 직접 만나고, 오랜 시간 긴 대화를 통해서, 그리고 그들이 인생과 목회에서 겪은 여러 가지 일들을 통해서 배우는 게 훨씬 낫다. 목회에 대한 조언은 멀리서 얻은 지혜보다, 우리가 잘 아는 분들을 통해서 얻은 것을 훨씬 더 중요하게 생각해야 한다. 우리는 우리가 실제로 모르는 어떤 사람들이 자기들이 말한 대로 살고, 말한 대로 목회하는지 알 길이 없다.

목회에 대한 이미지 부풀리기: 고린도후서

바울은 갈라디아인들이 이미지의 먹잇감이 됐다고 책망하는 반면에, 고린도후서 10-13장에서는 이미지를 만들어내는 것에 대해 이야기한다. 이 편지의 마지막 단락에서, 바울은 이미지 역동성의 다른 면을 다룬다. 고린도 교회는 아주 인상적이고, 자기들이 바울보다 훨씬 자격이 있다고 내세우면서 바울과 경쟁하던 교사들 몇 사람의 영향을 받고 있었다. 바울은 별로 놀랍지 않다는 반응을 보였다. 왜냐하면 사탄이 "빛의 천사"(11:14)로 가장해서 이런 식으로 사람들을 속이기 때문이다. 악마의 속임수는 명성에 대한 인간의 욕망 및 중요하고 실질적이며 호감이 가고 인상적인 것과 연결되고 싶은 인간의 욕망에 작용한다. 그런데 사실은 이것이 현대 광고의 근본적인 특징이다. 홍보 담당자들은 단순히 어떤 제품을 매력 있고 호감이 간다고 표현하지 않는다. 오히려 그들은 자기들이 팔 물건을 호감이 가는 이미지, 즉 그 물건을 소유하면 위신과 풍요로움과 성공을 드러내게 된다는 식으로 인상적이고 아주 실질적인 것과 연결한다. 그리고 사람이라면 누구나 존경받고 싶고 부러움의 대상이 되고 싶어 하기 때문에, 어떤 물건을 내놓든지 사람들은 구매를 고민한다.

바울은 이 경쟁하는 교사들과는 반대로, 다른 사역자들과 자신을 비교하라는 압력에 굴복하지 않기로 결심한다. "우리는 자기를 내세우는 사람들과 같은 부류가 되려고 하거나, 그들과 견주어

보려고 하지 않습니다"(고후 10:12). 10-13장에서 바울이 고린도 교인들에게 보인 반응 중에서 몇 가지는 살펴볼 만한 가치가 있다.

첫째, 10:13-17에서, 바울은 "정도 이상으로" 자랑하지 않겠다고 말한다. 자신의 목회를 실제보다 더 부풀리고 과장해서 말하지 않을 것이고, 사역을 실제보다 더 대단히 잘하는 것처럼 묘사하지 않겠다는 것이다. 고린도에 있는 바울의 대적자들은 다른 사람의 성공까지(15절) 자랑하면서 자기를 내세우는 사람들이었다(18절). 고린도인들에게 자기들을 인상적인 사람으로 내비치는 게 그들의 궁극적인 목적이었기 때문이다. 그러나 바울은 오로지 자기 목회 영역, 즉 그가 해야 할 일과 그가 한 일에 대해서만 말한다. 바울은 다른 것에는 관심이 없었다. 바울을 판단할 이는 고린도인들도 아니고, 다른 목회 영역에 있는 누군가도 아니기 때문이다. 하나님께서 친히 판단하실 것이다. 하나님은 그동안 쌓아 올린 모든 사회적 이미지를 꿰뚫고 우리가 정말로 누구인지 그 중심을 보시는 분이시다(18절). 하나님께서 판단하실 것이기 때문에, 바울은 주님 안에서 자랑하고 이미지 만들기(즉, "자랑")를 하지 않기로 한다.

둘째, 바울은 "약점들을" 자랑하기로 하는데(11:30), 이 말을 12:5에서 반복해서 한다. 즉, 바울의 이미지 만들기는 자신이 얼마나 별 볼 일 없는 사람인지 보여주는 것이다. 바울이 그리스도의 신실한 목회자라는 것을 증명해주는 것은 대단한 목회 성공이나, 인상적인 이력서, 혹은 청중들에 대한 영향력이 아니다. 반대로, 바울은 11:23-33에서 열거된, 자신이 그리스도를 위해 고난받은

것이 그 증거라고 주장한다. 바울은 자신이 누구이고 어떤 사람인
지를 말하는 것이 괴롭다고 토로하면서 이 단락을 시작한다. 그는
전혀 "자랑"하고 싶지 않지만, 고린도인들이 그들을 해롭게 할 지
도자들을 따르기 때문에 기꺼이 그렇게 하려고 한다. 그러나 바울
은 자신이 그들보다 더 신실한 그리스도의 일꾼이라고 주장하는
게 "정신 나간 사람같이" 말하는 것이라고 인정한다(23절).

> 그들이 그리스도의 일꾼입니까? 내가 정신 나간 사람같이 말합
> 니다마는, 나는 더욱 그렇습니다. 나는 수고도 더 많이 하고, 감옥
> 살이도 더 많이 하고, 매도 더 많이 맞고, 여러 번 죽을 뻔했습니
> 다. 유대 사람들에게서 마흔에서 하나를 뺀 매를 맞은 것이 다섯
> 번이요, 채찍으로 맞은 것이 세 번이요, 돌로 맞은 것이 한 번이
> 요, 파선을 당한 것이 세 번이요, 밤낮 꼬박 하루를 망망한 바다
> 를 떠다녔습니다. 자주 여행하는 동안에는, 강물의 위험과 강도
> 의 위험과 동족의 위험과 이방 사람의 위험과 도시의 위험과 광
> 야의 위험과 바다의 위험과 거짓 형제의 위험을 당했습니다. 수
> 고와 고역에 시달리고, 여러 번 밤을 지새우고, 주리고, 목마르고,
> 여러 번 굶고, 추위에 떨고, 헐벗었습니다. 그 밖의 것은 제쳐놓고
> 서라도, 모든 교회를 염려하는 염려가 날마다 내 마음을 누르고
> 있습니다. 누가 약해지면, 나도 약해지지 않겠습니까? 누가 넘어
> 지면, 나도 애타지 않겠습니까? (고후 11:23-29)

바울은 계속해서 30-33절에서 자신이 진정한 사도라는 것에 대한 결정적인 주장을 극적으로 제시한다. 이것은 '카니발레스크'(carnivalesque: 미하일 바흐친[Mikhail Bakhtin]이 만든 용어로서 유머와 불경스러운 것을 뒤섞어서 기존의 가치를 전복시키고 해방하는 것을 의미함—역주)처럼 들리는 주장인데, 바울은 자신의 결정적인 자격을 제시하기 전에 엄숙한 분위기로 맹세한다. 그런데 '수퍼 사도들'의 인상적으로 들리는 자격에 비하면, 바울의 말은 농담처럼 들린다.

> 영원히 찬양을 받으실 주 예수의 아버지 하나님께서 내 말이 거짓말이 아님을 아십니다. 다마스쿠스에서는 아레다 왕의 총리가 나를 잡으려고 다마스쿠스 성을 지키고 있었으나, 교우들이 나를 광주리에 담아 성벽의 창문으로 내려 주어서, 나는 그 손에서 벗어났습니다. (고후 11:31-33)

이것은 한심한 노릇이고 미친 짓이다. 바울이 신실한 사도라는 결정적인 증거라는 게 바울이 목숨 걸고 도망치기 위해 광주리를 타고 성벽을 내려갔다는 것이다. 이건 우리가 이미지 만들기라는 관점에서 봤을 때 놀라운 고백이다. 바울은 의도적으로 인상적인 이미지를 회피하고, 자신을 도망쳐야 했던 순간에 열심히 도망친 사람으로 묘사한다. 바울은 약하다. 바울은 견고하지 않다. 바울은 자신을 엄청나게 유능하고, 강력한 사람으로 묘사하지 않는다.

셋째, 바울은 편지라는 소셜미디어를 사용해서 이미지를 부풀리지 않기로 결심했다(12:6). 바울은 고린도후서의 이 단락 전체에 걸쳐서 "자랑"에 반발했고, 여기에서 그 이유에 대해 말한다. "내가 자랑하려 하더라도, 진실을 말할 터이므로, 어리석은 사람이 되지는 않을 것입니다. **그러나 자랑은 삼가겠습니다. 그것은 사람들이, 내게서 보거나 들은 것 이상으로 나를 평가하지 않게 하려는 것입니다**"(12:6, 강조는 저자의 것임). 바울은 자신에 대해 솔직하게 말했다면, 고린도인들에게 인상적으로 보였을 것이 분명하다는 것을 알고 있다. 어쨌든 바울은 자신의 천상 여행과 다른 강력한 영적 체험에 대해 말할 수 있었다. 그런다고 해도 바울은 고린도 교회에 있는 바울의 대적자들과는 다르게, 진실을 말하는 것일 뿐이다. 그러나 바울은 이런 엄청난 체험을 말하려 하지 않는다. 이미지를 부풀리고 싶지 않았기 때문이다. 그렇게 하면 바울의 삶은 그 이미지를 통해 해석될 것이기 때문이다. 바울은 사람들이 이런 체험을 통해 그를 알게 되는 것을 원치 않는다. 앙드레 아가시의 광고 캠페인과는 반대로, 바울은 **이미지**가 전부가 아니라는 것을 알고 있다. 실제로, 사실 그 자체가 인상적이라 하더라도, 그것을 이용해서 다른 사람에게 보여줄 이미지를 만들어서는 안 되는 것이다.

바울은 자신이 이런 길을 가지 않는 두 가지 이유를 밝힌다. 첫째, 6절에서 말하고 있듯이, 바울은 아무도 자신을 실제보다 더 나은 사람으로 보는 것을 원치 않는다. 바울은 자신을 알고 있다. 자신이 얼마나 엉망인지, 그리고 무엇을 실패했는지 알고 있다. 또한 바울은 하나님께서 그에게 선물로 주신 방법과 자신이 어떻게 해야 예수 그리스도의 교회에 복이 되는지를 알고 있다. 그러나 그렇다고 해서 바울이 항상 편안하게 살았다는 말도 아니고, 개인적으로 실패한 적이 없다는 말도 아니다. 바울도 다른 사람들과 다를 게 없는 사람이다. 그렇다. 그는 하나님의 전체적인 구원 사역에서 독특한 사명을 받았지만, 다른 사람들의 도움을 받아야 하고 은혜도 필요한 예수 그리스도의 제자이다. 바울 주변에서 많은 시간을 보낸 사람들은 바울을 알고 있었다. 그러나 멀리에서 보낸 편지로만 아는 사람들은, 바울의 생애에 대한 몇 가지 세부적인 것만 듣기 쉬웠을 것이고, 바울을 실제 모습보다 훨씬 더 대단하게 생각하기 쉬웠을 것이다. 세부적인 내용들은 사실이지만, 결국 거짓 이미지를 만들어 낼 수 있었다.

　목회 환경은 이런 종류의 역학이 작용할 가능성이 매우 높다. 목회자들은 교회 웹사이트를 구축하고 소셜미디어를 활용해서 이미지를 투사할 수 있다. 물론 이것들은 실제 사실에 부합하는 면이 있을 수도 있다. 그러나 이런 것은 다른 사람들에게 진실을 넘어서는 이미지를 전달할 수 있다. 다른 사람들도 그렇지만 목회자들은 실제로 아등바등하고 실패도 하며 수많은 일상적인 일들로 가득 찬 인생을 사는 현실의 사람들이다. 또한 많은 목회자들이 진정성과 솔직함을 바란다는 것도 사실이다. 그러나 이미지를 부풀리는 일은 언제나 우리 교회와 더 넓은 대중을 상대로 이미지를 만들어내라고 우리를 유혹하는 쪽으로 작동한다. 그러나 그런 걸 추구하다 보면 하나님의 능력을 무시하게 되고, 하나님의 능력이 역사하지 않는 목회를 하는 상황에 처하게 된다는 것을 깨닫지 못한다. 목회가 더 견고해지고 있다고 생각하지만, 사실상 우리는 목회의 생명과 능력의 원천을 차단하고 있는 것이다.

바울은 편지라는 소셜미디어를 통해 이미지 만들기를 하지 않는 두 번째 이유를 언급한다. 바울은 하나님의 능력이 사실은 인간의 힘이 아니라 연약함을 통해 드러난다는 것을 알고 있다. 고린도후서 12:1-4에서 바울은 하나님께서 어떻게 그를 데리고 천상 여행을 했는지 묘사하는데, 여기에서 바울은 도저히 설명할 수 없는 것을 보고 들었다. 그러나 그 환상에는 대가가 따랐다. 하나님은 바울에게 "가시"를 주셨다. 이는 교만하지 말고, 자신을 다른 사람보다 높이지 않게 하려는 것이었다. 바울은 이것을 "내가 너무 자만하지 않게 하려고, 나를 괴롭히는 사탄의 사자"(7절)라고 말한다. 이 "가시"가 무엇이었는지에 대한 추측이 끊이지 않았지만, 확실하게 알 방법은 없다. 그러나 이것이 바울에게 아주 힘든 것이었다는 점은 분명하다. 그것이 무엇이었든, 어떤 사람이 바울의 목회를 괴롭힌 것이든, 혹은 육체적으로 심각한 질병이든, 이것 때문에 바울은 엄청난 스트레스를 받았고 걱정거리가 됐다. 바울은 이것을 없애달라고 하나님께 세 번 기도했다고 말한다. 그러나 그가 받은 하나님의 응답은 "내 은혜가 네게 족하다. 내 능력은 약한 데서 완전하게 된다"는 것이었다(9절). 연약함이 하나님의 능력을 불러온다. 이게 십자가를 본받는 것의 실체다. 따라서 능력 있는 이미지를 구축하는 것은 하나님이 주시는 자원을 끌어올 가능성을 제거한다.

이것이 바울이 자신은 약함을 기꺼이 자랑하겠다고 이 단락에서 세 번째로 반복해서 말하는 이유다(9절). 바울은 기꺼이 연약함이라는 차원에서 자신의 이미지를 구축할 것이라는 말이다. 이렇게 해야만 하나님의 능력이 바울 안에 머물 것이기 때문이다. 따라서 바울은 기꺼이 그리스도를 위하여 연약하고, 모욕당하고, 고난받고, 박해받고, 재난을 겪는다. 왜냐하면 바울은 약할 때마다 강하기 때문이다(10절). 바울은 고린도 교인들에게 인상적인 이미지를 보여주는 대신에 진정성에 마음을 쏟는다. 바울은 목회하면서 수치심도 견디고, 고난도 받았다. 이런 것에 대해 바울은 견고하지 않다. 바울에게 있어서, 하나님의 부활의 능력은 높은 사회적 지위를 가진 사람을 통해서 나타나는 것도 아니고, 인상적인 이미지에 몰두한다고 나타나는 것도 아니다. 하나님은 십자가를 본받는 자세와 모습이 있는 곳에 부활의 능력을 부어주신다. 바울은 소셜미디어를 통해 인상적이고 강력한 이미지를 내세우기보다는, 하나님께서는 인간이 약한 곳에 하나님의 능력을 주신다는 것을 알기 때문에, 스스로 연약한 이미지를 선택했다. 바울은 약할 때에만 강하다. 목회자들도 마찬가지다. 목회자들이 연약함에 집중할 때 강한 것이다.

연약한 이미지와 더불어 살아가기

바울은 이미지 만들기와 이미지 관리의 역동성을 알고 있었기 때문에, 의도적으로 연약한 이미지에 집중했다. 바울은 약한 것들을 "자랑"했다. 바울은 그것을 명함으로 삼고, 고린도인들이 바울을 보는 렌즈가 되게 했다. 목회자들이 현대 목회의 상황 속에서 바울의 모범을 어떻게 따를 수 있을까? "글쎄요, 제가 무슨 목회자겠습니까. 그냥 평범한 그리스도인입니다"라고 말하는 것과 같은 피상적인 변화는 그다지 효과적이지 않다. 내가 이런 입장을 취한다면, 그건 오해를 불러올 뿐, 우리가 권력을 내세우는 더 미묘한 방법은 사실상 처리하지 못하는 것이다. 더 확실하게 연약함과 더불어 살아가는 수많은 방법이 있는데, 그중에서 몇 가지를 제안해 보도록 하겠다.

희망과 두려움을 물어보기

다른 사람들에게 어떤 모습으로 보이고 싶은지 기도하면서 깊이 생각해보고, 어떤 모습으로 인식되고 싶은지 그 목록을 작성해보라. 이러한 욕망 밑에 숨겨진 동기가 근본적으로 무엇인지 찾아보라. 정말로 다른 사람들이 당신을 '강한 사람'으로 보기를 원하는가? 그 이유는 무엇인가? 또한 당신이 느끼는 두려움에 대해서도 스스로 물어볼 수 있다. 다른 사람이 당신을 알게 될 때, 당신이 두려워하는 것은 무엇인가? 당신의 공적인 모습과 관련해서 일어나서는 안 될 가장 나쁜 일은 무엇인가? 그리고 왜 그런가? 아무도 알면 안 되는 약점은 무엇인가?

이건 어려운 작업이다. 다른 사람이 우리를 어떻게 인식할지에 대한 두려움에 직면하고, 우리의 소망을 정직하게 인정하는 것은 쉽지 않은 일이다. 그러나 정말로 강해지기 위해서 연약한 이미지를 구현하려는 바울의 노력을 모방하고 싶다면, 이것은 필수적인 작업이다. 우리는 실제로 이 계획을 실행하는 데 도움이 되는 엄청난 자원을 가지고 있다. 배우자, 자녀, 그리고 가까운 목회 동역자들이 그것들이다. 우리는 이런 노력에 동참해달라고 그들을 초청해서, 우리가 남들에게 어떤 식으로 보여지길 원하는지 확인할 수 있게 도와달라고 부탁할 수 있다. 그리고 개인적인 경험에서 우러나는 경고를 하자면 다음과 같다. 곧, 다른 사람에게 당신에 대해 정직하게 말해달라고 했는데, 그 사람들이 정말 제대로 정직하게 말해줄 수도 있다! 그러나 성경의 지혜는 정직한 충고로 인해 친구들에게 받은 "상처"는 생명을 주는 선물이라고 말한다 (잠 27:6).

일단 우리가 어떻게 인식되길 원하는지, 그리고 우리가 약점을 주로 어떤 방식으로 감추는지를 확인하고 나면, 어떻게 하면 우리가 약점과 더불어 살아갈 수 있는지, 그리고 그 약점들이 우리의 정체성이 되게 할 수 있는지에 대해 깊이 생각해볼 수 있다. 내가 신학교 교수로 일할 때 겪었던 사례를 하나 들어보겠다. 나는 내가 유능하게 보이고 싶어 하고, 학생들이 내가 제대로 답변할 수 없는 질문을 하는 것을 싫어한다는 것을 알고 있다. 나는 수업 시간에 내 부족함이 드러나는 게 아주 불편하다. 이런 내적인 역동성에 대해 어느 정도 생각해 본 후에, 나는 수업 시간에 '모범생' 역할을 하기로 결심했다. 나는 매 학기마다 학생들에게 나를 "곰비스 박사"라고 부르는 대신에, 이름을 불러달라고 했다. 나는 많은 것을 알고 있긴 하지만, 누군가 식당에서 질식하거나 비행기 안에서 기절하면 필요한 처치도 못하는 "쓸모없는 닥터"라고 웃으면서 학생들에게 말한다. 목회 사역 준비 업무를 진행할 때도 나는 동역자라는 자세로 임한다. 그래서 나를 내 이름인 "팀"(Tim) 으로 더 많이 불러줬으면 좋겠다.

나는 또한 학생들에게 내가 성장하기 위해서 신학교에서 신약 성경을 가르치고 있고, 학생들은 나에게 좋은 질문을 던지고 나를 자극해서 내가 무엇을 배워야 하는지 생각하게 만들 책임이 있다고 말한다. 약점과 더불어 살아가기 위한 이런 전략은 정말로 나를 자유케 해준다. 왜냐하면 누군가 나의 무지를 드러내는 질문을 던질 때, 내 약점을 숨기고 정직하지 못하게 허세를 떨면서 대답하는 식으로, 나를 초능력자로 꾸며댈 필요가 없게 해주기 때문이다.

만일 내가 목회라는 상황 속에 있었다면, 나는 내가 결정한 것에 자신감을 내비치면서, 다른 사람들이 나를 단호한 지도자로 봐주길 바랐을 것이다. 그 밑바탕에는 다른 사람들이 나를 나약하고 우유부단한 사람으로 볼까 봐 두려워하는 마음이 깔려 있을지도 모른다. 나는 이런 마음을 갖는 게 자연스러운 것이라고 생각한다.

사람들은 자기네 목회자를 유능한 사람으로, 하나님의 백성에 대한 하나님의 뜻을 알고 있는 사람으로 볼 필요가 있다. 어쨌든 우리는 주로 다른 사람들이 우리를 어떻게 볼 것인가에 관한 소망과 두려움을 정당화하기 위해서 그것들을 영적인 언어로 표현한다. 그러나 우리는 우리의 진정한 동기를 드러내기 위해 잘 포장된 자기기만을 깨뜨릴 필요가 있다.

　연약한 이미지와 더불어 살아가기 위해서, 나는 직원회의에서 다음과 같이 해보았다.

　　좋습니다. 여러분. 정직하게 말하겠습니다. 우리가 직면한 상황에 대해서, 저는 앞으로 나아갈 최선의 길에 이르렀다고 생각합니다. 그리고 여러분들은 제가 개입해서 결정을 내리길 바라시는 것 같습니다. 하지만 저는 제가 이 교회의 지도자이자 목회자로서 어떻게 비춰질 것인가에 대한 소망과 두려움에 대한 내적인 이유를 연구하고 있습니다. 저는 불확실한 이미지를 보여주고 싶지 않고, 여러분 모두에게 결단력 있는 사람으로 보이고 싶습니다. 여기 우리가 해야 할 일이 있습니다. 그러나 저는 제 생각을 다듬거나 의심을 해볼 필요도 있고, 여러분의 생각과 반대가 우리를 훨씬 풍성한 성과를 거두는 행동으로 이끌거나, 제 생각을 수정해서 더 큰 축복으로 인도할 것임을 알고 있습니다. 여러분의 생각을 듣고 싶습니다.

우리는 강한 모습을 보여야 다른 사람의 신뢰를 받을 수 있다고 생각할 수 있지만, 의사결정 과정에 다른 사람을 끌어들이는 것이 다른 사람의 신뢰를 얻는 데 더 효과적일 수 있다.

십자가를 본받는 것의 역학에 대한 성찰

십자가를 본받는 것의 역학에 대한 성찰을 통해 연약한 이미지와 더불어 살아갈 가능성을 알게 될 수 있다. 십자가는 부활의 능력의 자리다. 그리고 사람들이 십자가를 본받는 자세와 그와 관련된 실천을 하며 살아가는 곳이면 어디에나, 하나님은 자유케 하고, 생명을 주고, 기쁨을 주는 부활을 부어주신다. 십자가를 본받는 것은 다른 사람들에게 움직일 공간을 주고, 자신의 본연의 모습을 찾을 수 있는 자유를 주는 환경을 조성해준다. 이것을 알고 있고, 혹시 이것을 다른 사람들에게 설명하고 있다면, 당신은 직원들과 사역자들에게, 그리고 그 가족 구성원들에게도, 당신이 어떤 점에서 자유를 주고, 활력을 주는지, 그리고 다른 사람들이 어색해하고 갈등을 느끼는 것은 무엇인지 물을 수 있다. 다른 사람들을 차단하는 당신의 습관은 무엇인가? 다른 사람들이 당신에게 정직하게 말하거나, 자유롭게 생각을 말하지 못한다고 느낄 때, 어떤 역학이 작용하는 것일까?

이런 조치를 취하는 것이 매우 위험하다고 느낄 수 있지만, 이것은 당신의 관계에 말할 수 없는 축복을 가져다줄 것이다. 이것은 당신이 연약한 이미지와 더불어서 어디에서 어떻게 살아갈 수 있는지 볼 수 있는 대단히 좋은 기회이다.

나는 직원에게 시켜서 내가 종종 수동적으로 공격하는 발언을 해서 다른 사람들에게 혼란을 주고 화나게 할 때마다 알려달라고 할 수도 있다. 그런 발언은 사람들의 입을 막고, 대화를 중단시키며, 내 눈치를 보게 만든다. 나는 왜 내가 이런 발언을 하는지 반성해야 하고, 내 생각을 좀 더 분명하고 다른 사람의 마음을 여는 방식으로, 자유와 활력을 주는 방식으로 말하는 법을 배워야 한다. 연약한 이미지와 더불어 살아가는 방법이 역설적으로 나를 강하게 해주듯이, 내가 예전에는 수동적으로 공격하는 말을 하는 사람이었는데, 이제는 고쳤다고 드러내놓고 말하는 방법도 있다. 그런 정체성을 인정하는 것이 수동적으로 공격하는 성향을 극복하기 위한 전략적으로 강력한 방법이 될 것이다! 약점을 드러내고, 그런 방법으로 성장하고자 하는 욕구가 주변의 분위기를 한층 밝게 하며, 다른 사람들이 우리 주위에서 즐겁게 생활하고, 그들 본연의 모습을 갖게 할 것이다. 약점을 정직하게 인정하고 그것을 우리의 명함, 즉 "자랑"으로 삼는 것은 부활의 능력을 활용하는 창조적인 방법이다. 연약함과 더불어 사는 것을 통해 창조적으로 강해지는 것이다.

지도력에 관한 세속적인 충고를 활용하기

연약한 이미지와 더불어 살고 또 구현하기 위한 방법을 찾아내는 가장 좋은 길은 능력 있고, 명망 있고, 힘 있는 이미지를 투사하는 방법을 가르쳐주는 비즈니스 책에 나오는 관련 문헌을 조사하는 것이다. 예를 들어, 동료들에 대해서 우위를 점거나, 부하직원에게 권력의 차이가 존재한다는 것을 강조하려고 의도적으로 상대방의 이름을 잘못 부르는 방법을 사용한다는 것을 전에 들은 적이 있다. 어떤 사람이 실제로 나에게 이런 짓을 한 적이 있다. 나는 그 사람이 종종 자신과 관계있는 사람을 자기 마음대로 조종하려고 한다는 것을 알고 있었기 때문에, 그것이 의도적인 것이라고 의심했다. 그것이 그랬던 것이든지 혹은 아니든지 간에, 내가 얼마나 위축됐었는지, 그리고 내가 얼마나 놀라서 문을 닫고, 내 자리에 앉았었는지 깊이 생각해보는 것이 도움이 됐다.

사람들이 권력의 역학을 강화하는 수법을 살펴보는 것은 현실이 어떻게 작동하는가에 대해 더 많은 것을 배울 수 있는 훌륭한 방법일 뿐만 아니라, 또한 정반대의 관행들, 즉 다른 사람에게 존엄성을 부여하고, 다른 사람을 초청해서 그들에게 마음을 열고, 활력을 주는 전략들을 구현하는 방법에 대해 창조적으로 생각해보는 훌륭한 방법이기도 하다. 내가 가르치는 일을 시작했을 때 방금 언급한 상호 교류에 대해 깊이 생각해보았다. 나는 적어도 80명의 학생들이 참석하는 성경 수업을 여러 개 맡았지만, 매 학기마다 그 학생들의 이름을 일일이 열심히 외웠었다. 학생 사진을 붙인 명단을 출력할 수 있었는데 그게 도움이 됐다. 나는 매일 내 사무실에 도착하면 혼자서 학생들의 이름을 가지고 간단하게 시험을 봤다. 그래서 복도나 식당에서 학생들과 마주쳤을 때, 학생들의 이름을 곧바로 떠올릴 수 있게 했다. 누군가의 이름을 말하는 것만으로도, 얼마나 많이 그들에게 소중함을 느끼게 했고, 그들에게 의미 부여를 할 수 있었는지는 일일이 셀 수도 없다. 그것이 내가 권력 게임을 하고 싶은 유혹에 저항하고, 전략적으로 연약함과 더불어 살아가는 방법 중 하나였다. 하나님의 부활 능력이 우리의 삶에 나타나고, 또 다른 사람들에게 전파되도록, 우리가 연약한 자세를 구현하기 위해서 할 수 있는 일은 무궁무진하다.

제6장
십자가를 본받는 것과 자격 쌓기

다른 사람들과 마찬가지로, 목회자들도 자신이 부족하다는 느낌 때문에 고심한다. 하나님의 백성을 돌보는 것은 감당하기 어려운 과제이고, 이 때문에 목회자들은 그런 느낌을 해결할 방법을 찾기도 한다. 목회자들은 자기들이 직면한 문제를 해결하는 데 도움이 될 교육을 받으려고 할 수도 있다. 어떤 이들은 사람들을 이끄는 데 필요한 신뢰성과 자신감을 심어 주고, 특정한 지위를 부여해주는 자격을 취득해서 부족하다는 느낌을 완화하려고 할 수도 있다. 그러나 자격이란 것이, 교회를 목회하기에 '합당한' 사람이라는 정체성을 구축하는 데 사용되거나, 사회적 정체성을 확립하려는 노력의 일부가 될 때, 특히 목회자들이 하나님께서 이런 정체성을 통해 그들을 바라보신다고 상상할 때, 문제가 될 수 있다. 바울은 회심하기 전에 주님의 날에 부활에 대한 자기의 지분

을 확보하게 해줄 개인적인 신분을 구축하기 위해 사회적으로 인
상적인 자격을 취득하는 데 몰두했었다.

바울이 회심하기 전에 추구했던 자격들

빌립보서 3장에서 바울은 자격에 관한 생각이 어떻게 달라졌
는지 말한다. 바울은 청중에게 "우리들이야말로, 참으로 할례받은
사람"(3절)이라고 말하는데, 이는 그들이 하나님의 참된 백성이라
는 뜻이다. 그들은 "하나님의 영으로 예배하며, 그리스도 예수 안
에서 자랑하고, 육신을 의지하지 않는"다(3절). "육신을 의지하지
않는다"는 표현은 그리스도인들이 자신들을 하나님의 백성으로
인식하는 근거가 그들의 세상적인 정체성과 전혀 관련이 없다는
것을 나타낸다. 바울은 구원과 심판의 마지막 날인 그리스도의 날
에 하나님께서 그들을 구하실 것이라는 확신에 대해 구체적으로
언급하고 있다. 그들이 부자이든 가난하든, 남성이든 여성이든, 노
예든 자유인이든, 그리스인이든 유대인이든, 다른 어떤 것이든지
그것은 중요하지 않다. 그들은 하나님 앞에서 받아들여지기 위해
서 어떤 세속적인 정체성의 표시에도 의지하지 않는다.

그들의 "자랑"은 예수 그리스도께서 모으신 백성이라는 정체
성에 있다. 그것이 그들의 명함이고, 그들의 존재 이유이며, 그들
이 누구이고, 무엇이 그들에게 가치를 부여하는지를 보여주는 실

체이다. 그들은 사회적 계급이나, 민족이 같아서 모인 것이 아니고, 다른 세속적인 정체성이 같아서 모인 것도 아니다. 오로지 그들 모두 보좌에 앉으신 주 예수님께 충성을 고백하기 때문이다. 이것은 고대 세계에서 전례를 찾아볼 수 없는 사실이었을 것이다. 일반적으로 장인들의 길드가 함께 모였고, 같은 사회 계급의 클럽들이 만나서 저녁 식사를 했으며, 사람들은 가족의 정체성에 따라 가정에서 모였다. 그러나 교회 공동체는 예수 그리스도에 대해 그들이 공유한 정체성을 드러내고 구현하기 위해 함께 모여서 식사를 나누었다. 다른 사람들 앞에서의 그리스도인으로서의 정체성과 하나님 앞에서의 인간으로서의 정체성은 예수 그리스도의 백성 중에 자신이 참여하고 있음을 고백함으로써 얻게 된다. 다른 사람 앞에서 그리고 하나님 앞에서 다른 가치의 지표를 내세우는 것은 "육신을 의지하는 것"이다. 즉, 하나님께 인정받기 위해 세속적인 정체성을 양성하는 것이다.

만일 바울이 육신을 의지하는 그런 사람이었다면, 4절에서 말한 것처럼 그렇게 할 충분한 이유가 있었을 것이다. 바울이 물려받은 문화의 사회적 관습에 따르면, 바울은 하나님의 백성 가운데서 명예로운 위치를 인정받을 만한 이상적인 정체성을 구축했었다. 바울은 자신이 인상적인 자격들을 취득하고 있었기 때문에 부활의 날에 구원받을 것이라고 확신할 수 있었다.

하기야, 나는 육신에도 신뢰를 둘 만합니다. 다른 어떤 사람이 육신에 신뢰를 둘 만한 것이 있다고 생각하면, 나는 더욱 그러합니다. 나는 난 지 여드레 만에 할례를 받았고, 이스라엘 민족 가운데서도 베냐민 지파요, 히브리 사람 가운데서도 히브리 사람이요, 율법으로는 바리새파 사람이요, 열성으로는 교회를 박해한 사람이요, 율법의 의로는 흠 잡힐 데가 없는 사람이었습니다. (빌 3:4-6)

바울은 역사적으로 볼 때 틀림없는 하나님의 백성으로 태어났다. 그는 이스라엘 사람이었고, 히브리인 부모에게서 태어난 히브리 사람이었으며, 성경의 명령에 따라 태어난 지 팔 일 만에 할례를 받았다(레 12:3). 바울이 모세 율법에 헌신적이었다는 것은 그가 바리새인으로 훈련받았다는 데서 분명하게 드러난다. 바울은 하나님의 백성에게 토라를 가르쳤을 뿐만 아니라, 이스라엘이 부활 생명을 받을 수 있도록 열심히 기도하고 일하는 집단의 훌륭한 일원이었다.

하나님에 대한 열심과 하나님의 백성의 정결에 대한 열심 때문에 바울은 교회를 박해했었다. 바울은 유대 백성들에게서 부정과 세속적인 요소들을 열정적으로 제거하는 일에 생애를 바쳤다. 그리고 바울은 율법에 따라 흠잡을 데 없이 사는 '의로운' 사람이라는 지위를 획득했다.

이런 자격들로 인해 바울은 자기 민족 중에서도 핵심적인 위치에 있었고 인상적이고 고귀한 사회적 지위를 차지했었다. 바울은 모든 조건을 충족했었고, 성경을 해석하는 방식을 기준으로 했을 때 존경받는 사람이 됐다. 바울은 흠잡을 데 없는 문화적 정체성을 물려받았고, 동료들로부터 찬사를 받는 개인적인 명성을 쌓아 올렸다. 바울은 관심과 존경을 받을 만한 명예로운 사람이었다. 예정된 주님의 날에 하나님의 백성들이 구원받을 때, 바울은 자신이 가장 앞줄에 서게 될 것으로 생각했다.

　그러나 바울은 회심하기 전에는 자신이 "육신을" 신뢰하고 있다고 말하지 않았을 것이다. 그는 하나님과 하나님의 말씀을 신뢰한다고 생각했을 것이다. 어쨌든 바울은 자신을 신실한 이스라엘 사람이라고 생각했다. 바울은 토라를 존중했으며, 한 분이신 참되신 하나님을 섬기고 있었다. 바울은 자신이 하나님을 자랑하고 있고, 하나님께서 신실한 자들과 열심히 진리를 추구하는 자들을 인정하실 것을 소망하고 있다고 생각했다. 바울은 자신의 명함과 정체성 같은 '자랑거리'를 만들고 있다는 것을 깨닫지 못했다. 그런 자격들은 하나님의 목적과 전혀 무관한 것이고, 그리스도의 날에는 아무 의미 없는 것들이다.

　다메섹으로 가는 길에서 높아지신 주 예수님의 말씀을 들은 후에, 바울의 자아 개념은 우리가 이미 살펴본 것처럼 철저하게 달라졌다. 바울은 자신이 추구한 모든 것이 이 악한 시대가 가리키는 방향으로 움직였다는 것을 깨닫게 됐다. 하나님께서는 바울이 '불의'하고, '하나님께 저주를 받았다'고 생각했던 사람을 신원하셨기 때문에, (아래에서 논의하겠지만) 바울의 모든 자격은 이제 무

의미한 것보다 훨씬 나쁜 것이 돼버렸다. 이스라엘의 하나님을 의지하기는커녕, 바울은 자신이 완전히 타락한 죄 많은 인간성의 영역인 "육신을" 신뢰했다는 것을 깨달았다.

자격을 쌓아 올리라는 현대의 유혹

　바울이 추구했던 자격 쌓기의 문제에 담긴 역동성은 현대의 목회와 중요한 연관성이 있다. 바울은 하나님께서 그를 판단하실 기준과 고상하고 완벽한 사회적 가치를 결부시켰다. 즉, 바울은 하나님께서도 그 문화에 속한 모든 사람들처럼 바울의 지위와 성취에 감동하실 것이라고 생각했다. 바울처럼 우리도 자기를 평가하는 가치의 수평적 차원과 수직적 차원을 연결하는 경향이 있다. 그래서 현대 목회자들이 자격 쌓기를 통해 자신의 가치를 증명하는 방법과 사회적 자격이 하나님 앞에서의 우리의 지위를 증명할 것이라는 가정이 어떻게 우리의 생각 속에서 미묘하게 작동하는지를 성찰해보는 것은 도움이 된다.

　현대 목회자들이 자신들의 사회적 정체성, 즉 자신들의 가치를 나타내는 자격을 쌓는 방법 중의 하나는 교회의 크기다. 우리 문화의 다양한 가치들은 목회자들에게 교회가 수적으로 얼마나 성장하는지에 따라 교회가 건강한지를 평가하라고 부추긴다. 나는 이런 장면을 수백 번 목격했다. 목회자들이 컨퍼런스에 모였을 때, 서로에게 던지는 첫 번째 질문은 "당신 교회는 얼마나 큰가요?"였다. 이것이 우리가 서로를 평가하는 방식이다. 이런 식으로 경제나 주택 시장에서 통하는 생각이 우리가 목회에 대해 생각하는 방식에 영향을 준다. 강한 나라는 경제가 성장한다. 건강한 경제는 주택 시장이 성장한다. 따라서 큰 교회나 성장하는 교회를 목회하는 목회자는 좋은 목회자인 것이 당연하다는 식이다. 우리의 상상력이 이런 경제 지표에 따라 형성되기 때문에, 우리 교회가 다른 사람의 교회보다 더 크면 기분이 좋아지게 마련이다. 그리고 우리 교회보다 더 큰 교회의 목회자를 만나면, 자신과 자신의 목회에 대해 씁쓸한 생각이 들게 된다.

목회자가 자격을 쌓는 또 다른 경로는 가급적이면 명문 신학교에서 학위를 따는 것이다. 목회 분야의 문학석사(M.A.) 학위를 가진 목회자들은 신학교가 주는 표준 학위인 목회학석사(M.Div.) 학위를 가진 목회자에게 열등감을 느낄 수 있다. 반대로 박사학위인 목회학박사(D.Min.)나 철학박사(Ph.D.) 학위를 가진 목회자들은 문학석사(M.A.)만 있는 목회자들에 비해 우월감을 느낄 수 있다. 나는 자기가 신학교에서 무엇을 배웠고, 어느 신학교를 다녔는지 전혀 지치지 않고 끊임없이 교회에 이야기하는 목회자를 알고 있다. 이것이 그의 자아 개념에서 매우 중요한 부분이었기 때문이다.

신학교는 학위를 취득하면 목회자들이 목회에서 맞닥뜨릴 문제들을 처리하고 복잡한 문화적 상황에 대처하는 데 필요한 기량을 갖게 될 것을 약속하면서 학위를 판매한다. 이런 약속에는 고급 학위를 취득한 목회자는 그렇지 않은 경우보다 몸값이 높아졌음을 입증하는 자격증이 생긴다는 교묘한 마케팅 전략이 숨어 있다.

자격증 취득을 부추기는 또 다른 수단은 유명한 목회자가 목회 컨퍼런스에서 강연할 때, 그 목회자를 소개하는 문구에 주의를 집중시키는 것이다. 컨퍼런스 광고에는 그 컨퍼런스에서 강연하는 목회자의 약력이 들어간다. 그런데 그런 약력의 목록에 바울이 서신에서 장로와 목회자의 자격과 관련해서 언급한 것들은 거의 찾아볼 수 없다. 목회서신을 보면(디모데전후서, 디도서), 바울은 다투기를 좋아하지 않고, 돈을 사랑하지 않으며, 너그러운 것에 대해 말한다. 그러나 목회 컨퍼런스의 광고는 자족함이나 신실한 가정생활 같은 실천과 덕목에 대해서는 거의 언급하지 않는다. 오히려 그 목회자들의 학위와 교회 규모가 들어간다. 이것은 우리가 목회자를 평가하는 가치를 반영하는 것이고 또 강화하는 것이다. 어떤 목회자들은 학술적인 학위와 책 출판 때문에 '중요한' 인물이 된다. 그들은 중요한 인물이고, 그들의 교회가 크기 때문에 사람들이 그들의 말을 들어야 한다.

이런 역학은 다른 목회자들에게 비슷한 자격을 취득해야겠다는 욕망을 불러일으킨다. 그리고 젊은 목회자들에게 분명한 메시지를 전달한다. "학위를 취득하면 몸값이 올라간다. 교회가 성장하고 있거나, 교인 숫자가 많다면 다른 사람들에게 중요한 인물이 될 것이고, 하나님 앞에서도 인정받게 될 것이다."

　　이런 것 때문에 목회자들은 목회 컨퍼런스의 강사가 되기 위해서 또 다른 자격을 취득하려고 한다. 나는 최근에 목회 훈련을 받는 젊은 여성과 이야기를 한 적이 있는데, 그녀에게 목회의 목표가 무엇이냐고 물어보았다. 그녀는 컨퍼런스 강사가 되고 싶다고 말했다. 그녀는 '영향력을 갖고 싶다'고 솔직하게 말했다. 컨퍼런스가 이런 열망을 만들어낸다는 게 우리 시대의 현실이다. 우리는 심지어 "선도적인 사상가"나 "영향력 있는 사람" 같은, 그러한 역학을 반영하고 생성해내는 용어도 갖고 있다. 또한 광고에도 그런 자격이 반영된다. "그녀는 컨퍼런스에서 수천 명의 목회자에게 강연했습니다."

　　나는 목회하는 친구 몇 명과 이런 역학에 관해 대화를 나눈 적이 있는데, 그때 브랜다(Brenda: 아주 재능 있는 음악가이면서 지역 교회를 목회하고 있는 몇 안 되는 사람 중 한 명)는 목회자들이 인상적인 자격을 증명하는 또 다른 방법이 유명한 예술가들/연주가들과 본인을 연결하는 것이라고 말했다. 이들은 넓은 문화권에서 많은 추종자를 거느린 인기 있는 교회 음악가이거나 예술가일 수도 있다. 우리는 자기들이 조금이라도 알고 있고, 자기들과 연결된 사람들을 기반으로 사회적으로 높은 지위를 얻으려 하는, "유명인의 이름을 팔고 다니는 사람"의 역동성과 습관을 알고 있다.

　　다음과 같은 질문은 우리가 자신을 보는 방식에 영향을 주는 자격 증명의 역학을 확인하는 데 도움이 될 수 있다.

- 내가 목사나 사역자가 되기에 적합한 이유는 무엇인가? 나는 무슨 자격이 있는가?
- 내가 이 교회의 목사나 사역자가 되기에 적합한 이유는 무엇인가?
- 나는 무엇을 내세울 수 있는가?
- 내가 다른 목회자와 대화할 때, 나는 그들에게 나와 내 목회에 대해 무엇을 알려주고 싶은가?
- 내 목회를 돕는 사람들이 왜 내 말을 들어야 하는가?
- 내 목회가 잘 진행되고 있는지 어떻게 알 수 있는가?
- 목회 컨퍼런스에서 강연해달라는 부탁을 받은 적이 없는데도, 나를 성공한 목회자라고 볼 수 있는가?
- 교회나 목회가 수적으로 성장하지 않더라도 나는 목회자로서 행복하고 만족할 수 있는가?

자격 증명과 십자가를 본받는 것

바울은 계속해서 빌립보서 3장에서 자신의 자격 쌓기 계획이 달라진 것에 대해 이야기한다.

그러나 나는 내가 얻은 것이 무엇이든지 그리스도 때문에 잃은 것으로 여기게 됐습니다. 그뿐만 아니라, 내 주 예수 그리스도를 아는 지식이 가장 고귀하므로, 나는 그 밖의 모든 것을 잃은 것으로 여깁니다. 나는 그리스도 때문에 모든 것을 잃었고, 그 모든 것을 오물로 여깁니다. 나는 그리스도를 얻고, 그리스도 안에 있는 사람으로 인정받으려고 합니다. 나는 율법에서 생기는 나 스스로의 의가 아니라, 그리스도를 믿는 믿음으로 말미암아 오는 의 곧 믿음에 근거하여, 하나님에게서 오는 의를 얻으려고 합니다. 내가 바라는 것은, 그리스도를 알고, 그분의 부활의 능력을 깨닫고, 그분의 고난에 동참하여, 그분의 죽으심을 본받는 것입니다. 그리하여 나는 어떻게 해서든지, 죽은 사람들 가운데서 살아 부활에 이르고 싶습니다. (빌 3:7-11, 저자의 번역)

가장 먼저 주목할 것은 바울이 이제 자신의 자격을 "잃은 것"에서 찾겠다는 것이다. "내가 얻은 것이 무엇이든지, 잃은 것으로 여기게 됐습니다"(7절: 우리말 성경에서는 주로 "유익하던 것"과 "해로운 것"으로 번역하고 있지만, 영어성경은 대부분 "얻은 것"[gain]과 "잃은 것"[loss]으로 번역한다. 저자도 그렇게 번역했다—역주). 바울은 자신의 자격을 부정적으로 여긴다는 점을 강조하면서, 이제는 그것들을 "오물"(8절)로 여긴다고 말하는데, 이 오물이라는 말은 아주 얌전한 번역이다. 그리스어로는 배설물(*skybala*)이라는 뜻인데, "쓰레기"(메시지 성경), "하수구의 오물"(CEB), "똥"(KJV) 혹은 "찌꺼기"(NIV)로 번역되기도 한다. 바울은 자신이 이전에 갖고 있던 자격을 혐오스러운 것으로 본 것이 분명하다! 바울이 물려받고 축적한 자격이 그 자체로 나쁜 것은 아니다. 그러나 바울에게 그 자격들은 이제 "**그리스도를 위하여 잃어버린 것**"이다(7절). 바울은 8절에서도 이런 비교를 반복한다. 바울은 "내 주 예수 그리스도를 아는 지식이 가장 고귀하기 **때문에**" 자신의 가치를 나타내는 이 모든 것들을 "잃은 것"으로 여긴다. 그리고 바울이 전에 자신의 가치를 증명하기 위해 추구하던 모든 개인적인 특성들은 모두 "**그리스도 때문에 잃은 것**"이다.

그것들은 그리스도 때문에 잃은 것이다. 왜냐하면 이 자격들이 이제는 사회적으로 수치스러운 십자가형을 당하신 예수님과 바울이 하나가 되는 가장 놀라운 자격을 얻는 데 방해가 된다는 구체적인 이유 때문이다. 바울은 자신에게 유일하게 중요한 자격은 철저하게 십자가를 통해서 자신의 가치와 정체성을 형성하는 것임을 깨달은 것이다. 그리고 그 때문에, 바울이 그동안 축적한 사회적으로 그리고 문화적으로 인상적인 자격들은 장애물이 된다. 왜냐하면 그것들은 여전히 다른 사람 앞에서의 가치가 바로 하나님 앞에서의 가치라는 차원에서, 바울에게 개인적인 가치를 증명하라고 부추기기 때문이다.

바울은 더 이상 자신의 인상적이고 세속적인 자격으로 알려지거나 평가받고 싶어 하지 않고, 오히려 그 대신에 "그리스도 안에" 있는 사람으로 알려지고 평가받고 싶어 한다. 바울이 "뒤에 있는 것은 잊어버리고"라고 말하는 것은 바울이 자신의 인상적인 자격을 구체적으로 언급한 것이다(13절). 바울은 이제 "그리스도를 얻고" "그리스도 안에 있는 사람으로 인정받기" 위해 노력한다. 바

울은 이제, 하나님으로서의 정체성을 이용하지 않고 오히려 자기
를 희생하여 십자가에서 죽기까지 가장 낮고 수치스러운 가셨던
그리스도의 길을 따라, 그처럼 낮은 자리에 서고 싶은 것이다(빌
2:6-8). 그는 자신의 이점과 특권을 이용하기보다는 종의 모습을 취
했다. 제2장에서 논의한 바와 같이, 이것은 정체성 구축이라는 현
대 목회 전략의 본질에 역행하는 것으로서, 철저하게 반문화적인
추구이며 반직관적인 삶의 방식이다. 이것이 우리가 하나님의 부
활 능력을 누리는 방법이라는 확신에 따라, 섬김을 통해 다른 사
람에게 존엄성을 부여하고, 그들이 번영하기를 바라는 삶의 방식
이다.

　"그리스도 안에" 있는 바울의 지위는 이제 바울의 유일한 정체
성 표지다. 따라서 바울이 살아가는 목적은 다른 사람을 위해 자
기를 온전히 희생하는 삶을 사는 것이다. 이런 삶은 자신의 자격
에서 적극적으로 도망치고, 자신이 이전에 가졌던 특권 및 업적과
동일시되는 것을 단호하게 거부할 수밖에 없다. 왜냐하면 이런 것
들은 바울이 그리스도의 십자가와 관련됐음을 보여주는 사회적으
로 수치스러운 표지들을 기꺼이 받아들이지 못하게 하기 때문이
다. 하나님 앞에서의 바울의 가치, 즉 그의 "의로움"은, 비록 바울
이 모세 율법이 지향하는 가치 체계에 토대를 둔 의로움에 온 힘
을 쏟았다 하더라도, 이제는 바울이 구축한 정체성이 아니라 "그
리스도 안에" 있음을 통해 얻게 된다(9절). 바울이 그리스도의 십
자가를 본받는 존재가 됐다는 오로지 그 사실 때문에 그리스도의

부활의 능력을 경험할 수 있는 것이다(10절).

이러한 사실, 즉 부활의 능력을 누리는 것과 마지막에 부활에 참여하는 것 때문에, 바울은 자신의 사회 집단 안에서 인상적으로 보일 수 있는 자격 쌓기를 거부한 것이다. 그리고 그것 때문에 바울은 철저하게 십자가를 지향하는 목회 방법을 구축했다. 바울의 목회의 정당성을 입증해주는 궁극적인 자격은 바울이 십자가를 본받는 존재로 변했다는 것이며, 이는 바울이 그리스도의 고난에 참여한다는 의미이다.

바울이 십자가를 본받음으로써 얻은 자격들

우리는 바울서신에 있는 인사말을 살펴봄으로써 바울이 자신의 목회에 대한 자격을 어떻게 제시하고 있는지 알아볼 수 있다. 인사말에서 바울은 자신이 누구인지를 밝히면서, 자신의 청중에게 말할 권리와 사도로서 목회를 수행할 권리를 증명한다. 바울은 일관되게 두 가지 서로 연관된 방법으로 자신의 자격을 밝힌다. 즉, 그는 하나님의 부르심을 받았으며, 예수 그리스도의 종이라는 것이다.

- 예수 그리스도의 종(*doulos*)인 나 바울은 부르심을 받아 사도가 됐습니다. 나는 하나님의 복음을 전하기 위하여 따로 세우심을 받았

습니다(롬 1:1).

- 하나님의 뜻으로 그리스도 예수의 사도로 부르심을 받은 나 바울(고전 1:1).

- 하나님의 뜻으로 그리스도 예수의 사도가 된 나 바울(고후 1:1).

- 사람들이 시켜서 사도가 된 것도 아니요, 사람이 맡겨서 사도가 된 것도 아니요, 예수 그리스도께서 그리고 그분을 죽은 사람들 가운데서 살리신 하나님 아버지께서 임명하심으로 사도가 된 나 바울이(갈 1:1).

- 하나님의 뜻으로 그리스도 예수의 사도가 된 나 바울이(엡 1:1).

- 그리스도 예수의 종(*douloi*)인 바울과 디모데가(빌 1:1).

- 하나님의 뜻으로 그리스도 예수의 사도가 된 나 바울(골 1:1).

- 우리의 권면은 잘못된 생각이나 불순한 마음이나 속임수로 하는 것이 아닙니다. **우리는 하나님께 검정을 받아서, 맡은 그대로 복음을 전합니다.** 우리가 이렇게 하는 것은 사람의 환심을 사려고 하는 것이 아니라, 우리의 마음을 살피시는 하나님을 기쁘게 해 드리려고 하는 것입니다(살전 2:3-4).

- 우리의 구주이신 하나님과 우리의 소망이신 그리스도 예수의 명령으로 그리스도 예수의 사도가 된 나 바울이(딤전 1:1).

- 하나님의 뜻으로 그리스도 예수 안에 있는 생명의 약속을 따라 그리스도 예수의 사도가 된 나 바울이(딤후 1:1).

- 하나님의 종(*doulos*)이요 예수 그리스도의 사도인 나 바울은(딛 1:1).

- 그리스도 예수 때문에 감옥에 갇힌 나 바울과 형제 디모데가(몬 1).

우리는 바울이 자신의 목회 자격을 어떻게 구성하는지 몇 가지로 나누어서 살펴볼 수 있다. 첫째, 바울은 반복해서 자신이 하나님께 임명받은 사도임을 언급한다. 바울은 자신이 무슨 일을 했는지 전혀 언급하지 않을 뿐만 아니라, 다른 어떤 인상적인 자격도 나열하지 않는다. 오히려 바울은 하나님이 하신 일을 설명한다. 하나님께서 적극적으로 움직이셔서 자신을 목회자로 임명하셨다. **바울은 이것을 위해 부르심을 받았다.** 이러한 부르심은 권력 이동으로 해석될 수도 있으며, 확실히 오늘날에는 그러한 권력 이동이 남용됐다. 사람들을 현혹하는 지도자들은 다른 사람들을 착취하면서 그걸 변명하기 위해 자기들에게 신성한 권위가 있다고 주장한다. 그러나 이것은 바울이 하고 있는 일을 잘못 해석한 것이다. 사실, 교활한 지도자들과 달리 바울은 전혀 자신을 청중과 **분리**하거나 청중 **위에** 두지 않는다. 바울은 자신을 청중과 **나란히** 두는 수사학적인 전략을 사용한다.

로마서와 고린도전서에서 바울은 자신이 사도로 "부르심"을 받았다고 말한다. 그리고 바로 뒤이어서 자신의 청중도 부르심을 받았다고 말한다. 그들은 성도로, 즉 "거룩한 무리"로 부르심을 받았다(롬 1:7; 고전 1:2). 바울을 임명하신 분이 하나님이시듯이, 성도들 역시 하나님께서 임명하셨다. 또한 바울은 하나님의 대변인인데, 이는 바울이 청중들에게 그들 가운데 계신 하나님의 임재를 어떻게 누릴 수 있는지를 가르치도록 임명받았다는 것을 의미한다.

데살로니가전서는 이 점을 강조하기는 하지만 예외적인 경우다. 바울은 이 서신의 서두에서는 자신의 자격을 증명하지 않는다. 오히려 2장에서 자신에게 청중들에게 복음을 전할 권리가 있음을 언급한다. 바울은 자신과 자신의 목회가 "하나님께 검정을 받아서, 맡은 그대로 복음을 전"하는 것과 관련이 있음을 언급하면서, 자신을 이 일에 주도적으로 부르신 분이 하나님이라고 지목한다(살전 2:4). 이런 일관된 형식의 또 다른 예외가 데살로니가후서인데, 여기에서 바울은 자격에 대해 한마디도 하지 않는다. 그러나 여기에서 바울은 자신이 그들 중에 있었을 때 종처럼 행동했다는 것을 지적한다(살후 3:8). 이것은 두 번째 요점으로 이어진다.

몇 곳에서 바울은 사회적으로 가장 낮은 지위에 해당할 것 같은 용어로 자신을 표현한다. 바울은 예수 그리스도의 종(doulos)이라는 식이다. 바울은 이런 식으로 자신의 삶을 그리스도께서 "종(doulos)의 모습"(빌 2:7)을 취하셨던 것과 동일시하거나 모방한다. 고대 사회에서 종에게는 권리가 없었고, 사회적 가치도 없었다. 그리고 법의 관점에서 보자면 사실상 재산 이외의 다른 것으로는 존재할 수 없었다. 이것은 수치스러운 정체성 표지인데, 바울은 마치 이것이 자신의 명함이라도 되는 양 기꺼이 받아들였다. 왜냐하면 종이라는 말은 바울이 사회에서 가장 낮은 사람이라는 것을 확인해주기 때문이며, 바울을 십자가에 달리신 예수님과 가장 가까운 자리에 두게 해주기 때문이다. 이런 모습은 현대 목회에서 높은 사회적 지위를 차지하라고 강조하는 것과 완전히 다르다!

바울은 자신을 전문가나 노련한 사람으로 보지 않았다. 바울은 자신을 청중보다 위에 두지 않고, 자신을 청중들과 나란히 둠으로써, 서로 동등한 자리에서 청중들에게 호소한다. 바울은 자신의 목회 동역자들을 "형제들"(고전 1:1; 골 1:1), "동역자들"(고전 3:9; 몬 1, 24), 그리고 "함께 종이 된 사람"(골 1:7)이라고 부른다. 우리의 현대적인 시각 때문에, 우리는 바울을 위대한 사도, '담임 목사', 'CEO', 혹은 목회팀의 '총감독'처럼 볼 수 있다. **그러나 그것은 바울이 자신을 본 시각이 아니다.**

이런 자세 때문에 바울은 하나님 앞에서 자신의 목회를 책임감 있게 수행할 수 있었다(고전 4:2-5). 그리고 이런 자세 때문에 바울은 자신을 청중들 위가 아니라 청중들 **옆에** 함께 세울 수 있었고, 목회를 감당하기 위해 청중들에게 의지할 수 있었다. 여러 곳에서 바울은 자신의 청중들에게 자기가 목회를 충성스럽고 효과적으로 수행할 수 있도록 기도해달라고 부탁한다(롬 1:12; 엡 6:19-20; 빌 1:19).

십자가를 본받는 목회를 위한 현대의 자격 증명

바울의 사례는 목회자의 기본적인 자격이 하나님께서 그들을 종으로, 그리고 하나님의 백성을 책임지고 돌보는 사람으로 부르셨다는 것임을 보여준다. 하나님께 부름을 받았다는 것은 놀라울 정도로 우리에게 자유를 준다. 왜냐하면 우리의 정체성은 사람들이 우리를 평가하는 것에 얽매이지 않기 때문이다. 오직 하나님만이 우리가 하나님의 백성을 어떻게 섬길지를 결정하신다. 물론 그렇다고 해서 우리가 사람들이 우리에 대해 어떤 느낌을 받든지 신경 쓰지 않는다는 것을 사람들에게 주기적으로 되새겨 주어야 할지도 모른다는 뜻은 아니다. 오히려 그것은 우리가 기꺼이 교회를 섬기고, 사람들을 사랑하고, 존중하고, 그들과 관계를 맺을 수 있게 우리를 자유롭게 해준다는 것이며, 그로 인해서 하나님의 은혜가 언제나 그들의 삶에 흘러넘치게 된다는 뜻이다. 바울이 가졌던 것과 동일한 목회 정체성을 갖고 살아가는 것은 또한 우리가 다른 사람들에게, 그리고 우리 자신에게 우리가 정말로 목회 사역에 적합하다는 것을 입증할 더 많은 자격을 추구해야 한다는 부담으로부터 자유롭게 해준다.

　이것을 실제로 구현할 수 있는 방법은 많다. 그중에서 한 가지 제안을 하자면, 목회자들과 사역자들이 사람들에게 자기를 부를 때 이름으로 불러달라고 부탁하는 것이다. 특히 '목사님' 같은 존칭으로 부르는 목회 상황에서는 더욱 그렇다. 앞에서도 지적했듯이, '목사'는 고대 사회에서는 천대받던 목동을 가리키는 용어였다. 그렇기 때문에 이 용어는 교회 안에 있는 사람들의 필요와 영적·육신적 안녕을 돌보는 것과 관련된 모든 사역을 가리킨다. 안타깝게도 현대의 목회 사역은 '지도력'과 결부되어 버렸다. 지도력은 우리 문화 환경에서는 CEO나 기업 경영자 같은 사람을 떠올리게 하는데, 이런 사람들은 우리 교회에 있는 사람들의 일상적인 삶과는 거리가 먼 사람들이다. 바울은 자신을 "형제"로 부르면서 교회와 자신을 나란히 두었기 때문에, 그리고 심지어 "종"으로 그들보다 밑에 두었기 때문에, 우리 자신을 이런 자리에 두기 위해 우리가 할 수 있는 모든 일을 심각하게 생각해볼 필요가 있다.

박사 학위를 가진 사람들도 마찬가지다. 학위명을 붙여서 자신을 불러달라고 하는 것은 바울의 목회 정신과 정반대되는 것이다. 그렇게 하는 것은, 우리가 우리 자신을 우리가 목회하는 사람들의 옆이나 밑이 아니라, 위에 있는 존재로 본다는 뜻이다.

목회자들이 교회에서 일어나고 있는 일에 대해 말할 때, "내"가 하는 일에 대해 말하기보다, "우리"에 대한 대화를 더 많이 해야 하지 않을까 하고 생각해볼 필요가 있다. 이것은 목회자들이 추구하는 주도권에 목회자와 성도들을 함께 포함한다는 의미다. 내가 아는 한 신학교 교수는 목회자들이 교회에 대해 언급하면서 "내 교인들"이라고 말하면 습관적으로 발끈해서 말을 가로막는다. 그는 이렇게 묻곤 한다. "**누구의** 교인이라고요?" 교회는 하나님이 부르신 이들, 하나님과 하나님에게만 속한 이들로 구성되는데, 목회자들은 이들을 책임감 있게 섬기고 보살필 특권이 있을 뿐이다.

그리고 목회자들이 교회에서 설교하면서, 성경의 사실들을 설명하기 위해 예화를 사용할 때, 어떻게 하면 수사학적으로 자신을 같은 길을 가는 제자로 모든 사람과 나란히 둘 수 있을지 심사숙

고해볼 수 있다. 당신 이야기 속에서 영웅은 항상 당신인가? 당신
은 습관적으로 당신을 옳은 일을 하는 사람으로 묘사하지는 않는
가? 우리 모두는 삶이라는 게 그렇게 깔끔하지도 않고, 제자도가
우리가 말하는 것보다 훨씬 더 엉망진창이라는 것도 알고 있다.
무언가 배울 점이 있었던 이야기를 나누거나, 당신 때문에 관계에
갈등이 생긴 후에 죄를 고백하거나 화해하려고 했었던 때에 관해
이야기해 보라. 다른 사람들과 **동등한** 위치에서 말하는 것은 당신
과 함께 다른 사람들을 제자도로 끌어들이는 강력한 역동성을 발
휘한다. 그것은 그리스도인의 제자도를 진실하게 보여주는 것이
며, 수사학적으로는 하나님께서 당신에게 섬기라고 부르신 제자
들과 당신을 동등한 위치에 두는 것이다.

　이것은 바울과 비슷한 목회 자격을 갖기 위한 수많은 방법 중
몇 가지일 뿐이다. 나는 당신이 기도하는 마음으로 당신의 상상력
을 활용해서 당신이 본의 아니게 다른 사람들보다 더 높은 자리에
자신을 올려놓게 되는 경로를 살펴보고, 어떻게 하면 다른 사람과
동등하거나 낮은 자리에 갈 수 있는지 심사숙고해 보길 바란다.

신학교에서 받는 훈련의 좋은 점은 무엇인가?

　지금까지의 논의는 목회를 준비하기 위해 신학교에 가야 하는
이유에 의문을 제기한다. 바울이 회심하기 전에 추구했던 것을 고

려해볼 때, 신학교 교육을 받아야 하는 타당한 이유가 있을까? 게다가 신학교(seminary)를 '묘지'(cemetery)에 빗대는 농담을 보면, 이 말이 사실은 누군가에게는 신학교가 믿음이 죽어버리는 곳이라는 뜻인데, 과연 신학교에 무슨 의미가 있는 것일까?

나는 하나님의 백성을 신실하게 목회할 수 있게 준비시켜준다는 의미에서 신학교 교육에 큰 가치가 있다고 생각한다. 목회자들이 비판적인 사고력을 발전시키고 계속해서 연마하는 것은 중요한 일이다. '비판적'이라는 말은 전통적인 성경 읽기와 성경 자체 사이의 거리를 분별하는 능력을 의미한다. 또한 비판적 사고는 우리가 성경을 읽을 때, 본문 속에서 다른 것들은 무시하고, 분명한 사실들과 역학을 보는 데 익숙해지고, 그런 깨달음이 더 커진다는 뜻이다. 훈련된 사고방식을 개발하면 우리가 말하고 싶은 것이나, 성경에서 보도록 훈련받은 내용이 아니라, 성경이 말하고 있는 것을 읽어낼 수 있는 능력이 향상된다. 성경에 대한 이러한 접근 방식은 하나님의 음성을 분명하게 듣고, 하나님께서 실제로 말씀하신 것에 근거해서 하나님의 백성에게 말할 수 있게 해준다.

물론, 비판적 사고를 발전시킬 때에는 항상 위험이 따른다. 다른 사람과 그들의 관점을 거들먹거리면서 무시하고 비판적인 생각만 키울 수가 있는 것이다. 이것은 우리가 항상 경계해야 하는 일이지만, 이런 위험 때문에 성경을 다루고 우리 자신과 우리의 문화를 분석하는 기술을 연마하는 일을 그만둘 수는 없다. 나는 학생들에게 우리가 교실에 있을 때, 성경 본문을 꿰뚫어 볼 뿐만 아니라, 또한 그것을 통해서 하나님의 백성에 대한 하나님의 비전이 우리 교회를 통해 구현되고 있는지, 그렇지 않은지를 분별하는 상당히 비판적인 작업에 참여하는 것이라고 말한다. 그러나 우리는 오직 어떻게 하면 우리의 목회에서 하나님의 사랑과 은혜를 전략적으로 구현할지 판단하기 위해 이 일을 할 뿐이다. 우리가 교실 바깥에서 교회의 성도들과 이런 대화를 나눌 필요는 없다. 우리는 신학교에서 배우는 것을 통해 하나님의 말씀을 더 잘 듣고, 하나님의 백성을 사랑하는 사람이 되기 위해 준비된다. 물론 우리가 청중석에 앉은 성도들이 들으면 안 되는 위험한 정보를 배우는 건 아니다. 우리는 신학교에서 배워서 교회를 위해 성경을 펼쳐 설명할 수 있는 사람으로 만들어지는 것이다.

비판적인 사고는 또한 우리 주변의 부패한 문화가 우리 교회의 공동 생활에 어떻게 영향을 주었는지 분별하는 데 도움이 된다. 목회자들이 하나님의 백성에게 예언자적 말씀을 전해야만 할 때가 있다. 그리고 목회자들은 이 악한 시대가 지배하는 이데올로기와 문화의 패턴이 우리 공동체에 어떻게 영향을 미쳤는지를 분별하고 토론하는 신학교 강의실에서 이런 일을 감당할 준비를 하는 것이다. 이 점에 대해 내가 마음에 두고 있는 것은, 만연한 개인주의가 길러낸 이데올로기와 문화적 관습과 더불어서, 목회자들이 자신을 소비자에게 배달되거나 판매되는 상품이라고 생각하게 만드는 목회 방법이다. 그리고 우리 공동체가 적응하고 있는 성적 불평등과 인종적 불평등에 대해 아무런 말도 하지 않는 것이다.

이런 것들과 다른 많은 가치들이 공동체의 관습을 형성하는 사고 방식을 낳는다. 그리고 신학교 강의실은 이와 관련된 역동성을 분석하고 희망찬 복음적인 대안을 제시하기에 가장 탁월한 장소이다.

이 모든 것은 목회자들에게 성경을 해석하는 실력을 구비시켜 주고, 하나님의 백성을 하나님의 말씀으로 먹이는 방법을 갖추게 해준다는 의미에서 신학교 교육이 큰 가치가 있음을 증언한다. 성경의 언어를 배우고 신학적인 기술과 분별력을 발전시키는 것은 목회자들이 하나님의 백성들에게 십자가 지향적인 비전의 경이로움을 설명하는 데 도움이 된다. 그리고 목회자들은 신학교육을 통해 지금의 현실에 대해 말하는 것을 배우고, 그리스도의 날에 있을 부활을 향해 가면서도, 이 땅에서 부활의 생명을 누리며 더 크게 성장할 것을 약속할 수 있게 된다.

그렇다면 신학교 교육의 장점은 무엇인가? 섬김을 기뻐하고 상처받고 소외된 사람들에게 섬김과 환대의 공동체를 형성하는 것이 특징인 십자가를 본받는 신실한 목회 비전을 길러낼 수만 있다면, 신학교 교육은 참으로 좋은 것이다. 신학교의 학위는 성공적인 경력이나 인상적인 사회적 지위를 보장하는 자격이기 때문에 추구되어서는 안 된다.

이신칭의와 십자가를 본받는 목회

자격 쌓기의 역동성은 목회자와 사역자들에게는 매력 있는 것이다. 이 장의 시작 부분에서 언급했듯이, 목회에 종사하는 대부분의 사람들은 업무와 부족한 시간, 그리고 가족에 대한 압박감에 짓눌리고 자신이 부족하다는 느낌 때문에 고심한다. 그들은 자기일에 만족하지 못할 수도 있다. 그리고 자기들의 위치를 좀 더 보장해줄 만한 것이나, 궁극적으로 그들에게 가치를 부여해서 만족감을 줄 수 있는 무언가가 있다고 생각할 수도 있다. 이런 역동성은 목회자들에게 큰 불안과 두려움을 준다.

목회자들은 이런 불안과 두려움에 대한 해결책이 되는 이신칭의에 대해 깊이 생각해보면 좋겠다. 바울은 다른 사람 앞에서 가치를 인정받고, 마지막 날에 있을 부활에 참여할 자격을 주장하기위해서 사회적으로 인상적인 자격을 추구하는 대신에, 그리스도의 십자가를 따르고 싶어 했다. 바울은 "그리스도 안에서 발견되고" 싶어 했다. 즉, "그분 안에" 있고 싶어 했다. 이는 "그리스도의 신실함을 통해"(*dia pisteōs Christou*, 빌 3:9) 부활에 참여하게 될 의(즉, 정당한 신분)를 가진다는 뜻이었다. 바울은 예수 그리스도의 지극한 신실함에 둘러싸였다고 표현하는 방식으로 자신과 그리스도의 연합에 대해 말한다. 즉, "그리스도 안"이야말로 하나님께서 바울로 하여금 하나님의 아들의 십자가를 닮은 성품을 따르게 하시는 우주적인 자리인 것이다. 그리스도 안에 있는 바울의 위치가 하나님 앞에서의, 따라서 다른 사람 앞에서의 바울의 정체성을 결정하는 것이다.

이신칭의는 자격을 추구하는 것으로부터 큰 해방과 자유를 준다. 가치를 인정받으려는 불안에서 자유롭게 되는 것은 오로지 십자가를 따를 때만 얻을 수 있다. 바울은 이 세상의 다른 정체성을 자랑할 필요가 없으며, 오로지 자신이 그리스도께 속해 있다는 것, 자신의 삶과 목회에 힘을 주는 실체인 성령에 의해 예수 그리스도의 생명으로 인도되고 있다는 것만 자랑한다. 그리스도께서 본을 보이신 십자가를 닮은 삶의 방식에 그런 식으로 머무는 것은, 우리가 부활의 날에 이르러, 완전하고 최종적인 구원에 들어가게 될 것을 보장한다.

목회자들은 하나님 앞에서 의롭다고 선언된 존재라는 것을 근거로 자유함을 얻기 때문에, 아무 것에도 얽매이지 않고 목회할 수 있다. 목회자들은 이 땅의 다른 어떤 정체성에도 시선을 돌릴 필요가 없다. 자격을 쌓고 싶은 유혹은 헛된 것을 좇는 것이다. 사람이 한번 자격을 취득하고 다른 사람들 앞에서 가치를 증명하기 위해 자격에 시선을 돌리게 되면, 그런 사람들은 곧 다른 이유로 부족하다는 느낌을 받게 되고, 또 다른 자격이 필요하다고 생각하게 된다. 이런 식으로 끝없이 추구하는 것은 헛된 것이다. 박사학위를 갖고 있더라도, 컨퍼런스의 강사가 아니라거나, 유명한 목회자들 축에 끼지도 못한다는 말을 들을 수도 있다. 목회자들이 자신의 가치를 입증할 더 나은 기반을 끊임없이 찾는다면, 그 무의미한 것을 다른 사람에게도 전파하게 될 것이고, 다른 사람에게도 손에 잡히지 않는 것을 추구하고 그것에 근거해서 자신들의 중요성을 입증하라고 권장하는 것을 기독교 신앙의 비전이라고 내세우면서 목회하게 될 것이다. 그들은 결국 그렇게 함으로써 복음을 배반하게 될 것이다.

　이런 욕망을 포기하는 것은 쉽지 않다. 내적인 압박감과 외적인 메시지가 자격 증명의 추구를 필요하거나 매력적인 것으로 끊임없이 묘사하기 때문이다. 그러나 정체성의 중심을 부활의 역동성을 발산하는 십자가에 둠으로써 복음의 해방된 공간을 의도적으로 즐기고, 다른 사람들을 그 안으로 끌어들이는 것이 중요하다.

제7장
십자가를 본받는 것, 수동성, 그리고 주도권 쥐기

목회를 하고 있는 분들이나 목회를 준비하는 분들에게 십자가를 본받는 것에 대해 이야기를 하면, 이런 질문을 종종 듣는다. "그럼 모든 사람이 나를 짓밟거나, 동네북 취급하게 내버려 둬야 합니까?" 이런 질문은 십자가를 본받는 것을 수동성과 같은 것으로 생각하는 것처럼 보인다. 즉, 그리스도의 십자가를 우리 목회에서 구현하는 것은 사람들이 우리에게 아무 말도 하지 않고 하고 싶은 대로 하도록 내버려두는 것을 의미한다는 것이다. 사실 목회에 대한 그런 개념은 상당히 절망적이다.

그러나 십자가를 본받는 것은 전혀 수동적이지 않다. 반대로, 십자가를 본받는 것은 부활 생명을 불러일으킬 소망 속에서 십자가의 역동성을 자극하고 가속화한다는 의미에서, 적극적인 목적의식을 가지고 목회를 수행하도록 주도권을 쥐는 것을 의미한다.

앞 장에서 논의한 바와 같이, 십자가를 본받는 역학은 그런 자세와 관계의 역학이 하나님께서 부활 생명과 능력을 부어주시는 유일한 것이라는 확신을 가지고 십자가를 닮기로 하는 것이다. 이것은 아무것도 하지 않고 다른 사람들이 원하는 것을 하도록 내버려 두는 것이 아니다. 그리고 십자가를 본받는 목회는 최소한 의도적으로 만들어진 관행과 역학이 당연히 따른다.

십자가를 본받는 것과 설교

십자가를 본받는 목회는 십자가를 본받는 역동성에 대한 설교와 교육을 통해 시간이 지남에 따라 교회의 상상력을 만들어가는 것이다. 교회는 십자가에 붙들리고, 교회의 모든 구성원이 십자가를 자신의 정체성으로 삼으며, 또 그것이 자신의 정체성이라고 주장하는 이 땅에 있는 사회적 실체다. 그리스도인이 받는 침례는 예수 그리스도의 죽음과 부활을 개인의 정체성으로 공개적으로 확인함으로써 교회에 가입하는 행위이다. 즉, 예수 그리스도가 죄와 이 악한 시대에 대하여 죽으시고 하나님의 심판을 그들에게 내리시며 자신 안에서 새 창조를 일으키셨듯이, 침례받는 사람들은 이 모든 사실에 대해 자신들이 공감한다는 것을 표시한다. 그들은 자신들이 이 세상에 대해 죽었으며, 성령의 능력으로 그리스도 안에서 새로운 피조물로 온전히 살아 있음을 공개적으로 증언한다.

그들은 그리스도의 죽음으로 자신들의 죄가 용서받았고, 하나님 앞에서 '의로운' 신분을 갖게 됐다는 사실에 완전히 동의한다. 그들은 또한 자신들의 방법을 주장할 권리를 포기하고, 예수 그리스도의 주권에 복종하며, "그리스도로 옷 입는 것"을 배우는 하나님의 백성 중에 살기로 약속한다(롬 13:14; 참조, 엡 4:24; 골 3:10). 이런 삶은 자기를 희생하는 사랑을 하고, 다른 사람에게 죄를 고백하며, 그들에게 죄지은 자를 용서하고, 그뿐 아니라 새로운 삶의 방향을 알려주시는 그리스도 안에서 생명을 주는 하나님의 명령에 기꺼이 복종하는 것이 그 특징인 완전히 새로운 삶의 방식을 길러내는 것을 의미한다.

십자가를 본받는 목회자는 일상적으로 그리고 주기적으로 교회에 이러한 사실을 **상기시켜주고**(말 그대로, 모든 사람의 마음속에 이러한 사실을 되새겨주고), 이러한 사실에 근거해서 말함으로써, 시간이 지남에 따라 이러한 삶의 비전이 회중 모두의 상상력이 되게 할 것이다. 이것은 뭔가 어긋난 것이 아니다! 오히려, 이것은 예수님의 이름으로 모인 그리스도인들인 우리의 정체성을 이루는 핵심적인 구성 원리다. 신약성경 전체가 처음부터 끝까지 이것을 말하기 때문에, 목회자들은 마태복음부터 계시록까지 이 사실에 대해 설교할 수 있다. 복음서에서 예수님은 제자들에게 자기 십자가를 지고 십자가로 가는 길을 따르라고 명령하신다. 마태, 마가, 누가는 예수님이 하나님 나라의 설립을 선포하기 위해 이 세상에 오신 것과 예수님이 십자가에 못 박히심으로써 어떻게 하나님 나라의 통치자가 되셨는지를 이야기한다. 요한은 예수님이 어떻게 자신의 죽음을 통해서 하나님을 완전하고 신실하게 드러내셨으며, 제자들에게 예수님이 그들을 사랑하신 것 같이 서로 사랑함으로써 그분 안에 머물라고 하시는 이야기를 들려준다. 복음서에서 예수님이 선포하시는 생명의 길이 교회가 십자가를 구현하는 방식이다. 하나님은 자기 백성이 십자가를 닮은 모습대로 공동체의 모습을 만들어갈 때, 그 안에 거하신다.

따라서 목회자들이 십자가의 길을 설교하고 가르치는 것은 신앙의 주변부에 있는 어떤 것을 전하는 게 아니다. 성경의 많은 부분이 동기부여 자료나 오늘의 명언으로 가득 차 있고, 십자가를 본받는 삶의 길에 대해서는 산발적으로만 말하는 게 아니기 때문이다. 십자가의 길은 복음서의 핵심이기 때문에, 복음서의 어느 부분을 설교하든 그것은 십자가를 닮은 삶을 설명하고, 그것이 공동체 모두의 상상력이라는 것을 역설하는 것이 될 것이다.

이것은 사도행전에서 묘사하는 것과 같은 삶의 방식이며, 이 책의 많은 부분에서 보았듯이, 바울서신에서도 마찬가지이다. 우리는 계속해서 신약성경의 나머지 부분에서 이것이 어떻게 작동하는지 묘사할 수도 있지만, 핵심은 이미 전달됐기를 바란다. 목회자들이 십자가를 본받는 목회를 하는 주된 방법은, 십자가로 인해 만들어지고 십자가 주위에 모이게 된 백성으로서 우리의 집단적 정체성을 신약성경이 어떻게 형성하고 결정하는지를 가르치는 것이다.

목회자들은 또한 우리가 머물고 있는 다양한 문화의 영향 때문에 우리 모두가 제자도에 역행하게 되는 방법을 일상적으로 기록할 수 있다. 나는 미국에서 태어나고 자랐다. 미국의 문화는 개인의 권리를 중심으로 움직이는 문화이며, 이 개인의 권리는 원하거나 필요할 때마다 주장할 수 있다. 이 악한 시대의 다양한 영향 때문에, 여러 가지 면에서 우리의 문화는 이기심과 자기중심적인 문화이고, 권력과 명성을 추구하는 문화라 할 수 있다. 내가 평생 동안 본 모든 광고와 소셜미디어를 통해 내 마음에 들어온 많은 이미지와 메시지는 이런 이기적인 성향을 강화했다. 나는 오로지 나에게 가장 좋은 것만 생각하고, 나 자신의 이익과 내가 바라는 목적을 추구하면서, 세상을 헤쳐 나갈 나의 길을 찾도록 양육되고 훈련받았다. 이 모든 것은 나뿐만이 아니라 이 문화 속에 살고 있는 모든 사람에게 해당된다. 따라서, 나는 설교하면서, 예수님의 길이 우리가 광범위한 문화 속에서 발견하는 삶의 방식과 어떻게 다른지를 언급할 수 있다. 그리고 나는 교회 밖의 사람들을 비난하기 위해서가 아니라, 교회 안에 있는 사람들의 십자가를 닮은 분별력을 키워주기 위해 설교한다. 나는 문화적 역동성이 어떻게 우리의 상상력에 작용해서, 우리 자신을 중심에 두는 삶을 살고 싶게 만드는지 설명하고 싶다.

이혼이나 돈의 사용 같은 문제를 고심할 때, 우리는 십자가에 붙들린 사람들이 이혼에 대해 어떻게 생각하는지 말할 수 있다. 이것은 결국, 예수님이 마가복음 10:1-12에서 이혼에 대해 말씀하시는 방법이고, 바울이 고린도전서 7장에서 고린도인들에게 조언한 것을 구체화한 것이다. 십자가에 붙들린 제자들은 결혼과 이혼에 관한 많은 우발적인 상황들을 예수님의 제자가 되고자 하는 관점에서 생각한다. 그런 삶의 방식은 '자신의 필요'와 자신의 개인적인 욕망을 추구하는 것이 아니라, 다른 사람의 필요, 특히 여성처럼 사회적으로 취약한 상황에 처한 사람들의 필요를 고려한다.

성경에서 가능한 모든 주제를 다루면서 각 주제를 십자가를 본받는 것과 연결 짓기보다 나는 교회의 상황에서 그런 주제들을 언급할 때마다 십자가에 붙들린 제자인 우리가 세상 속에서 그런 현실을 어떻게 이해할 것인지를 이야기할 뿐이라는 점을 언급하고 싶다. 우리의 자아가 형성된 문화에서 가르치는 제자도는 이모든 문제들을 우리가 물려받은 정체성과 우리 문화에서 말하는 '상식적인' 사고방식에 근거해서 생각하라고 가르친다. '내 돈'은 내 것이고, 그러니까 내 마음대로 할 수 있지 않냐는 식이다. 그러나 십자가에 붙들린 사람들은 그런 식으로 생각하지 않는다. 우리는 돈이 하나님의 선물이라고 말한다. 그래서 그것에 대해 감사하고, 십자가를 본받는 제자도에 맞게 그리고 그 이상으로 사용하려고 한다. 또한 결혼과 이혼의 문제에 있어서, 우리는 이 결혼에서 '나에게 필요한 것'과 내가 얻는 것이 무엇인지, 혹은 무엇을 얻지 못하는지를 먼저 생각하지 않는다. 오히려 우리는 십자가에 붙들린 사람으로서 다른 사람을 어떻게 대해야 할지를 생각한다. 이것은 우리가 성적인 만족감에 대해, 즉 내가 내 필요를 어느 정도 충족하고 있는지, 또는 내가 이 합의에 만족하는지에 대해 말하는 방식을 근본적으로 바꿔놓을 것이다. 십자가를 본받는 것은 다르게 생각하는 방식으로 인도할 것이고, 내가 던지는 질문도 바꾸어 놓을 것이다. 이 모든 것은 십자가와 십자가가 내 생명을 사로잡은 방법, 즉 하나님께서 성령을 통해 나를 부활의 날까지 이끄시는 것처럼 부활의 능력으로 어떻게 내 삶을 넘치게 채우셨는지에 따라 결정될 것이다.

따라서 설교는 목회자들이 주도권을 쥘 수 있는 주요 방법 중 하나다. 목회자들은 이러한 핵심적인 성경적 관점에 입각해서 광범위한 주제들에 대해 설교하고, 이를 통해서 교회의 상상력을 십자가를 본받는 모습으로 만들어 낼 수 있다. 이것은 우리 문화로 인해 우리가 직면할 수밖에 없는 '뜨거운 쟁점'이 되는 문제에 가장 결정적으로 적용된다. 우리가 낙태, 성적 정체성, 양육, 정치 참여 같은 문제들을 이런 관점에서 다루지 않았다는 사실은 십자가에 대한 우리의 이해가 제대로 성숙하지 않았다는 것을 단적으로 보여준다.

십자가를 본받는 것과 교회 권징

십자가를 본받는 목회는 또한 교회 권징에 있어서도 주도권을 잡는다. 이것은 아마도 내 경험상, 십자가를 본받는 것과 관련해서 가장 많은 질문이 제기되는 영역일 것이다. 목회자들이 내게 바울이 교회 권징과 관련해서 확실히 수동적이었던 것 같지는 않다고 꼬집어 말하는 경우도 있었다. 그 목회자들은 십자가를 본받는 것을 사람들이 하고 싶은 대로 하도록 내버려 두고, 간섭하지 않아야 한다는 뜻으로 생각한 것이다. 만약에 바울이 고린도인들에게 명백한 성적인 죄를 지은 사람을 교회에서 쫓아내라고 요구하고 있다면, 그런 일이 생겼을 때 우리도 주도적으로 나서야 하는 것이 아닌가?

십자가를 본받는 목회는 이 점에서도 큰 도움이 된다. 목회자는 목회를 수동적인 것으로 생각할 것이 아니라, 십자가로 인해 형성된 교회의 정체성을 교회가 기억하게 하고, 공동체의 상상력이 십자가를 지향하게 할 사명이 있다. 그것은 교회에서 십자가를 지향하는 공동체의 역동성을 강력하게 주장하는 것을 의미한다. 교회는 의도적이고 창조적으로 함양된 행동들과 십자가를 본받는 관계의 역동성을 통해, 공동체 생활을 꾸려나가는 방법을 배우는 데 전념해야 한다. 교회는 십자가가 자신들의 정체성 표시라고 주장하는 모든 사람으로 구성된 집단이고, 따라서 경계선이 있는 집단이다. 목회자들은 모든 사람을 이 공동체의 역동성에 초청하고, 그들이 어떻게 그 공동체에 참여할 수 있을지를 생각해보라고 요청하는 사람들이다.

교인들이 십자가로 인해 형성되지 않은 행동인 것이 분명한, 습관적인 죄에 빠졌을 때, 목회자들은 교회 안의 다른 누군가와 함께 주도적으로 나서서, 그들에게 십자가를 본받는 정체성과 십자가를 지향하는 행동으로 돌아오라고 요청해야 한다. 그들은 죄를 지은 이들에게 부활 생명과 하나님의 능력에 참여하는 축복을 경험하고, 그리스도의 날에 부활로 나아갈 수 있다는 희망을 기억하게 해주어야 한다. 만약에 그 사람들이 시간이 지났는데도 십자가를 본받는 정체성 안에 살지 않겠다고 고집한다면, 목회자들은 이것을 우리가 제4장에서 말한 것과 동일한 우주적인 차원에서 해석해야 한다. 그런 사람들은 이 악한 시대의 역동성을 조장하고, 교회를 파괴하려고 역사하는 **죄**와 **죽음**의 세력의 대리인으로 활동하고 있는 것이다. 회개하라는 권고가 더욱 절실할지도 모른다. 목회자들은 죄를 지은 교인들에게 교회는 반드시 십자가를 본받는 정체성으로 규정되어야 하고, 오로지 예수 그리스도께 복종하면서 십자가의 길을 가는 자들만이 공동체에 용납될 수 있다는 점을 용기 내어 경고해야 한다.

슬프게도 생명의 길을 걷기를 완강하게 거부하고 사망으로 가는 파괴적인 습관을 기꺼이 선택하겠다고 한다면, 목회자들은 공동체의 나머지 사람들에게 이것을 전하되, 바울의 표현을 사용해서 그렇게 해야 한다. 그런 사람들은 부활에 이르게 하는 십자가를 본받는 생명의 길에 머무는 것보다, 사망으로 이끄는 습관과 버릇을 따르는 게 더 좋다고 생각한다. 물론, 하나님의 백성의 공동체 안에서 부활의 능력을 누리는 일에 참여하라는 초청은 돌아와서 십자가를 본받는 정체성을 선택하는 자들에게 언제나 열려 있다. 이것은 자신의 죄를 겸손하게 고백하고, 교회가 일궈낸 십자가를 따르는 행위로 돌아가는, 십자가를 닮은 움직임을 통해 완성된다. 회개는 십자가를 닮는 행동의 핵심이다! 그리고 교회는 회개하고 돌아온 사람들을 포용하고, 그들을 자유롭게 용서하며, 그들이 과도한 수치심이라는 짐을 지지 않도록 함으로써, 십자가를 닮은 정체성을 구현한다.

이 중 어느 것도 수동적인 것은 없다. 이 모든 접근 방법은 주도적으로 공동체가 십자가 중심적인 상태로 남아 있게 하고, 십자가를 통해 자신들의 삶을 만들어가는 것에서 아무런 기대와 소망을 보지 못하는 사람들을 교회 밖으로 나가게 한다는 점에서, 두 가지를 동시에 결정하는 방법이다.

십자가를 본받는 것과 '큰' 죄

목회자들이 십자가를 본받는 방식으로 목회를 감당할 수 있는 세 번째 방법은 바울이 죄를 범하는(즉, 십자가를 본받는 것이 아닌) 삶의 방식을 어떻게 생각하는지에 집중하는 것이다. 여러 가지 방법으로, 그리고 다양한 이유로, 현대 교회의 상황에서, '교회의 권징'은 일반적으로 성적인 죄를 범한 사람을 교회에서 내보내거나, 몇 가지 다른 방식으로 부끄러움을 준다는 것을 의미한다. 즉, 우리는 죄의 등급을 매기려는 경향이 있다. 즉, 간통, 이혼, 혼전 성관계,

음란물 사용은 그 목록의 꼭대기에 두고, 험담이나 중상모략 같은 훨씬 작은 죄들은 교회의 징계로 이어질 만한 것이 아니라고 생각한다.

바울이 갈라디아서 5:19-21에서 묘사하는 "육체의 일"을 살펴보는 것은 흥미롭기도 하고 유익하기도 하다.

> 육체의 행실은 환히 드러난 것들입니다. 곧 음행과 더러움과 방탕과 우상 숭배와 마술과 원수 맺음과 다툼과 시기와 분냄과 분쟁과 분열과 파당과 질투와 술취함과 흥청망청 먹고 마시는 놀음과, 그와 같은 것들입니다. 내가 전에도 여러분에게 경고했지만, 이제 또다시 경고합니다. 이런 짓을 하는 사람들은 하나님의 나라를 상속받지 못할 것입니다. (갈 5:19-21)

바울은 실제로 성적인 죄들에 대해 말하고 있지만, 또한 공동체의 갈등, 질투, 분노, 파당, 그리고 교회의 분열을 조장하는 다른 행동들과 함께, 마법과 술 취해서 흥청망청 노는 것을 무서운 죄라고 분명하게 나열한다. 이것들은 모두 공동체의 생활을 파괴하고, 우리를 타락시키는 행동들이고 삶의 방식들이다. 질투와 분노 같은 남에게 해를 끼치지 않고 죄를 범하는 행동들도 분명히 하나님의 나라를 상속받지 못하게 하는 행동과 태도들이다. 심각하다!

나는 교회 앞에 서서 성적으로 범죄했거나 포르노물을 봤다고 고백한 사람들에 관한 이야기는 수도 없이 들었고, 혼외 임신을 해서 같은 방식으로 교회에서 창피를 당한 적지 않은 여성들을 알고 있다. 하지만 나는 질투나 끈질기고 분열적인 분노 때문에 교회에서 징계를 받은 단 한 건의 사례도 기억나는 게 없다. 사실상, 보수적인 복음주의 교회에서 내가 겪은 일을 돌이켜보면, 나는 노골적으로 다른 사람을 조롱하고, 비웃고, 그리고 덜 정통적이고 성경에 대해 신실하지 못하다고 판단하면서, 분노에 사로잡혔던 많은 사람들을 알고 있다.

미국과 서구 세계의 다른 많은 지역에서 개신교의 역사는 교리에 대한 신학적인 논쟁으로 채워져 있다. 성경에 나오지 않는 용어를 정확하게 정의하는 문제를 두고 교회가 갈등한 일도 있는데, 최근에 있었던 '전가'(imputation)가 이신칭의를 제대로 표현하는 것인지를 두고 벌어진 논쟁도 그런 것에 속한다. 이것은 바울이 디모데에게 보낸 서신에서 권면한 것을 생각나게 한다.

> 누구든지 다른 교리를 가르치며, 우리 주 예수 그리스도의 건전한 말씀과 경건에 부합되는 교훈을 따르지 않으면, 그는 이미 교만해져서, 아무것도 알지 못하면서, 논쟁과 말다툼을 일삼는 병이 든 사람입니다. 그런 데서 시기와 분쟁과 비방과 악한 의심이 생깁니다. 그리고 마음이 썩고, 진리를 잃어서, 경건을 이득의 수단으로 생각하는 사람 사이에 끊임없는 알력이 생깁니다. (딤전 6:3-5)

바울은 여기에서 온갖 종류의 갈등과 분열이 흘러넘치는 "논쟁과 말다툼을 일삼는 병이 든" 사람에 대해 말한다. 바울은 그런 사람들을 "마음이 썩고 진리를 잃어버린" 사람이라고 부른다. 성경에 대한 신실함은 정말로 중요하지만, 많은 사람들이 특정 기독교 전통에 대한 충성심을 성경에 대한 충성심과 혼동하는 경향이 있다. 그러나 우리의 교리 문구 중 일부는 성경에서 볼 수 있는 것보다 훨씬 더 정밀한 구체성을 요구한다. 게다가, 성경에 대한 헌신은 교단적인 차이를 두고 다른 사람들과 기꺼이 싸우는 것보다는 성경이 말하는 대로 우리의 삶을 가다듬는 것으로 판가름 난다.

더 중요한 것은 바울이 교회에게 십자가를 본받으라고 요구했다는 것인데, 이는 우리 모두에게 교단의 교리를 지나치게 강조하지 말고, 하나님의 백성의 하나 됨을 받아들이고 또 지키라고 요청하는 것이다. 교회 지도자들은 하나님의 백성의 하나 됨을 위협하는 것은 무엇이든 가장 심각하게 다루어야 한다. 따라서, 성적인 범죄를 소홀히 여기지 않으면서도, 목회자들은 공동체의 삶을 망가뜨릴 어떤 역동성의 발생도 경계해야 한다.

내 생각에는, 성적인 죄를 '거대한 악'으로, 그리고 다른 죄들을 훨씬 덜 심각한 것으로 생각하게 만든 역사적인 원동력이 무엇인지 살펴볼 가치가 있다. 역사적으로 미국의 보수 기독교에는 성에 집착하는 무언가가 있다. 주말 수련회, 기독교 여름 캠프의 특별 집회, 그리고 성(sex)과 혼전 순결의 중요성에 초점을 맞춘 청소년들을 대상으로 한 수많은 설교가 기억난다. 이것은 인간이 경험

하는 성적인 영역을 강박 수준으로 끌어올리는 교회 문화를 만들
어냈다. 그러나 나는 하나 됨의 절대적인 중요성이나, 험담을 피하
기 위한 전략, 혹은 외부인을 환영하고 가난한 이들을 섬기는 공
동체가 되는 것의 중요성을 가르치는 설교는 거의 기억할 수가 없
다. 그렇지만 이것들은 바울이 쓴 거의 모든 서신에서 우리의 책
임이라고 말한다.

실제로 이방인의 사도인 바울이 예루살렘에서 유대인 그리스
도인 지도자들을 만난 것은 상황을 전혀 다르게 보는 지도자들 간
의 긴장된 만남이었다. 바울은 그 회의를 요약하면서 그들이 가장
중요하게 생각했던 것들을 모두 언급한다.

도리어 그들은 베드로가 할례받은 사람에게 복음을 전하는 일을
맡은 것과 같이, 내가 할례받지 않은 사람에게 복음을 전하는 일
을 맡은 것을 알게 됐습니다. 그들은, 베드로에게는 할례받은 사
람에게 복음을 전하게 하시려고 사도직을 주신 분이, 나에게는
할례받지 않은 사람에게 복음을 전하게 하시려고 사도직을 주셨
다는 사실을 깨달았습니다. 그래서 기둥으로 인정받는 야고보와
게바와 요한은, 하나님이 나에게 주신 은혜를 인정하고, 나와 바
나바에게 오른손을 내밀어서, 친교의 악수를 했습니다. 그렇게
하여, 우리는 이방 사람에게로 가고, 그들은 할례받은 사람에게
로 가기로 했습니다. 다만, 그들이 우리에게 바란 것은 가난한 사
람을 기억해 달라고 한 것인데, 그것은 바로 내가 마음을 다하여

해 오던 일이었습니다. (갈 2:7-10)

따라서 죄에 대해 말하고, 권징의 대상이 될 수 있는 행동과 태도를 결정할 때, 목회자들은 바울이 예수님의 이름으로 모인 하나된 공동체를 만들고 유지하려는 하나님의 목적의 관점에서 죄에 대해 어떻게 생각했는지를 반드시 고려해야 한다. 바울의 죄 목록 때문에라도, 적어도 우리는 험담과 중상모략의 관행은 조장하면서, 성적으로 순결한 것을 자랑스럽게 여기는 식으로 죄의 등급을 매기는 일은 하지 않아야 한다.

십자가를 본받는 것과 우리의 한계를 아는 것

내가 십자가를 본받는 것에 관해 말할 때 마주치게 되는 또 다른 질문이 있다. 이 질문은 지쳐서 기진맥진한 목회자들의 입을 통해서 나온다. 목회는 기진맥진할 때까지 있는 힘을 다해서 하는 게 당연하지 않느냐는 말을 듣는다는 것이다. 나는 무력감도 느끼지 않고 좌절감도 겪지 않는 목회자는 거의 만난 적이 없다. 십자가를 본받는 것은 목회자들이 교회를 위해 고갈될 때까지 고생해야 하는 것인가? 이런 이야기를 듣고 낙담할 수밖에 없는 것일까? 전혀 그렇지 않다.

우리는 십자가를 본받는 것이 목회자들과 사역자들에게 가장 희망적인 현실이라는 것을 깨닫는 데 도움이 될 몇 가지 점을 언급할 수 있다. 첫째, 어떤 사람이 십자가에 붙들린다는 것은 하나님께서 그 사람 안에 하나님의 형상을 새롭게 하려고 부활의 생명을 부어주시는 것을 의미한다(롬 8:29; 고후 3:18; 엡 4:24). 그것은 하나님께서 그 사람을 하나님의 아들의 형상을 따라 참되고도 새롭게 된 사람, 즉 하나님의 본래 계획대로 하나님의 선한 세상에서 삶을 누리는 사람으로 변화시킨다는 의미다. 그 계획의 필수적인 부분은 창조의 안식일 리듬을 따르는 것이다. 즉, 일을 하는 것과 새롭게 기운을 차리기 위해서 일을 쉬는 리듬을 따르는 것이다. 따라서 예수님의 방식대로 공동체를 목양하는 목회자들은 새로워진 인류의 리듬을 따름으로써 스스로 휴식의 시간을 갖는다. 주일은 목회자들에게는 '일하는 날'이다. 그리스도 안에서 우리의 정체성을 기념하는 공동체를 인도하는 날이기 때문이다. 목회자들은 교회 생활을 돌볼 책임에서 벗어나 쉴 수 있는 다른 날을 선택하는 게 좋을 것이다.

십자가를 본받는 것은 이 문제와 관련해서도 훌륭한 기준을 제공해준다. 많은 목회자들이 기진맥진하는 이유는 목회에 대한 야망과 두려움 때문이다. 한편으로는, 교회가 성장하기를 바라기 때문에, 휴식과 재충전을 포기하고 우리가 해야 할 것보다 훨씬 더 많은 일에 관여한다. 우리는 교인들이 사역에 관심을 갖게 하기 위해서, 혹은 계속해서 교회에 헌신해주기를 바라는 사람의 비위를 맞추기 위해서, 우리가 해야 할 일보다 더 많은 일을 하려고 자신을 다그친다. 또는 우리가 충분히 일하지 않으면 교회가 실패할까 봐 두려워할 수도 있다. 이 회의에 참석하지 않거나, 저 행사에 참석하지 않으면, 사람들이 눈치챌 것이고, 비난의 대상이 될 것을 두려워한다. 재충전이 필요하다고 말하면 누군가를 화나게할 수도 있기 때문에, 그것을 피하고 싶어서 우리가 해야 할 일보다 더 많은 활동을 스스로 알아서 하게 되는 것이다.

그러나 십자가에 붙들린 사람은 자신의 야망뿐 아니라 두려움까지 십자가에 못 박힌 것으로 여겨야 하고, 또한 그리스도 안에서 진정으로 새로워지고 재충전하는 생활을 하지 못하게 가로막는 다른 모든 동기들도 십자가에 못 박힌 것으로 간주해야 한다. 바울은 이런 신학적인 현실을 말하고, 이것을 다른 문제에도 적용한다. 그러나 진리는 목회자의 삶에도 마찬가지로 타당한 것이다.

> 여러분의 몸은 여러분 안에 계신 성령의 성전이라는 것을 알지 못합니까? 여러분은 성령을 하나님으로부터 받아서 모시고 있습니다. 여러분은 여러분 자신의 것이 아닙니다. 여러분은 하나님께서 값을 치르고 사들인 사람입니다. 그러므로 여러분의 몸으로 하나님을 영화롭게 하십시오. (고전 6:19-20)

우리는 십자가에 붙들린 사람들이며, 우리의 목회 방향을 결정할 권리가 없다. 하나님께서 부활 생명을 부어주시는 유일한 자리인 십자가 위에 우리가 머물기 위해서는, 이 사실에 대한 분명한 비전과 성령께서 주시는 용기가 필요하다. 우리의 몸으로 하나님을 영화롭게 한다는 것은 예수 그리스도의 모습으로 우리를 회복시키기 위해 우리를 붙들어주시는 하나님의 능력을 누리면서 살아가는 것을 의미한다.

또한 십자가가 핵심이라는 것을 설교하고 가르치는 것은 회중이 목회자들이 생활 속에 설정한 리듬을 이해할 수 있는 기준을 제공해줄 것이다. 십자가를 본받는 목회자들이 자신의 삶을 온전히 공동체의 삶에 바치기 위해서는, 목회자들이 모든 일을 해야 한다는 부담을 덜어 줄 수 있는 십자가를 본받는 교회가 필요하다. 그리고 만일 채워지지 않은 공동체의 목표와 열망이 있다면, 그것은 목회자와 교회가 현실로 받아들여야 할 것이다. 목회자 개개인의 야망과 두려움이 십자가에 못 박히듯이, 마찬가지로 교회의 야망, 두려움, 그리고 요구도 십자가에 못 박혀야 한다. 어떤 프로그램이나 꿈은 이루어지지 않을 수도 있다. 그러나 사람들이 하나님의 형상으로 다시 창조되기 위해 새롭게 된 인간의 모습을 만들어내는 일에 마음을 기울이면, 그 일은 이루어질 것이다.

십자가를 본받는 목회자들은 재충전할 수 있는 장소에서 자신을 지켜내기 위해 자신의 한계를 알고, 자신의 삶을 살피게 될 것이다. 이것이 우리를 겸손하게 할 것이다. 우리는 교회를 세우는 사람들이 아니다. 그것은 하나님의 일이고, 하나님 홀로 하시는 일이다. 우리는 교회에서 하나님의 은혜와 사랑의 대리인이지만, 하나님의 백성을 붙드는 책임은 하나님에게 있다. 교회를 구원하실

이는 한 분이신데, 우리는 아니다! 이런 겸손한 모습을 유지하는 것은 십자가를 본받는 정체성에서 직접 흘러나온다. 따라서 십자가를 본받는 것은 우리가 모든 것을 전부 감당한다는 말이 전혀 아니다. 그것은 우리가 그리스도의 생명을 누릴 수 있게, 가장 안전한 장소인 그리스도의 죽음에 머물게 해준다.

사람들의 무관심 속에서 십자가를 본받는 것

아마도 십자가를 본받는 목회에 있어서 가장 어려운 현실은, 교회 안에 있는 소수의 사람들이 (목회자의) 자리를 탐내는 상황 속에서, 목회자가 십자가 위에 있는 자신의 자리를 충성스럽게 지키려고 할 때일 것이다. 안타깝게도 교회 안의 사람들이 어떤 식으로든 권력을 행사하고 목회를 은근히 방해하려는 경우가 있다. 험담 작업이 제대로 먹힐 수도 있고, 목회자를 내쫓기 위해 목회자를 궁지로 몰아세우는 파벌이 지도자 그룹 안에 있을 수도 있다. 혹은 갈등이 있을 수도 있고, 동료 지도자가 자기 뜻대로 하려고 조작하거나 힘을 사용할 수도 있다. 이런 상황에서 무엇을 할 수 있을까?

첫째, 계속해서 십자가를 본받는 것을 기억해야 한다. 십자가에서 내려와서 당신에게 해를 끼치거나 어떤 방식으로든 당신에게 상처를 주려고 하는 다른 파벌에게 복수하려는 유혹이 클 것이

다. 십자가가 가장 안전한 곳이라는 확신을 가져야 한다. 다시 한
번 말하지만, 십자가는 하나님께서 부활의 능력을 부어주시는 유
일한 자리이다. 만일 당신이 십자가에서 떠난다면, 당신과 당신 교
회, 그리고 이 갈등에 연루된 모든 사람들을 지켜주시는 하나님의
능력이 공급되는 길을 당신이 차단하는 것이다. 즉, 당신은 하나님
의 능력이 화해와 치유에 아무 소용이 없다고 단정하는 것이다.

그리고 같은 식으로 대응하고 싶은 모든 유혹에 저항하라. 우
리가 제4장에서 교회 생활에 대한 바울의 우주적 비전에 대해 논
의할 때 언급했듯이, 그렇게 하는 것은 이 악한 시대의 타락한 세
력을 교회 안으로 불러들이는 것이고, **죄**와 **죽음**이 교회 안에 공
동체를 파괴하는 역동성을 일으키도록 하는 것이다. 그런 일이 쉽
게 벌어지게 할 수는 없다. 그렇게 하는 것은 자신과 교회를 파멸
의 길에 올려놓는 것이며, 그 길은 "기만적인 욕망"(엡 4:22, 저자의
번역)으로 가득 차 있다는 것을 명심해야 한다. 그 기만적인 욕망은
보복하거나 인간의 힘을 사용하면 다른 사람들을 처리할 수 있고,
그 사람들을 본래 제자리로 돌려놓을 수 있다고 약속한다. 자기
손으로 문제를 해결하고 힘을 사용하는 게 훨씬 좋겠다는 생각이
들게 한다. 그러나 그 모든 감정적인 유혹과 감각들은 거짓말을
하는 것이다. 그것들의 말을 들으면 안 된다.

십자가 위에 있는 것이 때로는 **십자가처럼 느껴질 것**이라는
점을 기억해야 한다. 심지어 자주 그럴 수도 있다. 십자가 위는 절
대로 쉬운 곳이 아니었고, 십자가에 달린 사람들을 죽이는 곳이었

다. 맨 등에 박힌 가시가 살갗을 파고드는 느낌을 받을 수도 있고, 고통과 함께 소외감과 외로움을 느낄 수도 있다. 그것이 바로 십자가에 달리는 것과 같은 느낌이다. 이런 느낌은 뭔가 크게 잘못됐다는 표시가 아니라, 일이 제대로 진행되고 있는 표시라는 것을 잊지 말아야 한다. 십자가 위에서 예수님이 왜 하나님이 자기를 버리셨는지 알려달라고 울부짖으며 요청하셨던 것을 기억해야 한다(막 15:34). 비록 당신이 옳은 행동을 하고 있다고 확신하더라도 예수님과 같은 느낌을 받을 수 있다.

둘째, 하나님의 능력인 십자가 위에서 행동할 수 있는 다양한 방법을 기도하는 마음으로 상상해보라. 죄를 지으며 보복하기보다, 적극적으로 십자가를 본받는 행동을 할 때는 주눅 들지 않고 주도적으로 나서야 한다. 그리고 항상 이렇게 하는 것이 진리를 말하는 자의 자세이며, 제안하는 자세이고, 연약함의 자세라는 것을 기억해야 한다. 갈등은 서로를 이해할 수 있는 기회이기도 하지만, 조심해서 다루지 않으면 교회가 무너질 수도 있다고 있는 그대로 말할 수도 있다. 그리고 다른 사람들을 대화에 초청해서 지금 벌어지고 있는 일에 대한 그들의 생각과 앞으로 나아갈 길에 대해 어떻게 생각하는지 설명해달라고 요청할 수도 있다. 이 모든 역동성은 십자가의 연약함과 위험 부담을 구체화하는 방법들이자, 하나님께서 새롭게 하시고 구속하시는 부활의 능력을 부어주실 가능성을 열어 놓는 방법들이다.

십자가를 본받는 것은 '일을 처리하는' 방법이나 기술이 아니다. 그것은 하나님께서 교회를 부르신 삶의 방식이며, 목회자들에게는 타협할 수 없는 삶의 모습이다. 세속적인 상상력의 입장에서 보면, 그것은 쉽지도 않고, '효과적'이지도 않다. 그러나 잔소리가 될 위험을 무릅쓰고 말하자면, 그것은 하나님께서 목회자들에게 부활의 능력을 부어주시고, 이를 통해 하나님께서 그의 붙드시는 능력으로 교회를 축복하시는 유일한 삶의 방식이다.

제8장
십자가를 본받는 목회 자세

우리는 이 책 전반에 걸쳐서 바울이 십자가에 못 박히시고 높아지신 주 예수님과 만난 것이 어떻게 그의 목회를 완전히 변화시켰는지 생각해보았다. 그 만남은 자신에 대한 개념과 교회를 대하는 방식을 근본적으로 바꾸어 놓았으며, 결과적으로 십자가를 본받는 계기가 됐다. 즉, 십자가를 통해 다듬어지고, 규정되는 삶을 살게 된 것이다. 우리는 이러한 변화를 다양한 현대 목회 상황에 적용해보았다. 이 장에서는 이 변혁이 어떻게 다양한 목회 자세를 만들어낼 수 있으며, 이것이 목회자들이 교회를 대하는 자신들의 위치를 정할 때, 그 생각에 어떻게 영향을 주는지 살펴볼 것이다. 즉, 내가 염두에 두고 있는 목표는 십자가를 본받는 태도로 인해 목회자들이 교회를 대하는 태도에 어떤 변화가 일어나는지를 살펴보는 것이다.

하나님이 교회 안에서 하시는 일을 존중하기

복음주의 계열의 그리스도인들은 '임팩트'(impact)라는 말을 즐겨 사용한다. '임팩트'라는 이름의 컨퍼런스도 있으며, 그리스도인들이 서로에게 어떻게 영향을 줄 수 있는지에 대한 책도 있고, 많은 기관들과 교회들이 '세상에 강력한 영향력(impact)을 행사'하려고 노력한다. 나는 학생들에게 강력한 영향을 주고 싶어 하는 교수들과 자신의 교회에 강력한 영향을 주고, 자신의 교회는 그 도시에 강력한 영향을 주기를 원하는 목회자들에 관한 이야기를 자주 듣는다. 내가 보기에 그리스도인들은 다른 사람들에게 **영향**(influence)을 주고 싶어 할 때 '임팩트'라는 말을 사용하는 것 같다. 목회자들은 자신의 교회에 영향을 주고 싶어 하고, 자신들의 교회가 주변의 마을과 도시에 영향을 끼치길 원한다.

이런 생각을 이해할 수는 있지만, 사실상 이것은 목회에 대한 상당히 강압적이고, 심지어 폭력적인 이해이다. **'임팩트'**라는 말은 어떤 것과 강제로 접촉하는 것과 관련이 있는데, 이것은 목회자들이 자신의 교회를 어떻게 생각하는지, 그리고 교회는 세상과 어떻게 연결되는지를 상당히 폭력적으로 이해하는 것이다. 우리가 이 말을 뭔가를 변화시키는 강력한 영향력이 있는 어떤 것이라는 의미로 생각한다고 하더라도, 이것은 정말로 목회에 대한 올바른 생각이 아니다. 바울은 분명히 목회적 과제를 이런 식으로 이해하지 않았다.

바울은 자신의 교회를 압박하려고 하지 않았고, 심지어 영향력을 행사하려고 하지도 않았다. 바울은 자신의 목회가 어떻게 진행될지를 결정하는 능동적인 일꾼이 아니다. 심지어 자신이 사도로 섬기는 이방인의 교회에 어떤 영향력을 행사할지도 결정하지 않았다. 바울이 보기에는 하나님이 교회를 세우시고, 자라게 하시며, 이루시는 능동적인 일꾼이시다. 바울은 하나님의 의도와 계획을 존중한다. 그래서 바울은 자신을 하나님께서 적합하다고 생각하시는 대로 처분해도 되는 존재로 여긴다. 바울이 이렇게 하나님을 존중하는 자세를 표현하는 구절들을 살펴보는 게 도움이 된다.

바울은 로마서의 서두에서 어떤 교회들에 보낸 편지의 인사말보다 긴 인사말을 전하고 있다. 바울은 그들을 방문하고 싶다는 생각을 표현하고, 그들을 방문하기 위해 기도하고 있다고 하면서, 그 기도와 관련하여 몇 가지 아주 흥미로운 이야기를 한다.

> 하나님은 내가 그 아들의 복음을 전하는 일로 충심으로 섬기는 분이시기에, 내 마음속을 알고 계십니다. 나는 기도할 때마다, 언제나 여러분을 생각하며, 어떻게 해서든지 하나님의 뜻으로 여러분에게로 갈 수 있는 좋은 길이 열리기를 간구하고 있습니다. (롬 1:9-10)

NRSV 성경의 번역은 바울이 하나님께 기도할 때, 자신이 로마에 갈 수 있는 길을 열어 달라고 기도한다는 점을, 즉 방문의 가능성을 온전히 하나님의 손에 맡기고 있다는 점을 분명하게 보여준다.

그리스어 본문은 바울이 하나님의 뜻과 특권을 존중한다는 것을 훨씬 더 분명하게 보여준다. 아래는 바울이 기도한 부분을 개인적으로 번역한 것이다.

> 하나님께서 내 증인이십니다. 나는 그분을 그분의 아들의 복음 안에서 내 영으로 경배합니다. 내가 얼마나 끊임없이 여러분을 언급하는지, 내가 기도할 때마다 항상, 여러분에게 가라는 하나님의 뜻에 따라 내가 마침내 좋은 길에 놓이게 될지를 묻습니다.
>
> (롬 1:9-10)

그리스어 동사 '에우오도오'(euodoō, "성공하다", "좋은 길을 가다")는 수동태이기 때문에, 바울은 그들에게 성공적으로 갈 수 있게 되기를 기도하는 게 아니다. 바울은 이 부분에서 행동의 주체가 아니라, **행동의 대상**이다. 바울은 무언가 **자기에게** 일어나기를 바라고 있다. 즉, 바울은 로마의 그리스도인들을 방문하기 위해 하나님께서 자기에게 좋은 길을 열어주시기를 기도하고 있다. 그 동사가 "성공하는 것"과 같이 추상적인 것을 의미할 수도 있지만, 그렇게 되면 수동태로 번역하기가 어렵다. 로버트 쥬윗(Robert Jewett)은 추상적으로 번역하는 대신에, 동사의 정확한 의미를 포착하는 구체적인 번역을 선택한다. 구체적으로, 그 동사의 의미는 "좋은 길을 만들다"이고[1], 수동적인 의미로는 "좋은 길에 놓이게 되다"이다. 여기에서 요점은 바울이 무엇을 언제 할 것인지를 결정하는 일에 하나님만 의지하면서, 자신을 완전히 하나님의 손에 맡겼다는 것이다.

　우리는 바울이 빌레몬에게 보낸 매혹적인 작은 편지에서도 같은 자세를 보게 된다. 이 편지에서 바울의 목적은 빌레몬이 오네시모와의 관계를 완전히 새로운 방식으로 볼 수 있게, 빌레몬의 생각을 바꾸는 데 있다. 빌레몬과 오네시모의 관계에 생긴 갈등에 관해 쓰면서 바울은 오네시모가 빌레몬에게서 도망쳤는지 또는 돌아가기를 거절했는지에 대해서는 언급하지 않는다. 오히려 바울은 수동적인 목소리로 편지를 씀으로써 하나님이 하신 일의 관점에서 관계를 설정한다.

> 그가 잠시 동안 그대와 갈라진 것은 아마 그대로 하여금 영원히 그를 데리고 있게 하려는 것이었는지도 모릅니다. 이제부터는 그는 종으로서가 아니라, 종 이상으로 곧 사랑받는 형제로 그대의 곁에 있을 것입니다. 특히 그가 나에게 그러하다면, 그대에게는 육신으로나 주님 안에서나 더욱 그러하지 않겠습니까? (몬 15-16)

바울이 볼 때, 빌레몬과 오네시모는 **갈라져 있었다**. 이런 표현을 신적 수동태(divine passive)라고 하는데, 바울은 빌레몬에게 하나님

1.　Robert Jewett, *Romans*, Hemeneia (Philadelphia: Fortress, 2007), 122.

께서 일하시는 것을 보라고 권유한다. 두 사람을 잠시 동안 갈라지게 한 분은 하나님이시고, 이는 오로지 빌레몬에게 주 안에서 새로운 형제라는 엄청난 선물을 주시기 위함이었다는 것이다.

편지의 끝부분에서 바울은 빌레몬을 장래에 언젠가 보고 싶다는 소망을 말한다. "동시에, 나를 위해 객실을 준비해 주세요. 여러분의 기도로 내가 여러분에게 선물로 주어지기를 바랍니다"(22절, 저자의 번역). 동사 '카리조마이'(charizomai, "거저 주다", "선물로 주다")도 수동태인데, 이는 바울이 빌레몬에게 선물로 주어질지 혹은 그렇지 않을지에 대한 결정권을 하나님에게 맡긴다는 것을 나타낸다.

이것과 상당히 밀접한 관련이 있는 것은 바울이 골로새서를 쓸 때 자신의 복음 사역이 온 세상에 끼친 영향에 대한 감정적 동요를 전혀 보이지 않았다는 점이다. 오히려, 한 충격적인 구절에서 바울은 복음이 스스로 세상에 퍼졌으며 능력 있게 역사하고 있다고 생각한다.

> 여러분은 전에 진리의 말씀, 곧 여러분에게 온 복음에서 이 소망에 대해 들은 적이 있습니다. 온 세상에 열매를 맺고 자라나는 것같이, 여러분이 듣고 하나님의 은혜를 진정으로 깨달은 날부터 여러분 가운데서 열매를 맺어 왔습니다. (골 1:5-6, 저자의 번역)

이 구절들은 바울이 하나님이야말로 이 세상에서 일어나는 복음의 역사의 능동적인 주체라고 생각한다는 점을 보여준다. 하나님은 교회를 세우시고, 하나님 나라로 그 백성을 끌어들이시며, 공동체들을 성령을 통해 예수 그리스도의 형상을 따라 자라게 하시는 분이시라는 것이다. 그리고 바울은 하나님의 뜻과 일하심을 존중한다.

이 세상에서 하나님의 일하심을 바울이 어떻게 보고 있는지는 우리의 상상력을 다시 조정하는 방법과 우리가 말하는 방법의 기준이 되어야 한다. 우리가 다른 사람들에게 영향을 주고 영향력을 행사하고 싶다고 말할 때, 그 말뜻은 이해하지만, 그런 표현은 도움이 되지 않고 심지어 파괴적일 수도 있는 목회의 자세를 은연중에 드러내는 것이라고 생각한다.

우리가 교회나 주변 지역 사회에 강력한 영향력을 행사하길 원한다고 상상해보자. 그러면 우리는 스스로 오만한 자세를 취하고 있는 것이다. 즉, 우리는 우리가 차지할 수 없는 자리에서 거만을 떨고 있는 것이다. 이런 표현을 사용할 때, 우리는 우리 자신을 무엇을 하고 있는지를 알고, 올바른 일을 하고 있고, 모든 것을 꿰뚫어 보는 사람이라고 생각하는 것이다. 그리고 우리의 형상을 따라 다른 사람을 만드는 것이 우리 일이라고 생각하는 것이다. 만일 내가 목회자로서 이런 표현을 사용한다면, 나는 제자들의 유일한 모범이며, 나의 교회에 다니는 사람들의 성격을 강제로('임팩트'의 의미를 기억하라) 결정하는 일도 내 몫이 된다. 그리고 만일 우리 교회가 그 표현을 사용한다면, 우리는 우리 교회 공동체를 제자도가 무엇인지 깨달은 유일한 공동체라고 생각하는 것이며, 우리 주변의 문화가 어떤 길로 가야 할지를 강제로 결정할 사명을 받았다고 생각하는 것이다.

내 생각에, 교회 밖에 있는 사람들은 그 메시지의 의미를 알아챘다. 세상에는 정말로 많은 교회들이 좋은 일을 하고 있지만, 일부 그리스도인과 교회가 외부 사람들에게 거만한 태도를 보이는 바람에, 마치 우리가 손가락을 가로저으며 우리는 당신들하고 다르다고 꾸짖는 듯한 느낌을 받게 했다. 많은 사람들은 그리스도인들이 위선적으로 행동했고, 항상 그리스도인의 제자도는 보여주지도 않으면서, 남들에게는 이렇게 행동하라고 잔소리를 한다고 생각한다.

만일 우리가 하나님께서 교회 안에서 행하시는 일을 존중하는 바울의 자세를 취한다면 어떤 모습이 될까? 이것이 목회자인 우리의 자세를 어떻게 바꿔놓을 수 있을까? 그리고 하나님께서 특정 방식의 역동성으로 우리 공동체에서 일하시기를 원하는 우리의 생각을 어떻게 바꾸어놓을 수 있을까? 우리의 상상력을 수정하는 한 가지 방법은 우리 자신을 복음 사역의 대상으로 보는 것이다. 세상을 변화시키는 것이 우리가 할 일이라고 생각하는 대신에, 성령의 변화시키는 역사를 통해 교회를 변화시키는 것이 예수 그리스도의 사역이라고 생각할 수 있다. 바울은 교회가 더 넓은 문화에 영향을 미치는 것에 대해 거의 말하지 않지만, 그리스도께서 교회를 새롭게 하기 위해 일하고 계신다고 말한다.

우리는 모두 너울을 벗어버리고, 주님의 영광을 바라봅니다. 이렇게 해서, 우리는 주님과 같은 모습으로 변화하여, 점점 더 큰 영광에 이르게 됩니다. 이것은 영이신 주님께서 하시는 일입니다. (고후 3:18)

나는 내가 성경의 표적(target), 즉 하나님께서 변화시키기 위해 일하시는 대상이라고 생각한다. 나는 다른 사람을 변화시키기 위해 성경으로 무장하지 않았고, 내 교회에서 무슨 일이 일어나고 있는지 구상하고 결정할 특권도 내게 없다. 내가 관점을 바꾸면, 나는 하나님께서 다른 사람을 도구로 삼으셔서 **나를** 빚으시고, 항상 **나를** 변화시킨다는 것을 기꺼이 받아들일 수 있다.

우리는 또한 우리 자신을 하나님께서 복음의 공동체로 만들어 가시는 대상으로 볼 수 있도록 우리 교회 공통의 상상력을 만들어 갈 수 있다. 이것은 우리 자신을 복음으로 무장해서 세상에 나가 '강력한 영향력을 행사하는' 존재로 보는 것에 대한 대안적인 관점이다. 결국, 하나님이 자신의 교회를 세우신다. 하나님을 위해 교회를 세우는 것은 우리의 임무가 아니다. 그러나 이것은 우리가 세상에서 전혀 아무것도 하지 않아야 한다는 말이 아니다. 오히려 그것은 우리가 교회 밖에서 사람들과 관계 맺는 방법을 변화시킨다. 우리는 더 이상 그들을 복음이 역사해야 할 대상으로 보지 않는다. 하나님은 우리 안에서 일하신다. 그리고 하나님은 우리에게 하나님의 일을 하시기 위해, 우리가 외부인들과 만나는 것을 활용할 수 있다. 이런 생각은 외부인에 대한 우리의 자세를 훨씬 관대하고 너그럽게 변화시킬 것이다. 이것은 또한 외부인들이 우리를 위선자로 보지 않게 해줄 것이다. 왜냐하면 우리는 우리의 약점과 맹점에 대해 솔직하게 말할 수 있기 때문이다. 우리는 심지어 외부인들에게 우리가 그들의 가치를 깨달을 수 있게 도와달라고 부탁할 수 있다. 그럼으로써, 우리는 하나님께서 성령을 통해 우리를 더욱 효과적으로 변화시킬 수 있는 공간을 열어둘 수 있는 것이다.

나는 이것이 세상 속에서의 교회의 역할에 대해 상상하는 참으로 많은 사람들에게는 완전히 반직관적인 것임을 알고 있다. 누군가는 이렇게 반대할 수도 있다. "글쎄요. 우리를 통해서가 아니면 하나님은 세상에서 어떻게 일하실까요?" 바울은 교회가 외부인들과 어떻게 관계를 맺어야 하는지에 대해서는 정말로 조금밖에 언급한 게 없는데, 그것도 주로 선을 행하고 그들과 평화로운 관계로 지내라는 말이다(롬 13:1-7; 갈 6:10; 골 4:5). 내가 보기에 우리는 바울이 말하지 않은 것보다는 교회에게 이렇게 하라고 가르친 것에 집중해야 할 것 같다. 바울의 모든 가르침은 하나님의 나라의 현실을 구현하고, 그 안에 거주하는 공동체를 만들어가는 데 집중하고 있다. 어디에서도 바울은 교회가 주변의 문화생활에 영향을 주거나 그것을 만들어내야 한다고 말하지 않는다.

바울은 자신의 교회들에게 강요하지 않고, 목회 사역을 어떤 강력한 것으로 묘사하지도 않는다. '강력한 영향력'을 행사하는 일로 보지 않는 것은 분명하다. 오히려, 바울의 겸손한 자세와 교회를 섬기는 자세가 하나님의 능력이 나타나게 해서 교회를 변화시킨다. 마찬가지로, 반직관적인 하나님 나라를 구현하는 교회들은 하나님께서 교회를 세우시고, 세상을 변화시키는 데 영향을 미칠 확실한 공간이 될 것이다. 우리는 오직 하나님만이 하실 수 있는 일을 하나님께 맡기고, 바울이 교회에 주는 교훈에 집중해야 한다.

이런 관점의 변화는 목회 사역과 그리스도인들이 서로 간에 그리고 외부인들과 어떻게 관계를 맺어야 하는지와 관련해서 좋은 결과를 낳을 수 있다. 바울이 자신이 빌레몬에게 선물이 될 수 있기를 하나님께 의지했듯이, 우리는 우리 자신과 다른 사람들을 선물로 보는 법을 배울 수 있고, 하나님께서 우리를 서로를 위한 선물로 주실 수도 있다는 가능성에 우리 자신을 열어둘 수 있다. 우리가 함께 교회를 이루는 것을 이런 식으로 이해하는 것은 매우 희망적인 일이고, 결과적으로 다른 사람을 크게 존중하게 된다. 나는 누군가에게 지난 일주일을 어떻게 보냈는지 물을 수 있고, 그들의 마음을 여는 좋은 질문을 던질 수 있으며, 그들의 좋은 소식에 함께 기뻐하거나, 어려운 일에 함께 슬퍼할 수 있다. 또는, 내가 지난 한 주간 어떻게 보냈는지를 다른 사람들에게 보여주고, 그들이 내 삶과 경험에 참여하게 할 수 있다.

다른 사람들은 우리에게 줄 수 있는 것이 아주 많고, 우리를 축복할 수 있는 능력도 아주 많다. 바울은 교회를 몸, 곧 그리스도의 몸으로 생각하면서 하나님의 지속적인 생명력이 다른 신체 부위들을 통해서 우리에게 온다고 말한다. 만일 내가 팔꿈치라면, 하나님의 능력이 어깨를 통해서 내게로 와야 하고, 그 능력은 나를 통해서 손으로 흘러간다(골 2:19). 이런 식으로 함께 교회를 이룸으로써, 나는 몸의 머리이신 그리스도와의 연결을 유지하는 것이다.

'리더십' 대 책임 있는 돌봄

목회자를 지도자라고 생각하는 것이나, 목회자들이 하는 일을 '목회적 리더십'이라고 보는 것은 자연스러운 것이다. 그러나 나는 이런 표현과 이런 표현이 교회를 섬기는 사람들을 지칭하는 데 사용된다는 것을 암시하는 모든 것에 점점 의구심을 갖게 된다. 나는 항상 성경에서 유래하지 않은 표현에 어떤 숨겨진 가정이 있지는 않은지, 혹은 목회 사역에 대해 성경이 말하는 것과 맞지 않는 방향으로 우리의 상상력을 이끌지는 않는지 판단하기 위해 그런 표현을 점검해본다. '리더십'이라는 표현은 누군가가 지도자이고, 그들이 나머지 사람들을 어딘가로 이끌고 있다는 의미이다. 그러면 나머지 사람들은 뭘 하는 것일까? 지도자를 **따르고** 있다.

우리가 바울서신에서 볼 수 있는 것과 리더십이라는 표현의 의미가 잘 통하는 부분이 실제로 몇 가지가 있다. 바울은 교회들에게 스스로 하나님의 능력을 의지하는 방법을 취하라고 지도하는 식으로 리더십을 발휘하고 있다. 그리고 교회를 목양하는 것은 분명히 양 떼를 하나님의 축복을 가져오는 관계의 역동성 안으로 인도한다는 의미를 갖고 있다. 목자들이 양 떼를 이끌고 영양분이 풍부한 먹이를 찾아가듯이, 목회자들도 성경에서 제공하는 영양분으로 교회를 먹이려고 한다. 그렇다면 리더십은 바울이 생각했던 목회 방법의 몇 가지 측면을 실제로 반영하는 것이다. 나는 이 책을 읽는 분들과의 접촉점을 위해서, 이 책 전체에 걸쳐서 '목회 지도자/교회 지도자'(ministry leaders)라는 표현을 사용했다.

그러나 나는 리더십이라는 표현이 목회와 관련해서 도움이 되지 않을 수도 있다고 생각한다. 가장 먼저, 교회는 궁극적인 지도자이신 예수 그리스도를 따른다. 예수님은 교회의 주인이시며 통치자이시다. 예수님은 교회의 '머리'이시고, 혹은 교회에 정체성을 부여하고, 몸의 움직임을 지시하시는 대표자이시다. 바울에게 있어서, 신실한 교회의 지도자들은 교회가 그들의 유일하고 참된 목자를 따르도록 공동체를 양육한다.

너 나아가서, 나는 요즘 사용하는 리더십이라는 표현이 지도하는 목회자와 교회의 일반 성도들 사이를 구분하거나 분리하는 경향을 강화시킴으로써, 지도자들에게 일종의 고상한 지위 혹은 우월한 지위를 부여하고 있는 것이 우려스럽다. 아마도 나의 가장 큰 걱정은 너무도 많은 현대 목회 리더십에 대한 문헌들이, 기업이나 정치 그리고 교육 같은, 교회 밖의 분야에서 발견되는 리더십 원리와 실천에 의존한다는 점일 것이다. 교회의 구체적인 맥락과 동떨어진 리더십을 구상하다보면, 무의식적으로 다른 맥락의 리더십에서 활용되는 많은 이데올로기들과 가정들을 채택할 수도 있다. 우리는 지도자라고 하면 대담하고 결단력 있는 기업가적인 모습을 떠올린다. 우리는 '성공한' 지도자들이 대기업을 세우고, 정부 기관들을 이끈다고 생각한다. 그래서 교회를 바라볼 때도, 교회의 지도자들이 교회를 수적으로 성장시키고, 동기부여의 능력으로 마치 자석처럼 사람들을 끌어당기는, 결단력 있는 경영자나, 효과적인 행정가, 혹은 비전의 소유자가 돼주기를 바란다.

그러나 교회의 목회 사역과 기업의 경영 리더십 사이에는 엄청난 차이가 있다. 나는 수년 동안 그리스도인 리더십에 관한 책들을 훑어보면서, 그런 책에는 다른 분야에서 통용되는 리더십 원리에서 가져온 충고들로 가득 차 있는데, 그러면서도 그 원리들을 설명하기 위해서 복음서와 바울의 생애에서 일어났던 사건들 중에 있는 사례들을 사용하는 것을 자주 발견했다. 내가 읽은 어떤 책은 팀을 세우는 예수님의 능력을 강조했었는데, 함께 일할 줄 아는 사람들로 구성된 리더십 팀을 구성하는 방법을 설명하기 위해 예수님이 열두 제자들과 함께 사역한 것을 인용하던 게 기억난다. 나는 믿을 수가 없어서 고개를 저었다. 아마 예수님의 '팀'은 아무나 만들 수 있는 팀 중에서 최악의 사례일 것이다. 그 팀에는 열심당 시몬과 세리였던 레위가 있었다. 시몬은 이스라엘의 정결을 위해 헌신했었을 것이고, 레위는 점령자인 로마를 위해 세금을 거둔다는 이유로 동족들에게 반역자 취급을 받았을 것이다(막 3:13-

19). 어쨌든 열두 제자는 예수님이 남들에게 손가락질받던 행동의 한 가지 사례이고, 가장 가능성이 낮은 집단으로 자신의 교회를 세우시는 하나님의 반직관적인 역사의 단적인 사례이다.

교회의 리더십은 다른 사회적 맥락에서 볼 수 있는 것과는 완전히 다르다. 목회 사역이 어느 정도는 이끄는 것을 의미할 수도 있지만, 바울이 자신이 이해한 목회를 표현하기 위해 사용한 주된 이미지 속에서 보자면 목회자는 종이다. 바울의 사도직은 또한 우리가 더 넓은 문화 속에서 생각하는 존경하는 리더십의 종류와는 완전히 다르다. 바울은 자신의 사도직과 로마 세계에서 지도자들이 누리던 특권을 결부시키지 않고, 오히려 겸손하고 심지어 충격적인 은유와 이미지를 선택한다.

고린도전서의 앞부분에서, 바울은 아볼로나 베드로 그리고 바울 자신과 같은 각기 다른 유명한 인물들을 자기들의 정체성으로 내세우는 파벌 때문에 갈라진 교회와 맞부딪힌다. 그들의 생각을 변화시키기 위해서, 바울은 자신의 정체성과 동역자들의 정체성에 관해 이야기한다.

> 그렇다면 아볼로는 무엇이고, 바울은 무엇입니까? 아볼로와 나는 여러분을 믿게 한 일꾼들이며, 주님께서 우리에게 각각 맡겨 주신 대로 일했을 뿐입니다. 나는 심고, 아볼로는 물을 주었습니다. 그러나 하나님께서 자라게 하셨습니다. 그러므로 심는 사람이나 물 주는 사람은 아무것도 아니요, 자라게 하시는 분은 하나님이

십니다. 심는 사람과 물 주는 사람은 하나이며, 그들은 각각 수고
한 만큼 자기의 삯을 받을 것입니다. 우리는 하나님의 동역자요,
여러분은 하나님의 밭이며, 하나님의 건물입니다. (고전 3:5-9)

여기에서 바울은 자신과 동역자들을 종과 일꾼이라고 말한다. 고
린도인들은 그들을 부르신 하나님을 믿게 됐고, 하나님의 종들은
단지 그들을 통해 하나님께서 이 일을 행하신 도구들에 불과하다.
일꾼들처럼, 그들은 심고 물을 주는 것 같은 여러 가지 일을 했다.
그러나 그것들을 유기적으로 자라게 하시고, 계속해서 길러주신
분은 하나님이시다.

바울은 그들이 하나님의 종들이며, 하나님의 밭에서 일하는
일꾼에 불과하다고 언급한다. 고린도인들은 자신들을 바울이나
아볼로, 혹은 베드로와 결부시켜서는 안 된다. 그러나 하나님과는
그래도 된다. 그들은 오로지 하나님에게 속했기 때문이다. 그들은
"하나님의 밭이며, 하나님의 건물"이다. 바울은 고린도인들을 '내
것'이라거나 '내 교회', '내 밭', '내 건물'이라고 지칭하지 않는다.
이것은 '내 교회'와 '내 교인'이라고 말하는 습관을 갖고 있는 목
회자들에게 교훈이 된다. 우리는 자주 이런 식으로 말하고, 다른
사람이 그렇게 말하는 것도 듣는다. 그리고 우리는 그게 무슨 말
인지 알고 있다. 그러나 바울은 고린도인들은 하나님의 것이라고
자신과 고린도인들에게 조심스럽게 상기시킨다. 이렇게 함으로써
바울과 교회는, 목회자들과 심지어 사도들까지도 교회 안에서 하

나님의 일을 하는 종이라는 것을 기억하게 된다. 목회할 때, 그들은 하나님을 위해서 그렇게 하는 것이며, 그들이 하는 일에 대한 책임은 하나님께 있다.

그런 다음에 바울은 건물의 은유로 넘어가는데, 그 은유에서 바울과 고린도의 목회자들은 건축자가 된다.

> 나는 하나님께서 나에게 주신 은혜를 따라, 지혜로운 건축가와 같이 기초를 놓았습니다. 그런데 다른 사람이 그 위에다가 집을 짓습니다. 그러나 어떻게 집을 지을지 각각 신중히 생각해야 합니다. 아무도 이미 놓은 기초이신 예수 그리스도 밖에 또 다른 기초를 놓을 수 없습니다. 누가 이 기초 위에 금이나 은이나 보석이나 나무나 풀이나 짚으로 집을 지으면, 그에 따라 각 사람의 업적이 드러날 것입니다. 그날이 그것을 환히 보여 줄 것입니다. 그것은 불에 드러날 것이기 때문입니다. 불이 각 사람의 업적이 어떤 것인가를 검증하여 줄 것입니다. 어떤 사람이 만든 작품이 그대로 남으면, 그는 상을 받을 것이요, 어떤 사람의 작품이 타 버리면, 그는 손해를 볼 것입니다. 그러나 그 사람은 구원을 받을 것이지만 불 속을 헤치고 나오듯 할 것입니다. (고전 3:10-15)

바울은 다시 한번 받는 자의 자세를 취한다. 하나님의 은혜가 그에게 주어졌다. 그는 하나님의 처분에 따랐고, 자신의 뜻대로 행동하지 않았다. 바울은 십자가로 인해 만들어졌고, 하나님이 불러 존재하게 하셨으며, 예수 그리스도의 십자가에 붙들린 공동체인 고린도에 기초를 놓은 "지혜로운 건축가"이다.

교회의 기초가 십자가의 말씀이기 때문에, 건축가인 모든 목회자들은 십자가를 본받는 교회의 기초에 부합하는 방식으로 목회를 수행해야 한다. 이것이 중요한 것은 심판의 날에 각각의 건축가들이 사용한 건축 재료의 종류가 드러날 것이기 때문이다. 판결은 자신의 죽음을 통해 교회를 불러 존재케 하신 주 예수 그리스도께서 내리실 것이다. 십자가의 길을 가신 주님께서 건물이 불의 심판을 통과할 때 각 목회자들이 한 일을 검증해보실 것이다. 불로 하는 평가를 통해 다양한 건축 재료들이 드러날 것이다. 금, 은, 그리고 고귀한 보석들은 십자가를 본받는 목회 방식들이고, 그것들은 심판의 검증을 통과해서 살아남을 것이다. 나무, 풀 그리고 짚은 그렇지 않다. 이것들은 권력과 명성을 추구하는 목회 방식들인데 십자가와 맞지 않기 때문이다. 그런 건축가들은 구원은 받겠지만, 건물은 불타버릴 것이라고 바울은 말한다.

이런 목회 비전이 있었기 때문에 바울이 고린도인들에게 갔을 때, 그런 식으로 목회했던 것이다. 바울은 화려한 건물을 지을 목적으로, 인상적인 말솜씨를 원하는 그들의 욕망에 호소하려고 고린도인들에게 자신을 소개할 문구를 만들어내지 않았다. 바울은 정반대로 행동했다.

형제자매 여러분, 내가 여러분에게로 가서 하나님의 비밀을 전할 때에, 훌륭한 말이나 지혜로 하지 않았습니다. 나는 여러분 가운데서 예수 그리스도 곧 십자가에 달리신 그분밖에는, 아무것도 알지 않기로 작정했습니다. 내가 여러분과 함께 있을 때에, 나는 약했으며, 두려워했으며, 무척 떨었습니다. 나의 말과 나의 설교는 지혜에서 나온 그럴 듯한 말로 한 것이 아니라, 성령의 능력이 나타낸 증거로 한 것입니다. 그것은, 여러분의 믿음이 사람의 지혜에 바탕을 두지 않고 하나님의 능력에 바탕을 두게 하려는 것이었습니다. (고전 2:1-5)

바울은 고린도인들이 하나님의 능력인 예수 그리스도의 십자가라는 확실한 토대 위에 기초하기를 바랐다. 리더십에 대한 바울의 생각은 고린도인들의 문화에서 생각하는 것과 정면으로 충돌했다. 마찬가지로, 현대의 목회 사역이라 해서 우리 문화에서 상상하는 리더십을 따라 구성되는 것은 아닐 것이다. 그런 방법은 마지막 날에 참혹한 심판을 받게 될 것이다. 우리 시대에 힘 있는 인물들을 중심으로 세워진 인상적인 교회 중에서, 주 예수 그리스도께서 엄중한 심판을 내리실 때, 얼마나 많은 교회가 견뎌낼 수 있을지는 생각만 해도 괴롭다.

누가는 사도행전 20장에서 바울을 묘사할 때 동일한 내용을 기록한다. 바울이 예루살렘으로 가는 도중에, 에베소의 장로들에게 밀레도에서 자신을 만나 달라고 부탁한다. 바울은 그들에게 진지하게 당부한다.

> 여러분은 자기 자신을 잘 살피고 양 떼를 잘 보살피십시오. 성령
> 이 여러분을 양 떼 가운데에 감독으로 세우셔서, 하나님께서 자
> 기 아들의 피로 사신 교회를 돌보게 하셨습니다. (행 20:28)

우리는 여기에서 다시 한번 교회가 하나님께 속했다는 것을 확인한다. 교회는 "하나님께서 자기 아들의 피로 사신" 것이다. 목회자들은 성령에 의해 양 떼의 감독으로, 즉 목자로 임명받았다. 고린도전서에서와 마찬가지로, 바울은 여기에서 목회 사역을 '리더십'이 아니라, 하나님의 백성을 '책임 있게 돌보는 것'으로 묘사한다. 언뜻 보면 두 이미지는 상당히 겹쳐 보인다. 그러나 우리가 생각하는 '리더십'은 독립적인 인물이 어딘가를 향해 가고 있고, 다른 사람들을 따라오도록 이끌고 가는 모습이다. 그러나 '책임 있는 돌봄'은 목회자를 교회와 하나로 묶고, 또 목회자를 하나님과 묶는다. 하나님은 목회자들이 자신들이 한 일에 대해 설명해야 할 분이다. 목회자와 교회는 하나님과의 언약 관계 속에서 그들을 모으시는 하나님께 속해 있다. 그리고 목회라는 것은 기업가처럼 자신의 길을 가고, 자기의 일을 하는 상황을 허용하지 않는다.

바울이 사용하는 몇 가지 다른 이미지들을 보면 목회 사역은 현대의 목회 리더십 개념과 더욱 상관이 없다. 비벌리 가벤타 (Beverly Gaventa)는, 바울이 자신의 사도직을 표현할 때 사용한 여성적인 표현들에 대한 놀라운 연구에서, 바울이 자신의 목회를 표현

하기 위해서 몇 가지 충격적인 이미지를 선택했다고 언급한다.[2] 바울은 갈라디아인들이 복음의 진리에서 떠날까 봐 괴로워하는 자신의 모습을 진통하는 여인으로 표현한다.

> 나의 자녀 여러분, 나는 여러분 속에 그리스도의 형상이 이루어지기까지 다시 해산의 고통을 겪습니다. 이제라도 내가 여러분을 만나 어조를 부드럽게 바꾸어서 말할 수 있으면 좋겠습니다. 나는 여러분의 일을 어떻게 하면 좋을지 당황하고 있습니다. (갈 4:19-20)

게다가 고린도전서 3장에서 바울은 자신의 목회를 강한 남성적인 권위가 아니라 어머니가 양육하는 표현을 써서 묘사한다.

> 형제자매 여러분, 나는 여러분에게 영에 속한 사람에게 하듯이 말할 수 없고, 육에 속한 사람, 곧 그리스도 안에서 어린 아이 같은 사람에게 말하듯이 했습니다. 나는 여러분에게 젖을 먹였을 뿐, 단단한 음식을 먹이지 않았습니다. 그때에는 여러분이 단단한 음식을 감당할 수 없었습니다. 사실 지금도 여러분은 그것을 감당할 수 없습니다. 여러분은 아직도 육에 속한 사람들입니다. 여러분 가운데에서 시기와 싸움이 있으니, 여러분은 육에 속한

---

2.   Beverly Roberts Gaventa, *Our Mother Saint Paul* (Louisville: Westminster John Knox, 2007).

사람이고, 인간의 방식대로 살고 있는 것이 아닙니까? (고전 3:1-3)

이 단락은, 바울의 모든 서신들과 마찬가지로, 가족 이미지가 가득
하다. 바울은 자신의 청중을 "형제자매"라고 부른다. 그러나 바울
은 계속해서 자신을 고린도인들을 돌보고, 그들이 얼마나 성숙했
는지 판단해서, 단단한 음식보다는 우유 같은 적당한 음식물을 주
는 보모로 묘사한다.

바울이 데살로니가에 보내는 서신을 쓸 때는, 자신의 사도직
을 그리스-로마 문화에서 지도자에게 기대하는 종류의 리더십과
대비시킨다. 바울과 그의 동역자들은 뭔가 그들에게 얻어내려는
숨겨진 동기를 가지고 데살로니가에 가지 않았고, 위압적인 태도
를 취하거나, 뭔가를 요구하지도 않았다. 바울은 사도직을 매우 다
른 것과 연관 짓는다.

> 여러분이 아는 대로, 우리는 어느 때든지, 아첨하는 말을 한 일이
> 없고, 구실을 꾸며서 탐욕을 부린 일도 없습니다. 이 일은 하나님
> 께서 증언하여 주십니다. 우리는 또한, 여러분에게서든 다른 사
> 람에게서든, 사람에게서는 영광을 구한 일이 없습니다. 물론 우
> 리는 그리스도의 사도로서, 권위를 주장할 수도 있었습니다. 그
> 러나 우리는 여러분 가운데서, 마치 어머니가 자기 자녀를 돌보
> 듯이 유순하게 처신했습니다. (살전 2:5-7)

가벤타가 제대로 지적하는 바와 같이, "바울은 고대 세계에서 잘 알려진 인물을 인용하는데, 그 사람은 어린아이를 양육할 뿐만 아니라, 성인이 될 때까지 자신의 역할에 대한 지속적인 애정으로 인정받는 사람이다."[3]

　이런 본문들은 바울이 목회 사역을 책임 있는 돌봄으로 보았음을 나타낸다. 바울은 자신을 섬김의 관점에서, 즉 하나님께만 속한 공동체와 함께 하나님을 대신해 일하는 것으로 묘사했다. 물론 목회를 리더십의 관점에서 말할 수도 있지만, 그 표현에 들어있을 수도 있는 세속적인 이데올로기와 관습에는 조심해야 한다. 목회는 하나님께서 공동체 안에 부활의 능력을 부어주실 때, 공동체가 하나님의 생명에 의지하는 위치에 있게 하기 위해서, 공동체가 십자가의 모습을 본받도록 공동체를 양육하고 만들어가는 일이다.

상호성

　우리가 바울서신에서 볼 수 있는 또 다른 놀라운 자세는 상호성이다. 바울은 동역자들에게도 의지했고, 편지를 보낸 교회들과 상호 동반자 관계를 유지했다. 우리는 앞부분에서 바울이 높아지신 주 예수님을 만나기 이전 삶을 언급할 때, 자신을 다른 사람들과 경쟁하고 있는 것으로 보았다는 점을 언급했었다. 그렇기 때문

3.　Gaventa, *Our Mother Saint Paul*, 24-25.

에 바울의 동반자 의식과 다른 사람을 의지하는 자세는 근본적인
변화인 것이다.

자신이 쓴 거의 모든 서신에서, 바울은 청중에게 인사말을 건
네고, 자신이 선교 동역자들과 함께 서신을 쓰고 있다고 언급한다.
고린도전서에서, 바울은 교회에 편지를 보내면서 바울과 소스데
네의 이름으로 보낸다(1:1). 고린도후서에서는 바울과 "형제" 디모
데의 이름으로 보낸다(1:1). 바울은 골로새서를 같은 방식으로 시작
하고, 이어서 어떻게 골로새인들이 복음의 진리를 "우리와 함께
종이 된 사랑하는 에바브라"에게 들었는지를 말한다(1:7).

바울은 편지를 통해서 교회를 목회할 때마다, 편지를 보내는
사람들과 더불어 하나님 가족의 형제자매이기도 한, 종들로 구성
된 사역팀의 일원으로서 일상적으로 편지를 보낸다. 바울은 자신
이 사도로서 독특한 역할을 하고 있으면서도, 자신이 다른 사람들
위에 있거나 독립적으로 있는 것이 아니라, 자신이 다른 사람들에
게 속해 있고, 다른 사람들과 동등한 자리에 있다는 것을 강조할
목적으로, 수사학적으로 자신의 정체성을 구성한다. 우리의 상상
력은 다양한 상황에서 볼 수 있는 강력한 리더십의 사례들을 통해
형성되기 때문에, 우리는 바울을 다른 사람들을 마음대로 부리는
일종의 '대표 사도'라고 상상하지만 실제로 **그에게서** 그런 의미를
찾아낼 수는 없다.

또한 우리는 이런 점을 바울이 수사학적으로 스스로 교회의
청중들을 의지하는 위치에 서는 것을 통해서 볼 수 있다. 로마서 1

장에서, 바울은 자신이 로마의 그리스도인들에게 언젠가 갈 수 있기를 위해 기도한다고 이야기한다. 그리고 바울은 그들과 친교를 나누고, 그들에게 그리고 그들과 함께 격려받게 되기를 바란다고 말한다.

> 내가 여러분을 간절히 보고 싶어하는 것은, 여러분에게 신령한 은사를 좀 나누어주어, 여러분을 굳세게 하려고 하는 것입니다. 이것은, 내가 여러분과 함께 지내면서, 여러분과 내가 서로의 믿음으로 서로 격려를 받고자 하는 것입니다. (롬 1:11-12)

에베소서에서는, 바울이 자신이 공동체를 이끄는 데 있어서 교회의 기도에 의지하고 있다는 표현으로 서신을 마무리한다.

> 온갖 기도와 간구로 언제나 성령 안에서 기도하십시오. 이것을 위하여 늘 깨어서 끝까지 참으면서 모든 성도를 위하여 간구하십시오. 또 나를 위하여 기도하기를, 내가 입을 열 때에, 하나님께서 말씀을 주셔서 담대하게 복음의 비밀을 알릴 수 있게 해 달라고 하십시오. 나는 사슬에 매여 있으나, 이 복음을 전하는 사신입니다. 이런 형편에서도, 내가 마땅히 해야 할 말을 담대하게 말할 수 있게 기도하여 주십시오. (엡 6:18-20)

이러한 상호성은 현대 목회자들에게 중요한 교훈을 준다. 우리는 이 책의 앞부분에서 현대 목회의 많은 현장에서 경쟁적인 모습이 두드러지게 나타난다고 언급했다. 교회에서 사역하는 개별 목회자들은 자신을 다른 교회의 목회자와 경쟁하는 사람으로 보기가 쉽고, 서로를 비교해서 평가하려는 유혹에 빠질 수 있다. 만일 마을 건너편 누군가의 교회가 성장하고 있다면, 그것을 자기에 대한 위협으로 생각한다. 다른 공동체가 번창하면, 자기는 감소한다는 것이다. 그러나 바울의 모범을 따라, 같은 마을의 목회자들을 같은 밭에 있지만 다른 구역에서 일하는 하나님의 일꾼인 목회 동역자로 볼 수 있다. 우리는 다른 교회에서 일어나는 좋은 일로 인해 하나님을 찬양할 수 있고, 동료 목회자들에게 지원과 격려를 줄 수 있다. 우리는 같은 지역의 다른 교회의 목회자들과 함께 서로 돕는 모임을 만들 수도 있다. 같은 교회에서 사역하는 목회자들은 서로 돕는 자세로 일할 수 있고, 이를 통해 경쟁심이 억제되는 것을 볼 수 있다.

목회자들은 또한 목회자와 교회가 서로 의존하는 관계를 만들어냄으로써, 자신들의 영적 건강을 교회에 의존하는 모습을 보일 수도 있다. 이를 위한 한 가지 방법은 설교의 기회를 나누는 것이고, 목회팀의 성장을 장려하는 것인데, 이를 통해 책임 있는 돌봄을 공유할 수 있다. 안타깝게도 목회 사역을 경력의 관점에서 보는 일이 잦기 때문에, 목회자들은 자기방어의 자세를 취하고 자신과 자신의 가족을 자기가 섬기는 교회의 영적인 돌봄의 대상으로 개방하지 않는 경우가 종종 있다.

　　바울이 자신의 교회에 대해 목회자로서 보인 자세는 많은 면에 있어서 그리고 정말로 다양한 차원에서 교훈을 준다. 바울은 교회를 책임 있게 돌보면서 연약함과 상호성의 위치에서 교회를 섬겼다. 자신이 섬기는 교회가, 성령에 의한 부활의 능력을 교회 안에 일으키시는, 그리스도의 임재를 누리기를 갈망하는 목회자들은 우리가 세상에서 볼 수 있는 리더십의 모델이 아니라, 바울을 창조적으로 모방할 것이다.

에필로그

머리말에서 언급했듯이, 나는 이 책의 주제인 목회에 대해서 많은 목회자들과 대화를 나눌 행운을 누렸다. 그분들과 대화를 나눴을 때, 십자가를 본받는 목회의 성격에 대해 많은 질문들이 있었다. 바울은 목회자들에게 어느 정도까지 적절한 모범이 될 수 있는지, 그리고 이 모든 것들이 현대 교회를 섬기는 일과 어떤 관련이 있는지. 아래에서는 이 질문 중 몇 가지를 다루려고 한다.

십자가가 주는 다양한 말씀들

몇몇 여성 목회자들이 한 가지 질문을 주셨다. 목회자인 자기들에게 십자가가 어떤 말씀을 전해주냐는 것이다. 나는 십자가를 본받는 것은 목회자에게, 개인적으로 보유한 특권을 사용하지 않으시고, 오히려 자신을 희생하시는 길로 가신, 그리스도의 이야기의 발자취를 구현할 것을 요구한다고 강조했다(빌 2:5-11). 나는 바울이 자신의 정체성을 자신이 가진 특권과 특혜에 맞춰서 구성하지 않고, 오히려 수치와 굴욕을 포용하고, 자신을 스스로 노예, '죄인', 그리고 교회를 위한 종의 위치에 둠으로써, 자신의 삶에서 이것을 어떻게 구현했는지 자세하게 설명했다.

내가 이 책에 쓴 내용은 최소한 이런 질문을 던지게 한다. 곧, 이미 사회적 약자의 위치에서 목회하는 사람들은 어떻게 되는가? 교인들이 여성 목회자들의 소명에 대해 의심을 품는데, 십자가는 이런 여성 목회자들에게 어떻게 소망과 약속을 주는가? 십자가를 본받는 것은 혼혈 인종의 회중을 목회하고, 그중 일부는 목회자들의 노력에 뿌리 깊은 반발심을 갖고 있고 사람들을 섬기는, 유색 인종 목회자에게 어떤 영향을 미치는가? 이미 사회에서 소외된 지역에 거주하는 사람들은 권력의 남용과 싸울 수도 있지만, 그들의 더 큰 싸움은 무시당해서 생긴 심리적인 상처와 관련 있을 가능성이 크다. 십자가를 본받는 비전은 그들에 대해 어떻게 말하는가?

이 질문들은 중요한 질문들이고, 여기에 대한 내 생각은 다음과 같다. 첫째, 나는 내가 이 책에 쓴 것이 바울의 십자가를 본받는 비전에 대한 내 연구에 기반한 것이고, 이것이 내가 물려받은 내 목회 비전을 어떻게 변화시켰는지, 이것이 내가 익숙한 사회적인 장소에 거주하는 사람들에게 어떻게 말하는지를 분명하게 인지하고 있다. 쉽게 말하자면 나는 십자가가 특권에 대해 어떻게 말하는지에 대한 내 생각을 자세하게 설명했다. 나는 백인이고, 목회에서 내 위치를 정당화할 필요가 없었다. 내가 가르치는 신학교의 모든 제도들은 내가 '교수'라는 위치에서 편안함을 느끼게 설계됐다. 나는 내가 신학교 교실에서 가르치는 것을 사과하거나 해명할 필요가 없다. 내가 목회자로 섬겼을 때, 그리고 교회에서 설교할 때조차도, 나는 나 자신에게 대답할 필요가 없다. 내가 하고 있는 일은 '정상'이라고 생각한다. 북미 대륙 대부분의 장소에서는 목회 사역의 정황상, 백인이 강단을 차지한다. 내가 이 책에서 쓴 내용은 가장 직접적으로 그런 상황에 있는 사람들을 대상으로 한 것이다.

둘째, 나는 십자가를 본받는 것과 관련된 말이 소외된 사람들을 억압의 자리에 붙잡아두기 위해 어떻게 오용되어 왔는지 잘 알고 있다. 즉, 권력을 쥔 사람들은 이런 말을 통해서 억압받는 사람들을 계속 억눌러왔다. 한 가지만 예를 들자면, 19세기의 미국의 신학자들과 성서학자들은 노예 제도를 유지하기 위해 성경을 끌어다가 사용했다. 20세기 내내 민권 운동에 저항하는 백인 목회자들이 똑같은 짓을 저질렀다. 최근에는, 상당수의 남성 목회자들과 성서학자들이 여성들은 목회직을 맡으면 안 된다고 가르친다. 이런 것 때문에, 억압당하고 소외당하는 사회적 위치에서 목회하는 분들에게 십자가를 본받는 것의 가능성을 충분히 설명하고 싶지만, 나의 사회적 위치가 큰 방해가 된다는 점을 인정하고 싶다. 나는 파괴적이면서 새롭게 하는 십자가의 말씀이 백인 남성인 나에게, 그리고 나 같은 사람들에게, 어떻게 말씀하는지 잘 알고 있다. 그러나 십자가의 말씀이 다른 사람들에게는 어떻게 희망과 약속의 말씀이 되는지를 듣기 위해서 나는 학습자의 자리, 대화 상대의 자리에 선다. 나는 여성들과 유색인종들이 편파적이지 않으신 하나님을 대신하여 하나님의 백성을 섬기고자 할 때, 십자가가 그들을 어떻게 해방하는지 설명해주는 프로젝트에 다른 이들이 참여하기를 바라고 있다.

셋째, 그러나 십자가의 말씀이 하나님의 교회를 섬기고자 하는 모든 사람에게 어떻게 희망과 약속을 주는지에 대해서는 할 말이 많다. 십자가는 하나님 나라의 논리에 따라 사회적 정체성을 없애기도 하고, 재창조하기도 한다. 십자가는 우리를 이 악한 시대에서 건져내며, 하나님의 사랑하는 아들의 나라에 들어가게 하는데, 그 나라는 처음이 나중 되고, 나중이 처음 되는 우주적인 장소다. 그곳에서는 사회적인 위치가 완전히 개편되기 때문에, 우리는 그리스도 안에서의 우리의 위치에 의해 그 나라에서의 지위를 얻게 되는데, 그곳은 더 이상 남자나 여자, 노예나 자유인, 유대인이나 이방인이 없고, 우리 모두가 그리스도 안에서 하나 되는 곳이다(갈 3:28). 이러한 사회적인 위치는 하나님 앞에서 그리고 이 새로운 공동체 안에서 더 이상 우리의 가치를 결정하지 못한다. 우리는 더 이상 육신의 잣대로 알려지지 않고(고후 5:16), 하나의 새로운 백성이 되는 새로운 피조물이라는 현실을 따라 알려지게 된다(갈 6:15). 우리는 더 이상 성별, 민족, 인종, 그리고 사회경제적인 지위로 결정되는 위계 구조 속에 우리를 두는, 이 악한 시대의 기준에 따라 결정되는 사회적 지위를 갖지 않는다.

바울의 신학적 비전 속에서, 이러한 새로운 현실은 교회의 사회적 질서를 통해 구현되어야 하고 공적으로 표현되어야 한다. 바울에게 있어서, 그리스도 안에서 유대인과 비유대인이 모두 그리스도 안에서 하나님께 환영받는 현실은 함께 즐거이 식사하는 것으로 표현되어야 했다. 만일 그들이 함께 식사를 나누는 것을 통해 이것을 공적으로 표현하지 않는다면, 그리스도께서는 헛되이 죽으신 것이 된다(갈 2:11-21). 마찬가지로, 하나님께서 우리 시대의 사회적 정체성을 없애시고 재창조하셨다는 현실도 사회적으로 소외된 사람들을 교회의 목회의 자리로 기쁘게 맞아들이는 것을 통해 표현되고 드러나야 한다.

하나님의 나라에서 어떻게 십자가가 사회적 현실들을 재조정하는지에 대한 바울의 신학적 비전은 야고보의 말 속에서도 되풀이 된다.

> 사회적인 위치가 비천한 형제나 자매는 높은 사회적 지위에서 자신의 정체성을 축하해야 합니다. 부자는 낮은 지위에서 자기의 정체성을 축하하십시오. 부자는 풀의 꽃과 같이 사라질 것이기 때문입니다. 해가 떠서 뜨거운 열을 뿜으면, 풀은 마르고 꽃은 떨

어져서, 그 아름다운 모습은 사라집니다. 이와 같이, 부자도 자기
일에 골몰하는 동안에 시들어 버립니다. (약 1:9-11, 저자의 번역)

십자가는 하나님의 백성을 새로운 피조물이 되게 하고, 그럼으로
써, 낮은 사람은 높이고, 높은 사람은 낮게 만든다. 나는 이 책에서
십자가가 어떻게 특권층에게 사회적으로 종의 역할을 하라고 요
청하는지에 대해 자세하게 설명했지만, 사회적으로 소외된 분들
은 이 책을 통해 자신들을 높여주시는 십자가의 능력에 대한 희망
적이고 믿을 수 있는 비전에 참여할 권한이 자신들에게 있다는 것
을 알 수 있다. 비록 십자가가 우리 모두에게 요구하는 방법과 우
리를 하나님 나라에 두는 방법이 다를 수 있지만, 나는 사람이 어
떤 사회적 위치에 있더라도 내가 이 책에서 분명하게 말하고 있는
것으로부터 유익을 얻을 수 있다고 믿는다. 변두리에 있는 사람들
은 중앙으로 옮겨지게 될 것이다. 그리고 특권과 권력의 위치에
있는 사람들은 그들의 자매와 형제들과 나란히 서게 될 것이다.

　십자가가 어떻게 성별과 인종에 따라 사람들을 배척하는 우상
숭배적인 관행과 대립하는지를 고려한다면, 교회는 십자가를 본
받는 자세를 **공동체의 차원에서** 채택할 필요가 있을 수도 있다.
그리고 교회는 그들이 전에는 고려하지 않았을 수도 있는 은사가
있는 사람들을 목회자의 자리로 맞아들이는, 환대의 장소가 됨으
로써 부활 생명을 구현할 수 있다.

바울은 항상 그리스도를 본받는 것의 모델이었나?

바울을 그리스도를 본받는 것의 모델로 제시하다 보면 바울이 사용한 몇 가지 표현에 의문이 제기된다. 바울이 갈라디아 교회에 보낸 편지에서 자신과 견해가 다른 사람들에 대해 두 번이나 하나님께 저주를 요청한 것은 어떻게 되는가(갈 1:8-9)? 이 편지에서 바울은 안디옥에서 베드로와 격하게 충돌했다는 이야기도 하고(2:11-14), 갈라디아에 있는 자신의 대적자들에게 스스로 거세하라고 말하기도 한다(5:12). 이게 십자가를 본받는 것인가? 빌레몬에게 보낸 편지를 읽어보면, 바울이 빌레몬에게 오네시모를 받아들이라고 강요한다는 인상을 받지 않기 어렵다. 바울이 그렇게 하라고 조종하고 있던 것은 아닐까? 우리는 정말로 바울이 목회에서 십자가를 본받는 것을 구현하는 방법의 모델이라고 말할 수 있을까?

다시 말하지만, 이 질문들은 모두 훌륭한 질문들이지만, 내가 할 수 있는 것이라고는, 내 관점을 제시하는 것뿐이다. 갈라디아서에 나오는 거친 표현들과 관련해서, 나는 바울과 우리 사이에는 큰 차이가 있다는 것을 명심하는 것이 중요하다고 생각한다. 첫째, 바울은 하나의 참된 복음의 해방하는 능력에 대한 분명한 개념을 가진 사도였다. 따라서 엄청난 실제적인 결과를 초래할 신학적 오류에 대한 바울의 분별력을 보면, 바울과 우리가 차원이 다르다는 걸 느끼게 된다. 바울은 단순히 우리가 그러는 것처럼 바울이 쓴 서신을 근거로 교파 간의 교리 논쟁에 몰두하거나, 신학 학파 간의 논쟁에 끼어드는 것이 아니다. 따라서 바울의 표현법은 우리가 따라야 할 적절한 모델이 아닐 수도 있다. 우리의 판단은 흐려지는 경우가 많다. 그러다 보면 필연적으로 우리는 신학과 전통에 헌신하게 되는데, 이 신학과 전통이 우리와 다르게 생각하는 자매와 형제의 장점을 언제나 명확하게 볼 수 있게 해주지는 않는다.

둘째, 바울은 단순히 신학적인 논쟁에 참여하는 것을 넘어서, 갈라디아인들 사이에서 번지고 있는 '다른 복음'이 갈라디아 교회들 안에 사회적으로 큰 변화를 일으킬 것을 알고 있었다. 갈라디아인들은 그들이 알고 있는 것과는 전혀 다른 민족적 정체성을 채택해야 한다는 말을 들었다. 바울의 대적자들의 말에 의하면, 갈라디아인들의 삶의 모든 국면들이 극적으로 달라질 것이며, 그들이 믿음에 들어온 것과는 다른 방식으로 달라진다는 것이다. 그러나 다른 복음 때문에 그들의 공동체는 심각할 정도로 불안정해지고, 그들의 삶도 혼란스러워지며, 하나님께서 그리스도 안에서 만들어내신 통일성은 산산이 부서지고 말 것이다. 다른 복음으로 인해 그리스도인이 되는 경험을 했다고 해서 그들이 결코 자유롭게 된 것은 아닐 것이다. 다른 복음은 그들을 노예로 만들었을 것이다. 바울이 이렇게 격렬한 표현을 사용하는 것은 갈라디아인들이 자유에서 벗어나, 다시 포로 상태로 되돌아가고 있다는 것을 알고 있기 때문인 것이다(4:9). 바울은 목회자이고, 갈라디아인들이 잘되기를 간절히 바라기 때문에 열정적인 서신을 쓴 것이다. 바울은 추상적인 신학 논쟁에서 점수를 따는 것에는 관심이 없다.

셋째, 바울이 안디옥에서 베드로와 대립했다는 이야기를 고려할 때(2:11-14), 우리가 바울이 실제로 쓴 것보다 할리우드의 영웅 묘사에 더 많은 영향을 받은 것은 아닌지 궁금하다. 바울은 베드로가 안디옥에 도착했을 때, "**양심에 어긋나는 일을 저질러서**, 나는 얼굴을 마주 보고 그를 나무랐"(2:11)다고 언급한다. 베드로는 비유대인들과 식탁에서 교제하다가 물러나는 잘못을 저질렀는데, 이는 갈라디아인들에게 민족성 때문에 그들이 하나님의 백성에 들어가지 못한다는 메시지를 주는 것이었다. 다시 한번, 목회자인 바울의 마음은 갈라디아인들을 염려하는 것과, 갈라디아인들이 번성하고 복받는 하나님의 질서를 누리기를 바라는 것에서 잘 드러난다. 바울이 베드로와 맞선 것은 오로지 베드로가 양심에 어긋나는 행동을 했기 때문이다. 바울은 베드로를 하나님께 심판받을 자리에서 끄집어내고 있었다! 바울이 식탁 위에 뛰어올라가서 극적으로 베드로의 멱살을 쥐고, 큰 소리를 지르면서 베드로를 쓰러뜨리는 시나리오를 상상하기보다는, 바울이 용기 있게 행동하고, 명확하고 솔직하게 말했을 것이라고 상상해볼 수 있을 것이다. 바울은 베드로가 어떻게 "복음의 진리에 맞게 행동하지 않는지"(2:14)를 보고, 베드로와 다른 유대인 그리스도인들에게 더 나은 길로 갈 것을 요청했다.

이 모든 것을 통해서, 바울은 갈라디아인들이 복음의 자유함을 누릴 수 있도록 스스로 위험을 감수했다. **그것이 십자가를 본받는 것의 핵심이다.** 바울은 신학 논쟁에 빠져서 자제력을 잃어버리는 뜨거운 머리를 가진 사람이 아니라, 오히려 다른 사람들의 유익을 위해 섬기는 일에 용기와 확신을 가지고 행동하는 목회자였다.

그렇다면 빌레몬에 대해서는 어떤가? 바울이 빌레몬을 조종하려 하거나 강압한 것은 아닌가? 중산층 백인 남성의 입장에서 볼 때, 바울의 서신이 우리 중 많은 사람이 너무나 잘 알고 있는 수동적으로 공격하는 의사소통 방법과 비슷한 것처럼 보인다고 말할 수밖에 없다!

그러나 나는 빌레몬에게 보내는 이 작고 사랑스러운 서신이 사실은 목회적인 돌봄과 조언의 완벽한 사례라고 생각한다. 이 모든 것은 바울이 빌레몬을 위해 어떻게 기도하는지에 관한 이야기로 시작하는데, 특히 6절은 잘못 번역되는 경우가 많다.

> 나는 기도할 때마다 그대를 기억하면서, 언제나 나의 하나님께 감사를 드립니다. 나는 주 예수에 대한 그대의 믿음과 모든 성도에 대한 그대의 사랑에 관하여 듣고 있습니다. 나는 그대의 믿음의 사귐이 그리스도에 이르기까지 하나님께서 우리 안에서 하시는 모든 선한 일을 아는 일에 효력을 발휘하게 되기를 기도합니다. (몬 4-6, 저자의 번역)

바울은 빌레몬을 따뜻하게 칭찬하며, 빌레몬을 위해 기도하고 있음을 알려준다. 특히 빌레몬이 그리스도를 아는 것이, 이 상황에서 빌레몬이 그리스도를 본받아 행동하게 할 것이라고 말한다. 바울은 어떤 면에서는 빌레몬에게 해를 입힌 오네시모를 어떻게 할지에 대한 쉽지 않은 전망을 구체적으로 언급하고 있다.

바울은 오네시모를 빌레몬에게 돌려보내면서, 빌레몬이 오네시모를 따뜻하게 받아주고, 용서해주길 바라고 있다(17절). 빌레몬은 어떤 식으로든 오네시모에게 가혹한 처분을 내리려는 유혹을 받을 것이고, 심지어 처형해버릴 수도 있다. 빌레몬은 그런 식으로 자신이 로마의 사회정치 질서에 충성하고 있음을 보여줄 수도 있었다. 그렇게 행동하는 것은 이 우주의 참된 주인이 그리스도가 아니라, 가이사인 것처럼 처신하는 것이다. 빌레몬의 세상 동료들이 예상했던 대로, 오네시모를 처벌해야 로마의 가치를 인정하고, 빌레몬의 사회적 위신을 보존하게 될 것이다. 그러나 바울은 빌레몬에게 이 상황에서 '그리스도를 본받아' 행동하라고 권면하고 있다. 즉, 빌레몬이 사회적인 지위를 잃게 되고, 그에 따라서 향후 경제적인 이익을 잃는 대가를 치르더라도 그리스도가 주님이신 것처럼 행동하라는 것이다.

바울이 보기에, 빌레몬은 주 예수 그리스도에 대한 충성심을 부인하게 되는 방식으로 처신하라는 유혹을 받는 상황에 직면해 있다. 그리고 그 방식은 바울이 좋아할 리가 없는 선택이다. 바울은 빌레몬에게 그런 방식을 고려해보라고 하지도 않을 것이다. 바울은 빌레몬과 오네시모 사이의 갈등을 재구성하여, 빌레몬에게 주님 안에서 새로운 형제라는 선물을 줄 기회를 만들어내시는 하나님의 관점에서 그 일을 고려해보라고 요청한다.

> 그가 잠시 동안 그대를 떠난 것은, 아마 그대로 하여금 영원히 그
> 를 데리고 있게 하려는 것이었는지도 모릅니다. 이제부터는 그는
> 종으로서가 아니라, 종 이상으로, 곧 사랑받는 형제로 그대의 곁
> 에 있을 것입니다. 특히 그가 나에게 그러하다면, 그대에게는 육
> 신으로나 주님 안에서나 더욱 그러하지 않겠습니까? (몬 15-16)

실제로 바울은 빌레몬이 오네시모를 따뜻하게 환영하는 것 외
에 다른 선택을 할 수 없도록 수사학적으로 상황을 설정해버린다.
그러나 내 생각에 이것은 조종하는 것이 아니다. 바울이 보기에,
"그리스도를 본받는 것"이 아닌 다른 방식으로 행동하는 것은 빌
레몬이 고려해볼 수 있는 어떤 것이 아니다. 빌레몬이 선택해야
할 길은 분명히 어렵다. 그러나 바울은 신앙고백을 하면서도 자신
의 사회적 지위를 유지하기 위해 형제에게 보복할 것을 고민하는
그리스도인에게 목회자로서 조언하고 있다.

다시 한번, 바울은 오네시모가 빌레몬에게 빚진 것을 갚겠다
고 제안하면서(19절), 빌레몬과 함께 자신을 위험에 빠뜨린다. 게다
가, 바울은 빌레몬이 바울에게 "오늘의 그대가 된 것"을 어떤 식으
로든 빚지고 있다고 언급한다(19절). 그러나 이런 표현은 모든 신자
들이 그리스도 안에서 연대감을 공유하고 있다는 것을 보여주는
사례다. 빌레몬, 오네시모, 그리고 바울은 모두 그리스도 안에서

서로에게 속해 있기 때문에, 그들 중 어느 누구도 다른 지체에게 폭력을 행사할 수 없다.

누군가 우리에게 와서 명백하게 죄악되고 자멸적인 행동을 하기 전에 조언을 구하는 현대의 상황을 상상해 본다면, 바울이 빌레몬에게 썼던 수사적인 전략을 고려하는 것이 현명할 것이다. 우리는 또한 예수님을 따르는 제자도를 구현하는, 어쩌면 어려울 수도 있는 단계에 있는 사람과 함께 참여하기 위해 우리 스스로 위험을 감수함으로써, 연대감을 보여 줄 수도 있다. 그러한 경우, 그리스도인이라고 공언하는 사람은 상당한 위험을 감수해야 한다. 목회자들은 사람들이 불복종의 길을 실행 가능한 선택으로 고려하게 내버려 두지 않는다.

참고 문헌에 대한 설명

다양한 주제들을 다룬 많은 저자들이 지난 30년 동안 바울과 목회 사역에 대한 내 생각을 다듬을 수 있게 해주었다. 아래에서 추천하는 책들은 더 많은 읽을거리를 찾는 분들을 위한 것이다.

내가 대학원을 마치고 갈라디아서를 주제로 논문을 쓸 때, 브루스 롱넥커(Bruce Longenecker)의 『아브라함의 하나님의 승리』(*The Triumph of Abraham's God: The Transformation of Identity in Galatians*)는[1] 바울에 관한 내 이해를 완전히 바꿔놓았다. 그 책은 나에게 하나님께서 십자가에 못 박히신 그리스도를 통해 적대적인 우주적 세력들에게 승리를 거두신 전복적이고 역설적인 방법을 소개해 주었다. 이 책은 또한 "그리스도 안에서 하나님의 변화시키는 능력과 주권을 공표하는" 교회의 포괄적인 공동체 생활 방식인, 십자가를 본

---

1.   Nashville: Abingdon, 1998.

받음 개념을 처음 접하게 해 준 책이기도 하다(67쪽). 나중에 내가 세인트앤드루스대학교에서 박사과정을 밟을 때, 브루스와 함께 연구했고, 그 뒤에 나온 내 책, 『이렇게 승리하라』(The Drama of Ephe-sians: Participating in the Triumph of God)를[2] 보면 브루스가 내 생각에 영향을 주었다는 것을 알 수 있다. 그리고 롱넥커가 상상력을 발휘해서 쓴, 『어느 로마 귀족의 죽음』(The Lost Letters of Pergamum: A Story from the New Testament World)을[3] 언급할 수 있는데, 이 작품은 복음이 만들어낸 십자가를 본받는 공동체 생활의 모습을 독자들에게 보여준다.

N. T. 라이트(N. T. Wright)의 『톰 라이트, 바울의 복음을 말하다』 (What Saint Paul Really Said: Was Paul of Tarsus the Real Founder of Christianity?)는[4] 회심하기 전의 바울의 목적을 이해하는 데 도움을 주었다. "핍박자 사울, 회심자 바울"이라는 장은 사울이 수행한 일종의 열정적인 '목회 방법'을 훌륭하게 보여주었다. 이 책과 그 후에 나온 그의 바울에 관한 연구들은 회심하기 전 바울의 권력과 명성을 추구하던 목회 방법을 어떻게 묘사해야 하는지 결정하는 데 큰 도움이 됐다.

---

2.   Downers Grove, IL: IVP Academic, 2010 [= 『이렇게 승리하라: 에베소서가 전하는 "하나님의 승리에 참여하기"』, 에클레시아북스, 2013].
3.   2nd ed. Grand Rapids: Baker Academic, 2016 [= 『어느 로마 귀족의 죽음: 복음서 저자 누가와 순교자 안디바, 그들이 나눈 마지막 편지』, 복있는사람, 2012].
4.   Grand Rapids: Eerdmans, 1997 [= 『톰 라이트, 바울의 복음을 말하다』, 에클레시아북스, 2018].

마이클 고먼(Michael Gorman)은 십자가를 본받는 것에 관해 연구하면서, 최소한 두 권의 책에서 빌립보서 2:5-11이 바울 신학에서 핵심적인 역할을 한다는 점을 강조하고 있는데, 이것이 바울과 이 책 전체에 걸쳐서 논의하는 것에 대한 내 생각에 큰 흔적을 남겼다.『삶으로 담아내는 십자가: 십자가 신학과 영성』(Cruciformity: Paul's Narrative Spirituality of the Cross)과[5]『십자가 형상의 하나님 안에 거하기』(Inhabiting the Cruciform God: Kenosis, Justification, and Theosis in Paul's Narrative Soteriology)가[6] 특히 중요하다.

마르바 던(Marva Dawn)의『세상 권세와 하나님의 교회』(Powers, Weakness, and the Tabernacling of God)는[7] 권력의 특성과 권력이 우리에게 권력과 명성을 추구하라고 어떻게 유혹하는지에 대한 훌륭한 성찰이다. 던은 고린도후서 12:9에 있는 힘과 약함에 대한 바울의 논의에 의존하면서, 바울이 약함을 몸으로 실천한 것과 하나님께서 우리 안에 거하심을 경험하기 위해 교회가 할 수 있는 여러 가지 실천을 연결시킨다. 던은 적대적인 우주적 세력에 우리를 끌어들이려는 유혹을 피하라고 교회에 경고하는데, 이것이 내게 큰 감명을 주었고, 교회와 기독교 단체들이 권력 추구에 빠지는 방식을 볼 수 있게 해주었다.

---

5. Grand Rapids: Eerdmans, 2001 [=『삶으로 담아내는 십자가: 십자가 신학과 영성』, 새물결플러스, 2010].
6. Grand Rapids: Eerdmans, 2009.
7. Grand Rapids: Eerdmans, 2001 [=『세상 권세와 하나님의 교회』, 복있는사람, 2008].

비벌리 로버츠 가벤타(Beverly Roberts Gaventa)의 『우리의 어머니 사도 바울』(Our Mother Saint Paul)은[8] 바울이 자신의 교회들을 언급하면서 자신의 사도직을 묘사한 내용을 철두철미하게 주석할 뿐만 아니라, 신학적으로도 풍성한 내용을 담고 있다. 가벤타는 바울이 자신이 세운 공동체의 양육자로 자리매김하기 위해, 어떻게 스스로 사회적으로 연약하고 굴욕적인 위치를 택하는지에 주목한다. 가벤타의 연구는 많은 사람들이 바울의 사도직을 '권위 있는' 직분으로 보는 관점을 재고할 수 있는 풍부한 자료를 제공해준다. 만일 이것이 바울이 자신의 정체성과 교회에 대한 자신의 과업을 대하는 자세가 아니라면, 우리가 물려받은 바 바울의 사역 모습을 바라보는 관점을 재점검해야 한다. 결국, 이 개념은 우리가 목회적 과업을 어떻게 이해하는지에 강력한 영향을 미친다.

앞에서 언급한 학자들과 마찬가지로, 제임스 톰슨(James Thompson)은 탁월한 주석가이자 바울 연구가로서 바울서신과 그 서신들이 연대 목회에 어떤 영향을 주는지에 관해 지속적으로 관심을 둔 학자이다. 특히 그의 책 중에서 두 권은 목회 과제를 성찰하기 위한 풍부한 자료를 제공해준다: 『바울의 교회론』(The Church according to Paul: Rediscovering the Community Conformed to Christ)[9], 그리고 『바울의 목회 사역』(Pastoral Ministry according to Paul: A Biblical Vision).[10]

---

8. Louisville: Westminster John Knox, 2007.
9. Grand Rapids: Baker Academic, 2014 [= 『바울의 교회론: 그리스도를 닮은 공동체 재발견하기』, 기독교문서선교회, 2019].
10. Grand Rapids: Baker Academic, 2006.

스캇 맥나이트(Scot McKnight)는 지난 수십 년 내내 교회를 위한
저술을 하는 쪽으로 전향한 또 다른 노련한 주석가이자 고참 신약
학자이다. 그의 최근 저서인, 『목회자 바울』(*Pastor Paul: Nurturing a
Culture of Christoformity in the Church*)은[11] 목회자가 문화를 만드는 사람
이라는 점에 초점을 둔다. 맥나이트의 연구는 수년간 성서학계에
참여한 결과물인 동시에, 그가 자주 이야기하는 대상이기도 하고
대화 상대이기도 한, 목회자들의 절박한 고민과 요구를 계속해서
접하게 된 결과물이기도 하다. 이 책은 목회 과업에 대한 폭넓은
시야를 얻기 위한 탁월한 출발점이다.

　내 생각에는, 목회자들이 성경 본문에 주의를 기울이면서, 동
시에 우리 문화의 역동성에 대한 안목을 갖는 것도 중요하다. 우
리는 바울이 당시의 왜곡된 이데올로기들과 타락한 문화 양식에
대해 어떻게 말하는지 관찰할 수 있지만, 또한 우리는 우리의 사
고방식에 강력한 영향을 미치고, 우리 공동체가 번영하는 것을 방
해하는 것들을 이해해야 한다. 나는 우리 세계에서 작동하고 있고,
기독교 문화의 희망과 두려움을 형성하는 가정들과 사고방식을
분별하려고 하는, 현재의 문화적 순간에 대한 비판적인 연구자가
되려고 노력했다.

　대니얼 부어스틴(Daniel Boorstin)의 탁월한 저서인 『이미지와 환
상』(*The Image: A Guide to Pseudo-Events in America*)은[12] 나를 처음으로 문

11.　Grand Rapids: Brazos, 2019 [= 『목회자 바울』, 새물결플러스, 2021].

12.　New York: Vintage, 1992 [= 『이미지와 환상』, 사계절, 2004].

화 비평에 매료시킨 책이었다. 나는 지난 수십 년 동안 여러 번 그 책을 다시 읽었고, 초판이 1962년에 출판됐지만, 이 책은 오늘날 우리에게 계속해서 영향을 주는 홍보와 이미지 관리의 역학을 이 해하는 데 기본이 된다. 부어스틴의 분석을 신중하게 들여다보면, 다른 사람들과의 관계 속에서 우리 자신에 대해 어떻게 생각할지 를 소셜미디어가 결정해주는 여러 가지 방법을 이해하기 위한 이 상적인 출발점을 얻게 될 것이다. 소셜미디어가 지배하는 시대의 목회 사역에 대해 내가 성찰한 것의 많은 부분이 부어스틴의 관찰 에서 출발했다.

알랭 드 보통(Alain de Botton)의 『불안』(Status Anxiety)은[13] 다른 사 람과의 비교가 일상이 된 문화와 다른 사람들이 상향 이동성을 추 구하면서 우리를 넘어섰다는 느낌을 받을 때, 우리를 감염시키는 미묘한 불안감을 살펴본다. 경쟁하는 분위기는 업적과 교인의 크 기로 서로를 판단하는 목회자들에게 강력한 영향을 미친다. 이 책 은 그리스도인의 관점에서 저술된 것은 아니지만, 다른 사람들과 의 비교가 어떻게 우리에게서 기쁨을 앗아가고, 우리를 목회 사역 에서 어긋나게 하는지에 대한 통찰을 제공해준다.

사회 분석 분야에서 유명한 몇 가지 다른 고전들이 이 시대의 목회 사역에 대한 내 생각에 영향을 주었다. 다음과 같은 책들을 들 수 있다. 베리 글래스너(Barry Glassner)의 『공포의 문화』(The

---

13. New York: Vintage, 2005 [= 『불안』, 은행나무, 2011].

Culture of Fear: Why Americans Are Afraid of the Wrong Things, rev. ed.)[14]; 셰리 터클(Sherry Turkle)의 『외로워지는 사람들』(*Alone Together: Why We Expect More from Technology and Less from Each Other*, rev. ed.)[15]; 크리스토퍼 래쉬(Christopher Lasch)의 『나르시시즘의 문화』(*The Culture of Narcissism: American Life in an Age of Diminishing Expectations*).[16]

나는 목회자들이 미국 기독교의 역사, 특히 미국의 서사와 너무나 뒤엉켜 있는 미국 복음주의의 성격을 이해하는 것이 중요하다고 확신한다. 다양한 관점에서 이 이야기를 들려줄 좋은 책들이 많이 있다. 조지 마즈던(George Marsden)의 『근본주의와 미국 문화』(*Fundamentalism and American Culture*, 2nd. ed.)는[17] 탁월한 출발점이다. 마즈던이 쓴 『근본주의 개혁하기』(*Reforming Fundamentalism: Fuller Seminary and the New Evangelicalism*)는[18] 문화적인 승인과 학문적인 명성을 추구했던 부활한 복음주의 운동에 관해 설명해준다. 그리고 조엘 카펜터(Joel Carpenter)가 쓴 『우리를 다시 소생케 하라』(*Revive Us Again: The Reawakening of American Fundamentalism*)도[19] 참고할 만하다.

14. New York: Basic Books, 2018 [=『공포의 문화: 공포팔이 미디어와 권력자들의 이중 전략』, 라이스메이커, 2020].
15. New York: Basic Books, 2017 [=『외로워지는 사람들: 테크놀로지가 인간관계를 조정한다』, 청림출판, 2012].
16. New York: Norton, 1991 [=『나르시시즘의 문화』, 문학과지성사, 1989].
17. New York: Oxford University Press, 2006 [=『근본주의와 미국 문화』, 제1판, 생명의말씀사, 1997].
18. Grand Rapids: Eerdmans, 1995.
19. New York: Oxford University Press, 1997.

이 책들은 현재의 복음주의 문화를 형성한 20세기 중반의 잠복기를 엿볼 수 있게 해준다.

프랜시스 피츠제럴드(Frances FitzGerald)는 자신의 권위 있는 책인『복음주의자들: 미국을 형성하는 갈등』(The Evangelicals: The Struggle to Shape America)에서[20] 공화국의 건국에서부터 현재에 이르기까지 복음주의자의 삶에 대한 광범위한 역사적 조사를 수행한다. 그녀는 특히 미국 역사의 과정을 통제하려는 복음주의의 열망을 강조하고, 우리가 지금 분명하게 보고 있는 정치적 선동의 기원을 추적한다. 역사가들이 쓴 최근에 나온 두 권의 책이 복음주의적인 삶과 문화의 현재 모습을 파악하는 데 중요하다: 매튜 에이버리 서튼(Matthew Avery Sutton)의『미국의 묵시록: 현대 복음주의 역사』(American Apocalypse: A History of Modern Evangelicalism),[21] 그리고 케빈 크루즈(Kevin M. Kruse)의『하나님 아래 있는 한 국가: 어떻게 미국의 기업이 기독교 미국을 만들어냈는가』(One Nation Under God: How Corporate America Invented Christian America).[22]

---

20. New York: Simon and Schuster, 2017.
21. Cambridge, MA: Belknap Press, 2014.
22. New York: Basic Books, 2016.